だれでもどこでも泳げるようになる!

水泳大全

鈴木大地×藤本秀樹

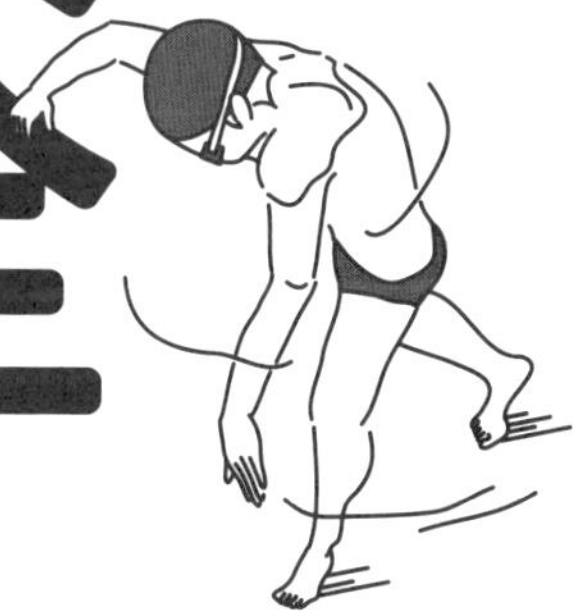

TOYOKAN BOOKS

水泳を通して世界をひとつに

　１９８８年ソウルオリンピックの男子１００ｍ背泳ぎ決勝、鈴木大地さんが宿敵バーコフを僅差で破り、金メダルを獲得しました。このレースをテレビで見たときの興奮は、30年経ったいまでも決して忘れることはありません。強烈なバサロキックから繰り広げられる力強い泳ぎと白熱のレース展開、思わず息をのむフィニッシュ…。読者のみなさんにも覚えているという方は多いのではないでしょうか？　鈴木大地さんの金メダルは、まさしく日本中を熱狂と感動の渦に包みこみました。

　本書は、その頃から我が国の水泳界を牽引してきたスポーツ庁長官の鈴木大地さんを中心に、日本を代表する豪華な執筆陣が勢ぞろいしています。日本代表チームのコーチや大学教授、マスターズスイマー、小学校教諭など、それぞれの立場で長年水泳に携わってきた方が力を合わせて執筆にあたっているのです。

　それだけでも驚異的なことですが、さらに注目すべき点は、「速く泳ぐ」ことだけではなく、「だれでも」「どこでも」泳げるようになること目指していることです。水泳の起源ともいえる「安全水泳」にはじまり、「オープンウォータースイミング」「パラ水泳」「水球」にも触れられています。まさしく、人種や障害の有無にかかわらず「だれでも」「どこでも」ですね。

私自身、小学校から大学まで水泳授業を受け、中学校では海での遠泳を経験しました。今は一部の学校を残すのみですが、昔は遠泳も多くの学校で行われていたのです。足もつかない、浮き輪もない、波や海流もあるという状況で泳ぎ続けるのは過酷な授業でしたが、大海原で泳ぐのはとても気持ちがよく、よい思い出として記憶しています。なによりも、海や川、湖でも泳ぐ技術と自信を身につけることができ、人生が1つ豊かなものになりました。

いまでも、着衣水泳や遠泳など身を守るための水泳教育は行われているものの、ほとんどが、プールの中で、速く・きれいに泳げるようになることを重視した授業となっています。読者のみなさんも、普段はプールで泳ぐという方が多いことでしょう。もちろんプールでの水泳も非常にすばらしいものです。しかし、ぜひ本書で学んだことを自然の環境で実践してみてください。きっと、今まで見えなかった新たな水泳の価値に気づき、もっともっと水泳が楽しくなると思います。

私はいま、２０２０年東京オリンピック・パラリンピックの開催準備を進めています。オリンピックというと、わたしたちはその勝ち負けやメダルの数に目がいきがちです。しかし、オリンピックの究極の目的とは、スポーツを通し、国籍や文化を越えて相互理解を深め、豊かな社会を形成していくというところにあります。一言で言えば「世界平和」です。

冒頭で述べたように、30年前に世界トップの舞台でコンマ1秒を争い、金メダルを獲得した鈴木大地さんを中心に、いま、水泳の根本に立ち返り、水泳を通してだれもが豊かに生きることを目指した本をまとめあげました。これこそが、オリンピックが真に目指しているものそのものなのです。これほどまでに水泳の本質に迫ろうとした書籍は過去に例を見ないでしょう。

本書を手にとった方々が、水泳の楽しさに触れ、２０２０年東京オリンピック・パラリンピックや、その先の未来社会を豊かなものへとしていく担い手となること願っています。


公益財団法人日本オリンピック委員会 会長　竹田恆和

目次

第2章　平泳ぎ

第3章　背泳ぎ

読者のみなさんへ

みなさん、泳いでいますか？　どこで泳いでいますか？

だれでもどこでも泳げるようになるには、どうすればいいでしょうか？
そんな、魔法のように簡単な方法はありませんよね。当たり前ですが、泳げるようになる1番の方法は、正しい知識と適切な指導を受けることです。

それでは、正しい知識とはいったい何でしょう？

水泳に限らず、あらゆる物事には原点があり、人と人とのつながりによって知識や技術が継承され、過去から未来へ進化しています。水泳もそのようにしてここまで発展してきました。ですから、正しい知識とは、過去から積み重ねられてきた理論を理解することだと思います。

みなさんにはそれぞれ長所や短所があり、1人として同じ人間はいません。人によって水と関わる状況は多様です。だからこそ、世界に1つしかない「自分らしく楽しむ」ために正しい知識と適切な指導が必要になります。それが、水泳を楽しむための近道なのです。

これまで、わたしたちは金づちからベテランまでだれもが泳げるようになることを理念として、『日本人の誰もが泳げるようになる本』（中経出版　2000年）、『誰もがすいすい泳げる本』（中経出版　2007年）を世に送り出してきました。しかし、水泳技術は日々進化していますので、これらの本にも古い内容が見られるようになりました。そのため、当初の理念はそのままに「総合的にアップデート」する必要があると考え、最新の知見を盛り込みながら全面リニューアルを行いました。

本書を通して「正しい知識」を身につけ、みなさんが水泳を楽しんでいただければこれほどうれしいことはありません。さらに、今回は基本4泳法に加えて、安全水泳、パラ水泳、OWS、水球など、新しい「種」を植えています。そして、その種を育てるヒントも隠しておきました。みなさんの手によってその種が大きく育ったときこそが、水泳の新たな社会的意義・価値創造の瞬間になると信じています。

さて、2008年の北京五輪から、海などで競技をするオープンウォータースイミング(OWS)が五輪の正式種目となりました。知らないという方も多いでしょう。今では、水泳はプールで行うのが普通ですが、もともと人間が泳ぎ始めた頃は、川や海で泳ぐことが主流だったのです。自然の中で泳ぐOWSが長い月日を経て五輪種目になるのは、何だかタイムスリップしたように感じますね。

すこし乱暴な言い方になりますが、そのようなプールでの水泳ばかりに注目している社会へ警鐘を鳴らす意味を込めて、本書では冒頭に安全水泳について解説しています。安全水泳とは、文字通り「水難事故から身を守る」ための水泳ですが、実はこれこそが水泳の「原点」なのです。先人の積み重ねの賜物である安全水泳についても、ぜひ読んで、実践してみてください。

また、これからはスポーツ医学などの視点から水泳の内在的な価値に迫っていく必要もあると考えています。筋力強化や関節の柔軟性向上、成人病予防など、水泳は非常に健康によいスポーツです。水難事故だけでなく、「身体の健康を守る」という意味でも、これからみなさんとともに水泳の新たな価値をつくっていきたいと思っています。

本書は、ソウル五輪金メダリストであり、初代スポーツ庁長官　鈴木大地をはじめとして世界の水泳界をリードするメンバーが筆をとりました。単に泳法のハウツーを記述するのではなく、「なぜ」「どのように」そうするのか、意義や背景にまで迫って、全身全霊をかけて書いています。みなさんの新たな水泳ライフの一助となることを願っています。

最後に、私が日本オリンピック委員会水泳強化スタッフとして奉職した際に、会長として大変お世話になったことがご縁で、推薦の言葉をお寄せ下さった竹田恆和さん（日本オリンピック委員会会長）には、改めて感謝の言葉を申し上げます。ありがとうございました。

執筆者代表　藤本秀樹

序章

安全水泳

命を守る安全水泳

水泳ニッポン

みなさんは「水泳ニッポン」という言葉を聞いたことがあるでしょうか？「前畑、ガンバレ！」の実況で有名な前畑秀子選手、「バサロ泳法」で金メダルを獲得した鈴木大地選手、そして、みなさんもよくご存知の北島康介選手など、日本の水泳界は、時代を象徴する名選手を輩出してきました。そして、いつしかその輝かしい実績から「水泳ニッポン」と称されるような国民的スポーツになりました。

そんな水泳が、日本でどのように誕生し、発展してきたか。本題に入る前に、まずはその変遷を簡単にたどってみましょう。

水泳はなんのため？

古代、水泳は**狩猟や移動の手段**でした。海や川の近くに暮らす人々にとって、魚など食糧をとったり、河川を渡ったりと、水泳は生活に欠かすことのできないものだったのです。あの『魏志倭人伝』には「今、倭の水人、好んで沈没して魚蛤を捕え…」と書かれているほどです。つまり、古代から日本人は泳いでいたんですね。

そんな日本の水泳が大きく進歩したのは戦国時代です。戦乱の世ですから、甲冑《かっちゅう》を着たまま泳ぐ、敵陣まで潜水するといった技術が各藩秘伝の術として進化しました。つまり、**「武術」**として水泳が発展したのです。かの織田信長も毎年3月〜9月までは水練に勤《いそ》しんだといわれています。鎧をつけたまま泳ぐわけですから、戦国時代はまさに**「着衣水泳」の起源**ともいえますね。

そして、江戸時代になると、水泳は武術ではなく**「武芸」**として重んじられるようになりました。武芸としての水泳には、長距離を泳ぐ、身を守るなど、さまざまな泳ぎがあったといいます。

武芸としての水泳は全国各地で発達し、現在でも日本各地に日本泳法の流派として伝承されています。後述しますが、日本泳法には水泳のエッセンスが凝縮されています。ぜひ読んで、試してみてください。

そして、明治時代からは水泳が一般市民に浸透していきます。当時は海上交通が盛んで、水難事故も多かったので、安全を守るための技術として水泳が広く普及しました。学校のカリキュラムにも取り入れられたのも明治時代です。今と違うのは、この頃の水泳はあくまでも「安全」のために行われていたということです。

そして、このような身を守るための水泳を「安全水泳」と呼びます。

安全水泳から競泳へ

安全水泳が市民に広がるのと同じ頃、速さを競う水泳（競泳）も生まれました。そして、急激に普及していくことになります。記録にある限りでも、江戸時代末期、１８５６年には江戸・越中島で３００間（約５４５ｍ）の競技会が行われました。そして、日本の水泳選手が初めて出場した1920年アントワープ五輪をきっかけに、日本に4泳法（クロール、平泳ぎ、背泳ぎ、バタフライ）が普及するのです。4泳法が水泳の元祖だと思っている方もいると思いますが、水泳の長い歴史のなかでは比較的新しい泳法なのです。

その後、全国各地にプールが建てられたことが後押しとなって、競泳はますます盛んになりました。

競技としての水泳が盛んになるにつれて、**泳ぐ場所は海や川といった自然環境からプールへに移り、安全への意識がうすくなっていきました。**プールではあまり水に対する恐怖心が芽生えないからでしょう。繰り返しになりますが、水泳はもともと海や川で泳ぐものだったため、危険性が高く、安全重視の考え方が早くから根付いていました。

昨今、スポーツ界ではリスクマネジメント（安全管理）の意識が高まっています。通常、スポーツは盛んになるにつれて事故などに対する意識は高まっていくものですが、水泳に関してはその逆の傾向を示しているともいえます。

そのような時代だからこそ、本書ではあえてはじめに安全水泳にスポットを当て、みなさんにご紹介したいと思います。

安全水泳 STEP 1

日本泳法

まずは、安全水泳のルーツともいえる**日本泳法**の泳ぎ方を紹介します。古くから培われてきた、先人たちの知恵と工夫に満ちた日本泳法を見ていきましょう。

日本泳法には数多くの流派がありますが、泳ぎ方は大きく3つの体位に分類されます。体を横向きにする横体、平面にする平体、垂直にする立体です。そのほか、潜水、浮き身、飛込などがあります。

横体

横体の代表的な泳ぎ方は、横向きの「**あおり足**」で泳ぐものです。あおり足の強弱やテンポで速度を調節しやすいことから、手の動作との組み合わせでさまざまな水面状況に対応可能な応用範囲の広い泳法です。

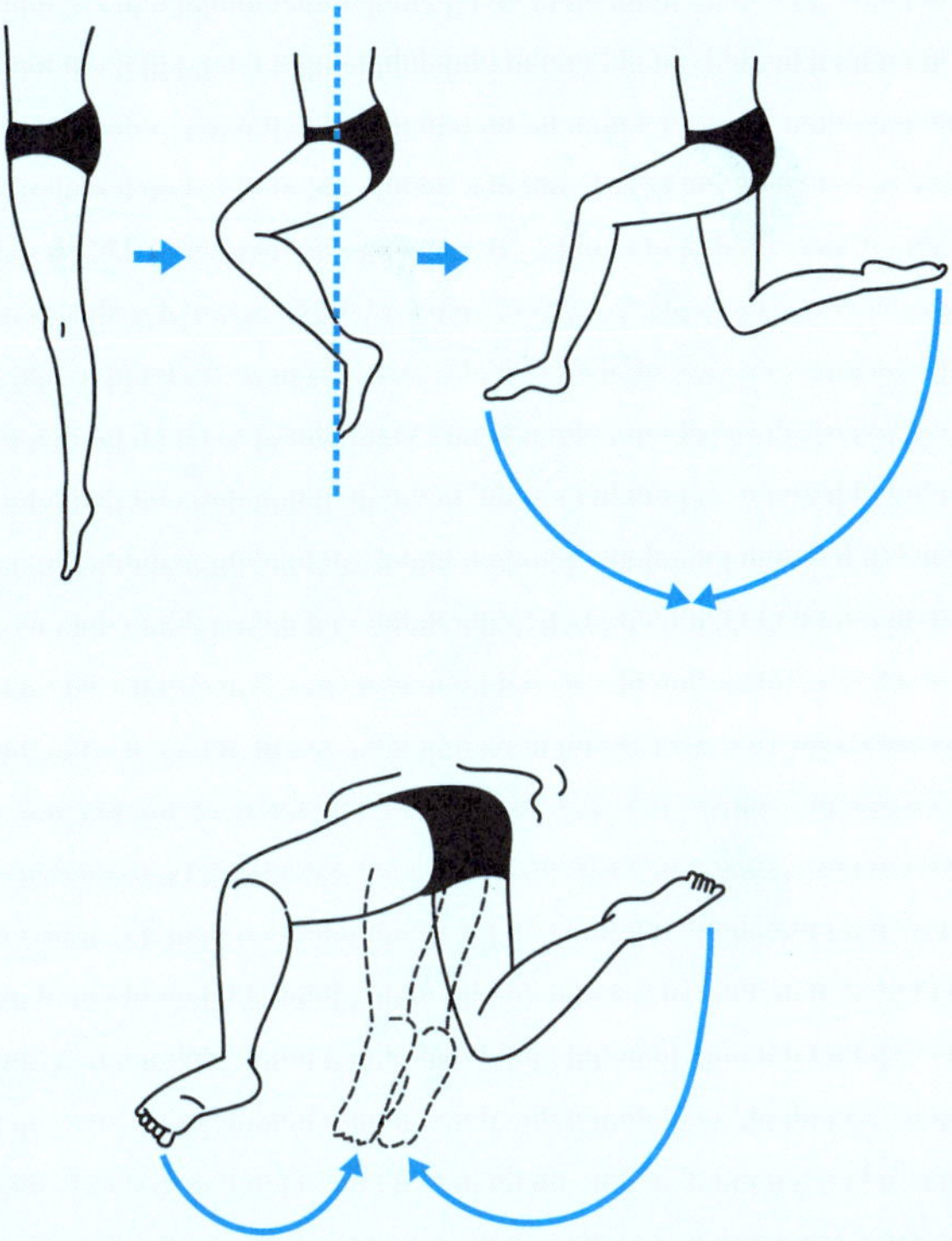

あおり足の例

両足をまっすぐ揃えた状態から徐々に足を曲げ、かかとがお尻につくくらいまで引きつける。その後、上の足を前に下の足を後ろに開いて、大きく弧をえがきながら水をはさむようにけりだす。上の足は足の裏で、下の足は足の甲で水をとらえる。

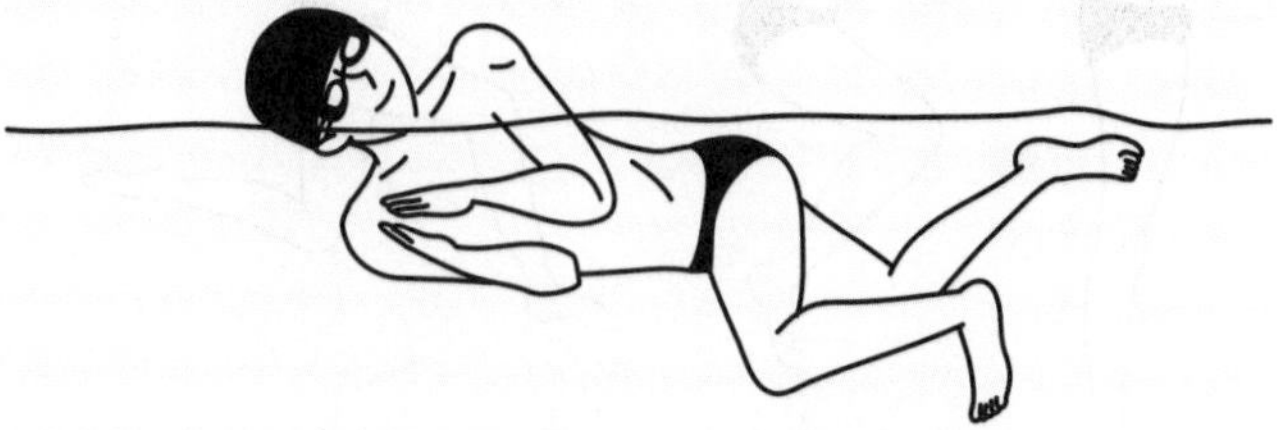

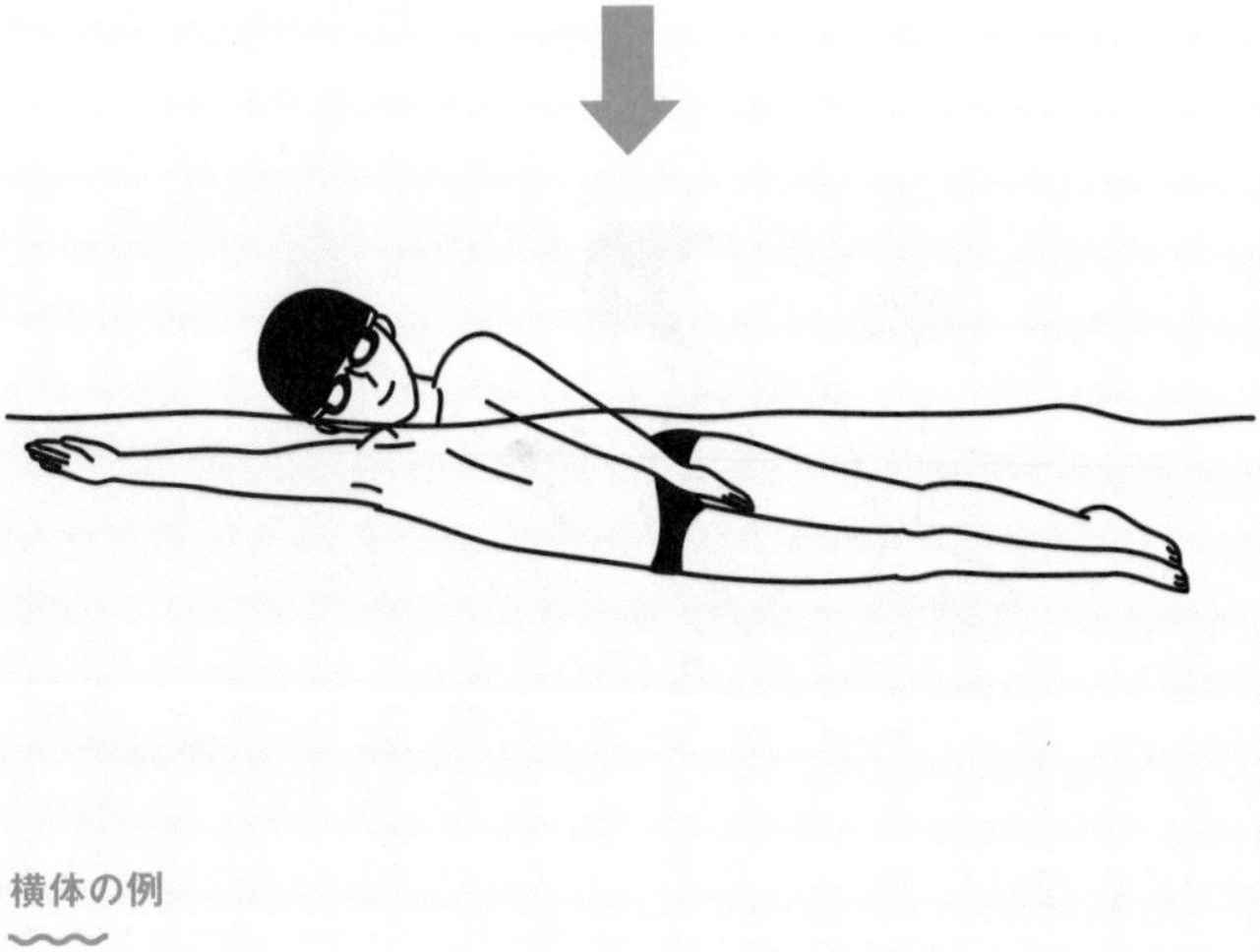

横体の例

顔は上を向き、胸の位置で手のひらを合わせる。

あおり足の動作に入り、あおりをうつときには下側の手を進行方向に伸ばし、上の手は内股につける。つま先を揃えて背筋を伸ばして伸び、伸び（あおりによる推進力）が弱まってきたら元に戻る。

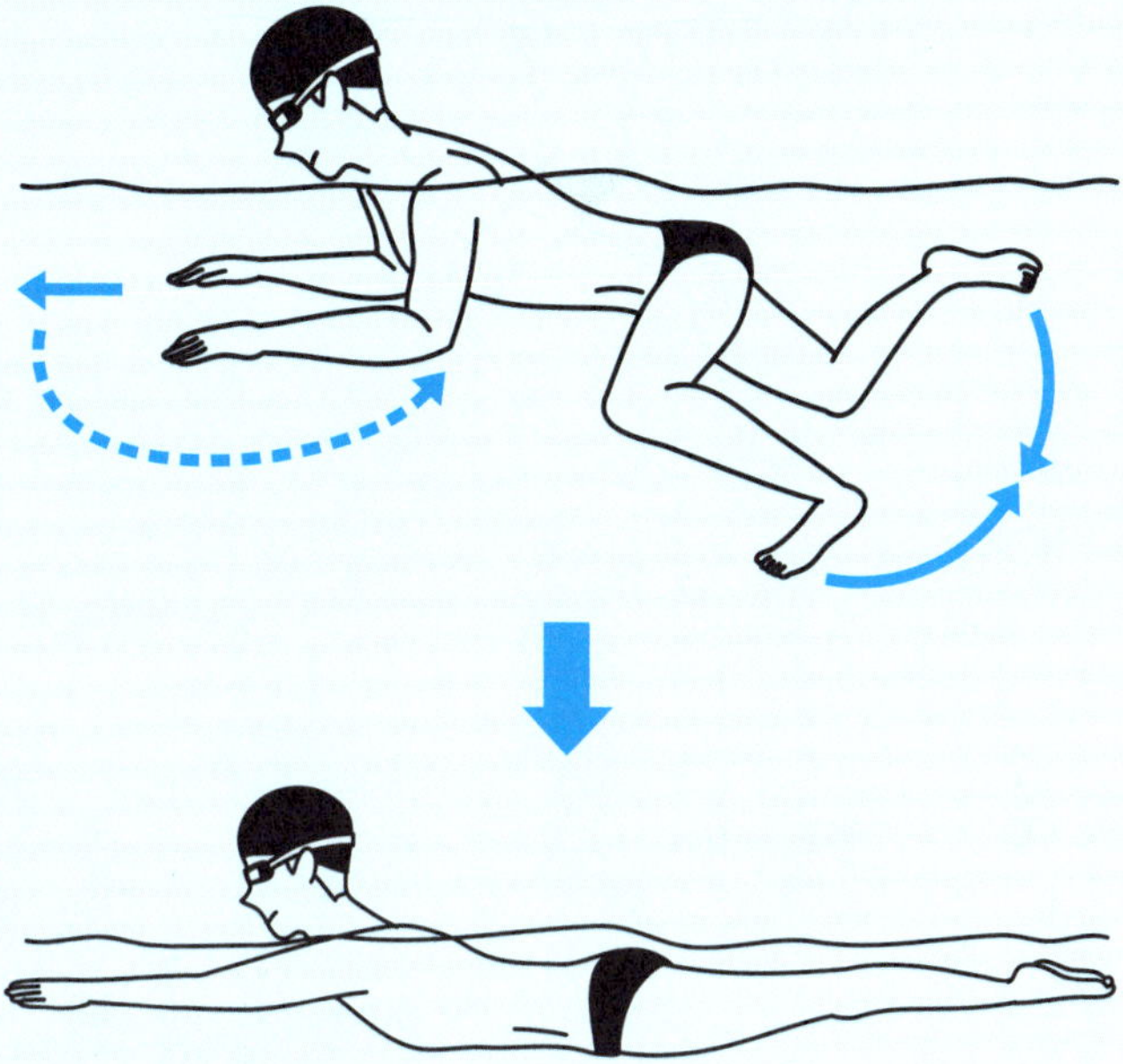

平体の例

手のひらを下に向け、両手を胸の前より肩の幅で前に伸ばす。同時に足を強くあおり、伸びる。次に手のひらで水を抑える（撫でる）ようにしながら輪を描くように両手を戻し、はじめの動作に戻る。

立体の例

両足を左右に開いて、膝から下を外から内に円を描くように左右交互に巻く。
両肩を常に水面より出し、この姿勢を保つ。

平体

平体は、顔を上げ伸びたまま泳ぐ方法です。キックの打ち方は「かえる足」と「あおり足」の2種類がありますが、どちらも顔をあげて視界と呼吸を確保し、体力の消耗を抑えて泳ぐことを目的としています。

そのため、長距離を泳ぐ際に適した「体力温存・省エネ泳法」といえます。

立体

立体とは、立った姿勢を保ったまま浮き、その場に留まるものです。足の使い方は流派によって「巻き足」「踏み足」「あおり足」の3種類がありますが、いずれも顔をあげて視界と呼吸を確保し、その場に留まるときに用いられる泳法です。
両手を水上に出して自由に使えるため、水上における周囲の視認、会話、意思疎通だけでなく、飲食にも用いられる泳法です。

浮き身

浮き身には流派によりさまざまな体位がありますが、いずれも足がつかない状態で水面に浮いて静止することを目的とした泳法です。常に**呼吸を確保**でき、動きを伴わないために体力の消耗を抑えられることから、休息泳法であると同時に緊急時のサバイバル泳法でもあります。

飛込

飛込にも流派によりさまざまな方法があります。深いところや浅いところに飛び込む場合、目標物を見失わないように飛び込む場合など、飛込を行う際の環境・状況・用途にあわせてそれぞれ異なる型があり、実用的です。

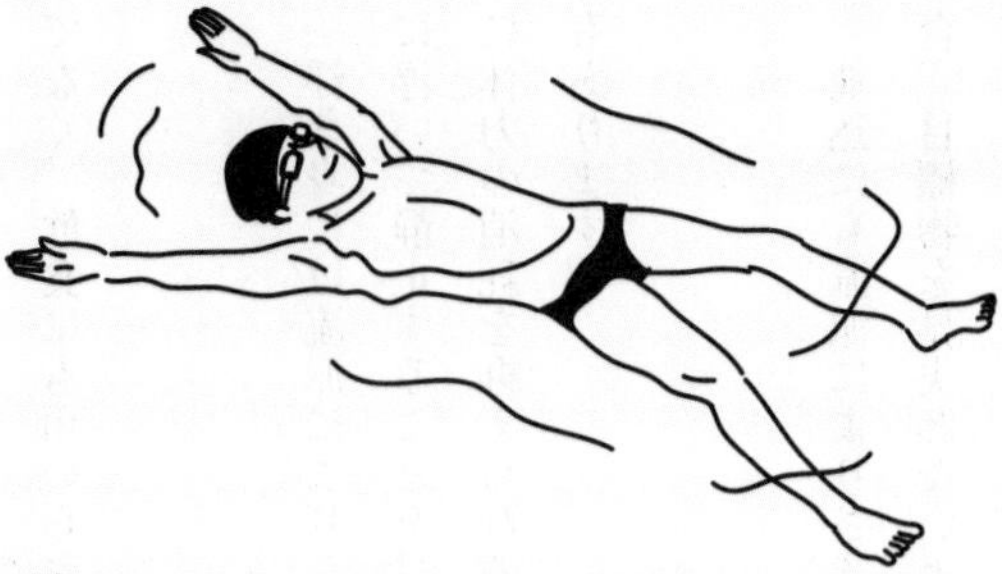

浮き身の例

両手両足を前後に伸ばして水面に浮く。姿勢を保つためのスカーリングやキックは行わない。

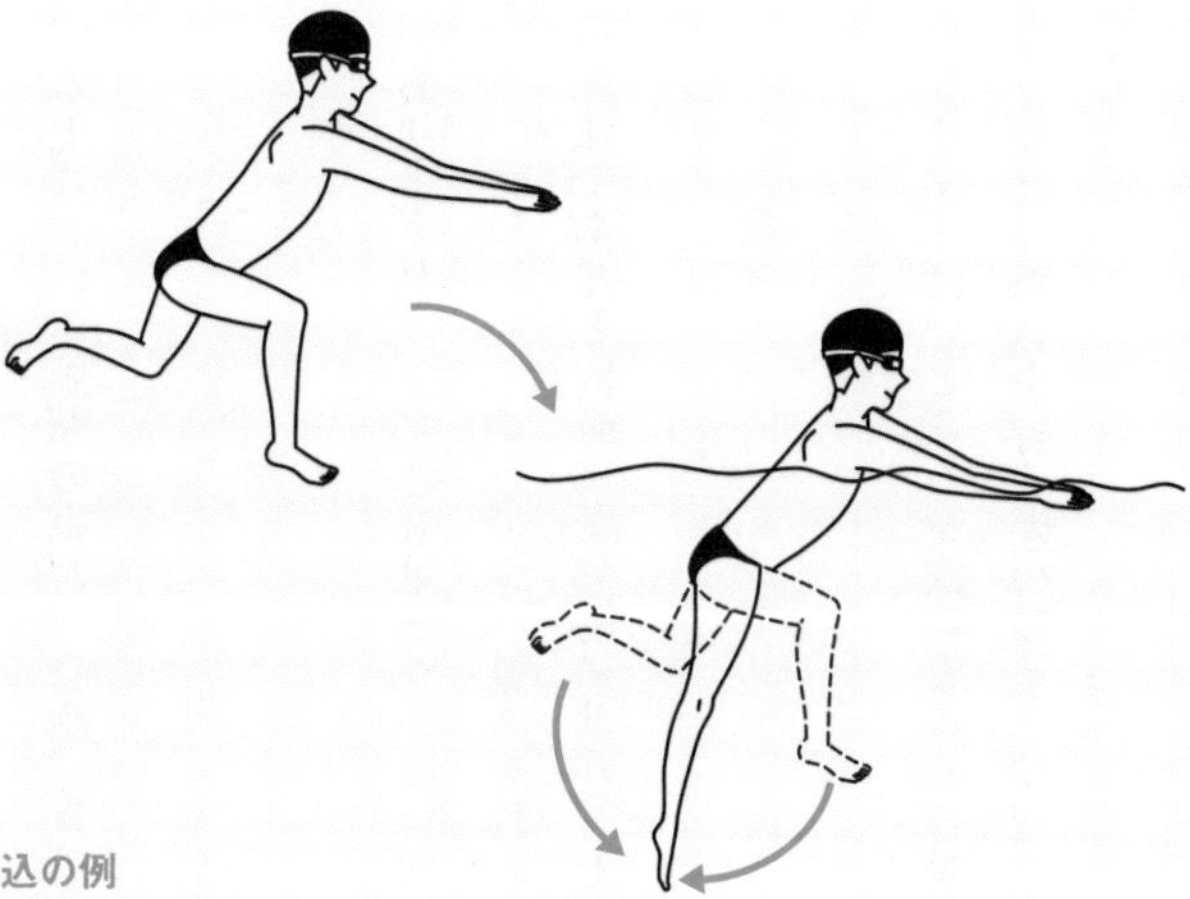

飛込の例

足を前後に開いた姿勢から飛びだし、体が水に入ると同時にあおり足をうって、水を強く挟み足を揃える。両手で水をおさえて体が沈まないようにする。

日本泳法を使いこなそう

日本泳法は4泳法にはない独特の動きが多いので、はじめは難しく感じることでしょう。また、立体や飛込には深いプールが必要となるため、プールなどではなかなか練習できないかも知れません。しかし、日本泳法はまさしく自然の海や川に対応した水泳技術ですから、**日本泳法は安全水泳の第一歩**なのです。

オリンピックで日本代表の選手が活躍することは大変うれしいことですが、国民の水難事故がより少なくなることも、同じように重要なことではないでしょうか。一人でも多くの方が日本固有の水泳文化・日本泳法に触れ、安全水泳を実践してほしいと思います。

安全水泳 STEP 2

立ち泳ぎ

ここからは、最先端の安全水泳の泳法について解説します。まずは、水中で確実に身を守るためにもっとも重要で基礎となる「立ち泳ぎ」からやってみましょう。立ち泳ぎをマスターするだけでも水中での安全確保に非常に役立ちます。

立ち泳ぎをマスターしよう

立ち泳ぎは、日本泳法の立体に当たります。練習する際には、足が床につかない深めのプールがよいでしょう。公営プールなど水深が浅く難しい場合は、巻き足からでもよいので、ぜひやってみましょう。

バタ足

足を下に伸ばした状態から、下向きにバタ足をします。これは足の向きや呼吸の感覚をつかむためのウォーミングアップのようなものです。非常に体力消耗が激しい動きなので、5秒程度バタ足をしてみて、浮くことができたらすぐに休憩するようにしましょう。2、3回やってみて、できるようになれば次に進みます。

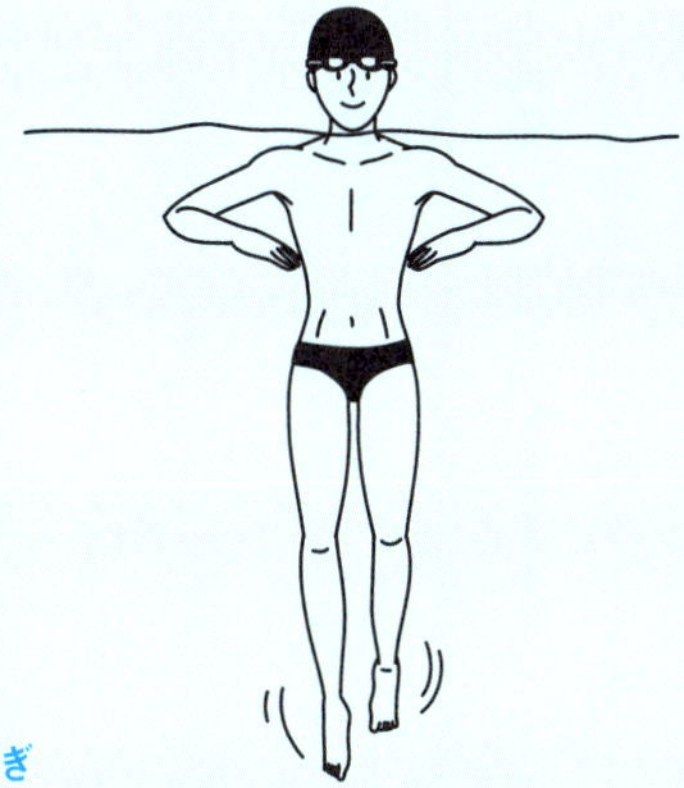

バタ足で立ち泳ぎ

数秒間浮くことができたら休憩する。

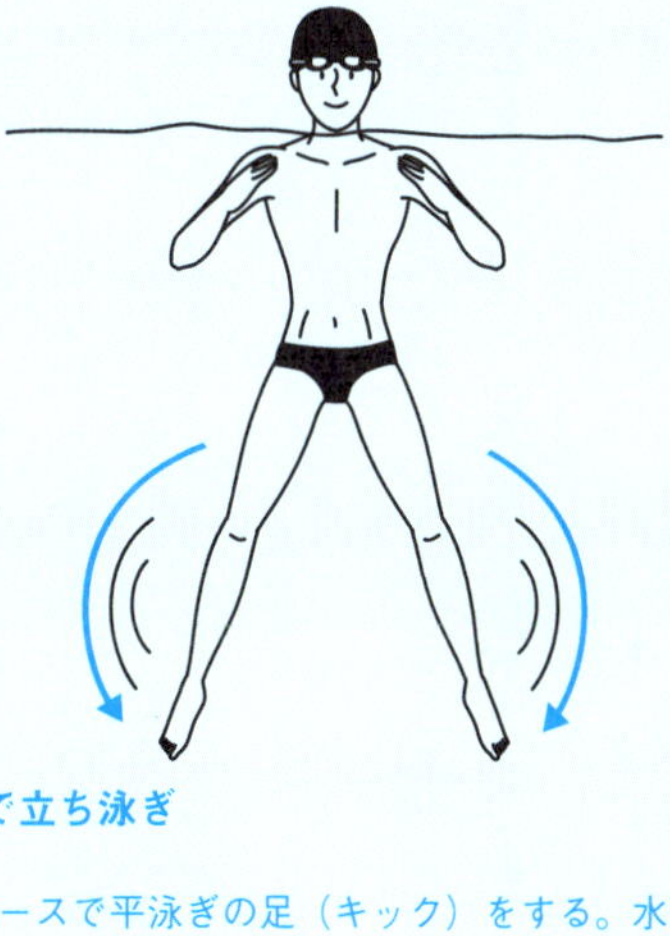

平泳ぎのキックで立ち泳ぎ

ゆっくりとしたペースで平泳ぎの足（キック）をする。水面が肩の辺りで一定になるようにペースを調節する。

カエル足・交互カエル足

次はバタ足を平泳ぎの足に変えて浮いてみましょう。バタ足よりも楽に浮くことができると思います。はじめは両足を同時に動かしてみて、できるようになれば片足ずつ交互に動かしてみましょう。それほど難しいことではありませんが、左右交互に動かすことに慣れることが大切です。これは次の巻き足をするときに大切な感覚ですので、ぜひ時間をかけて習得しましょう。

巻き足

最後は、日本泳法でも紹介した巻き足です。いすに座った姿勢のまま、両足の膝から下を内側に交互に回転させるイメージです。足首を柔軟にして、足の甲や裏を使って水をかき、浮力を得ることができます。

余談ですが、巻き足は英語で eggbeater というそうですが、これは日本語でいう「泡だて器」になります。泡だて器の動きやそこから生まれる渦の様子が足の動作と似ていることから名づけられたのでしょう。とても興味深いですね。

巻き足

腰を90度以上に曲げ、いすに座ったような状態をつくって膝から下を内側に回転させる。

股を大きく開き、足をひきつけたときには、かかとをできるだけお尻に近づけるようにする。膝は上下させず、水面に近い位置に保つようにする。

手も使ってより楽に浮こう

ここまではすべて足の動きを説明してきましたが、手も使うことで、より楽に力強く浮くことができるようになります。

はじめは、犬かきのように手を水面近くから真下に動かし、下げたらまた水面近くまで手を戻して、再び真下にかく、という動きを左右交互にしてみましょう。慣れれば、この手のかきだけでも浮くことができるようになります。しかし、この動きは浮力が十分ではないうえに体力も消耗してしまうので、長時間浮くには不向きな方法です。

スカーリング

次は、いよいよ「スカーリング」をしてみましょう。読者のみなさんもこの言葉は聞いたことがあるのではないでしょうか。巻き足と同じく水球やアーティスティックスイミング（シンクロ）でよく使われる手の動きです。

はじめは難しく感じられるかも知れませんが、できるようになると体の前方で両手を動

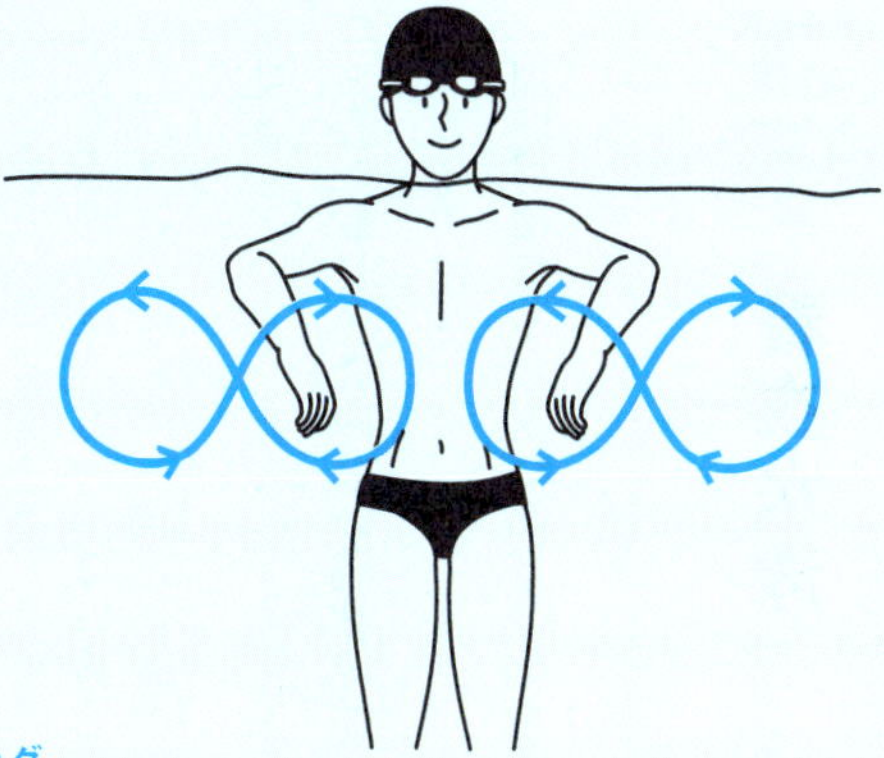

スカーリング

肘から先を前方に伸ばし、手の平を下に向けた状態から親指側を上に45度傾ける。この状態で肘から先を内側に動かし、体の中心近くで小指側を45度下に傾け、外側に動かすという動作を繰り返す。

かすだけで浮力を得ることができます。

より慣れてくれば、手を動かすスピードを変化させることでより力強く浮力を得ることもできます。

「揚力」と「抗力」

スカーリングのように、動かす向きとは別の方向に得る力を**「揚力」**と呼び、野球の変化球などをつくりだす力になります。また、犬かきのように手を動かしている方向と同じ方向に力を得ることを**「抗力」**と呼びます。「揚力」や「抗力」はクロールなどの泳法でも重要な概念ですので、ぜひ知っておきましょう。

どれくらい浮くのがいいの？

立ち泳ぎでは、力いっぱい体を浮かせれば、視点も上がり遠くまで見渡すことができます。しかし、その分体力の消耗も大きくなってしまいます。逆に、体を低くすると、遠くは見渡せず、水しぶきなどが口や鼻にかかり、呼吸がしにくくなることもあります。また、波や水しぶきのない環境では、肺に空気をいっぱい吸い込むだけでも浮いていられるようになります。

周囲の環境や状況に応じて体を浮かせる位置を考えるようにしてください。

安全水泳 STEP 3 着衣水泳

安全水泳の最終段階は着衣水泳です。着衣水泳は１９９０年に初めて小学校の授業で行われ、１９９３年には文部省が発行した『水泳指導の手引き』において、着衣での水泳指

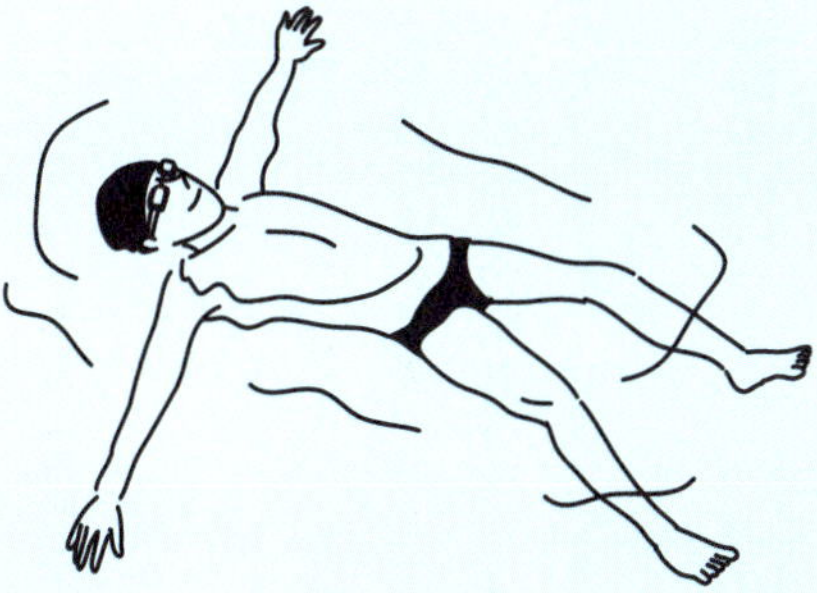

大の字浮き身

あごをあげて呼吸がしやすい姿勢をとる。そのうえで大きく息を吸って空気を肺にためるようにする。

導が明記されました。現在では多くの小中学校で取り入れられているので、経験がある方も多いでしょう。近年では、着衣水泳の研究が進んだこともあり、より実際の水難事故を想定した内容に進化してきました。着衣水泳で重要なのは、長時間**浮いて呼吸を確保する**ことです。状況に応じて、水中に潜る、もしくは泳いで移動することが必要になります。離岸流（P39）の疑似体験もプールで行うこともできます。まずは、安全に浮く技術からマスターしていきましょう。

浮き身・大の字浮き身

方法は日本泳法でも登場した浮き身と同じです。もっともシンプルですが、非常に有効性の高い泳法です。さらに、浮き身の状態から手足を大の字に広げた「大の字浮き身」も有効ですので、ぜひできるようになりましょう。

ただ浮くだけではありますが、驚くことなかれ、遊泳中に行方不明になった男性が、浮き身で救助を待ち続け、**約19時間後に40㎞も離れた海上で助けられた**例があるのです。浮くというのは非常に重要なことなのです。

エレメンタリーバックストローク

「エレメンタリーバックストローク」とは、仰向きで平泳ぎをするようなイメージで泳ぐものです。リカバリー（かいた手を元に戻す）動作を水中で行うため、常に呼吸を確保しながら体力消耗も少なく泳ぐことができます。進行方向を見ることができないのが唯一の欠点ですが、ぜひ、できるようになっておきたい泳法です。

横泳ぎ

日本泳法の横体と同じものです。身体を横に伸ばし、顔を水面に出した姿勢で泳ぎます。瞬発的に強い推進力を生むため、海での速い潮流や川の急流に対応できる技術です。

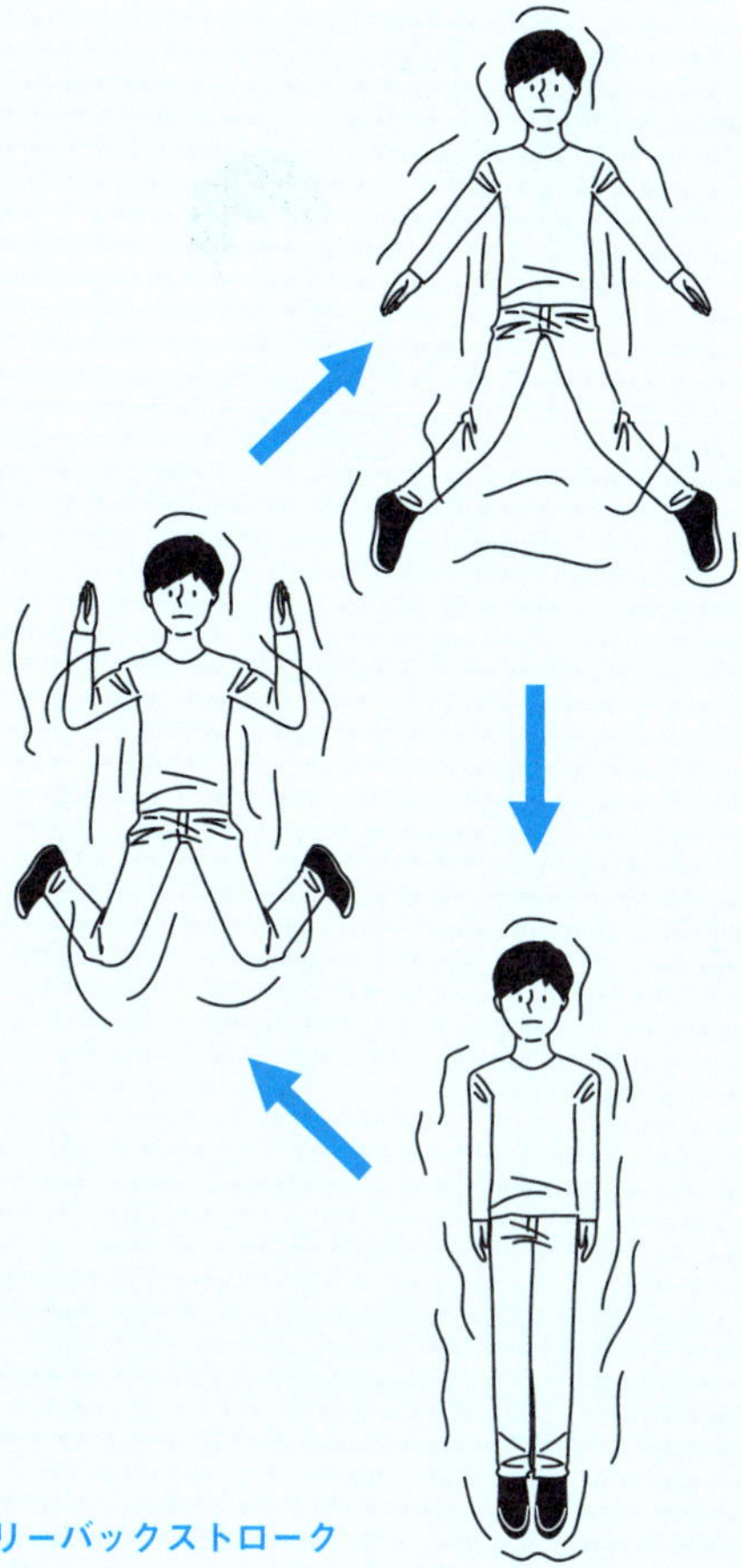

エレメンタリーバックストローク

腕は左右同時に水をかき、脚はカエル足をする。手と足で同時に水を後方にゆっくりと押す。

腕と脚を元の位置に戻す際は無駄な力を抜いて呼吸がしやすいようにする。

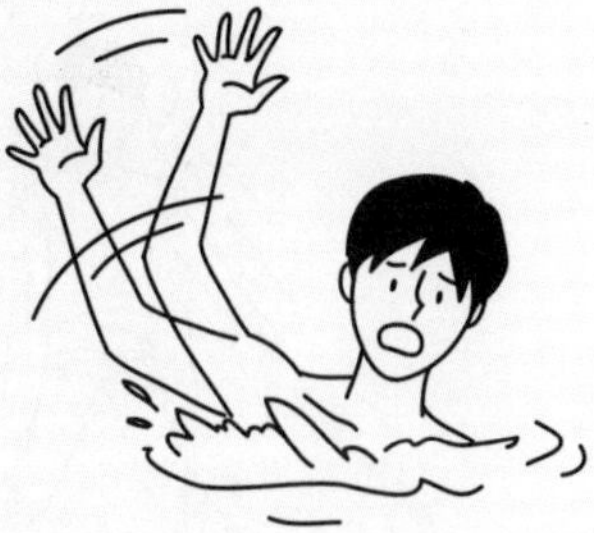

たすけてサイン

片手を左右に大きく振って救助を求める。
溺れている状態で片手をあげると沈んでしまうため、ライフジャケットや十分な浮きを確保していることが重要となる。

たすけてサイン

泳法ではありませんが、いざというときのために必ず知っておきたい「たすけてサイン（ヘルプシグナル：help signal）」というものがあります。その名のとおり救助を求める手信号です。

方法はとてもシンプルで、「一方の手を大きく左右に振る」だけです。これは世界共通のサインになっており、このサインをライフセーバーや救助隊が見つけると、救助に来てくれます。これは自分が救助を呼ぶときだけでなく、助けを必要としている人が近くにいる場合にも使うことができます。要救助者を見かけた際は、このサインのリレーでライフセーバーなどに知らせてあげましょう。

なお、ヘルプサインは片手をあげるので、その分だけ身体は沈んでしまいます。ですから、浮き身をしてできるだけ楽に浮きながら、もう一方の手でスカーリングをするとよいでしょう。

そのほかにも、立ち泳ぎや、潜水、クロール、平泳ぎなど状況に応じて使いわけることで、水難事故に遭遇したときに助かる可能性を上げることができます。しかしながら、まずは**「泳ぐ」ではなく「浮いて待つ」ことが最優先**だということは忘れないでください。

ここまでマスターできれば、水中で

COLUMN

日本の水泳教育事情

WHO の統計では、日本の溺死率は先進主要 7 か国で最も高く、OECD 加盟 30 か国中でも最低です。これには日本人に多い入浴中の溺死も含まれるので一概にはいえませんが、他国と比べても多くの命が溺死により失われていることを示しています。

1964 年の東京五輪以降、日本の学校プールの設置率は上がり、学校での水泳授業の実施率は小学校でほぼ 100 %、中学校で 90 %以上、高等学校でほぼ 50 %となっています。

プールの設置率や水泳授業の実施率は低下していますが、着衣水泳の指導は年々増加しています。現在では多くの小中学校で実施されており、読者のみなさんにも経験したことがある人がいるのではないでしょう。

当初は着衣水泳の難しさを経験するための授業が多かったのですが、近年はより実際の水難事故を想定した授業内容に変化しています。

安全に水泳ができると思います。ですが、海で泳ぐ場合は潮の流れなどもありますので、より注意が必要になります。ここからは、とくに海で安全に泳ぐことにフォーカスして、より詳しくみていきたいと思います。

安全水泳 STEP 4

海での安全水泳

潮流を知ろう

海で泳いだ経験のある方はわかると思いますが、海には潮の流れや波があります。それをうまく利用すれば楽に進むことができますが、一歩間違えれば大きなしっぺ返しをくらってしまうことになります。まずは、誰もが知っておきたい潮の流れ（潮流）を理解しましょう。

波は見てすぐにわかりますが、潮流は海を見るだけでは分かりにくいものです。速い潮流があっても一見穏やかに見えるため、「波が穏やかだから安全だ」と安易に判断しないようにしなければなりません。まずは、簡単に潮流を見極める方法を紹介します。

潮流を見極める

海に入る前に、まずは**既に泳いでいる人がどのように潮に流されているか観察**してください。波打際や沖にいる人など、数人をしばらく眺めていれば、どのような流れがあるのか判断することができます。そして、海に入ったあともすぐに泳ぎだすのではなく、**何もせず少しだけ浮いてみましょう。**浜辺のパラソルなど目印を決めて浮いていると、自分がどの方向に流されているのかがわかります。はじめに潮流を頭にしっかりと入れ、それから泳ぐことが大切です。

知っておきたい潮流① 離岸流

わたしたちがもっとも注意すべき潮流は、**離岸流**です。みなさんは、浜へ打ち寄せる海水がどのように海へ戻るのか考えたことがあるでしょうか?

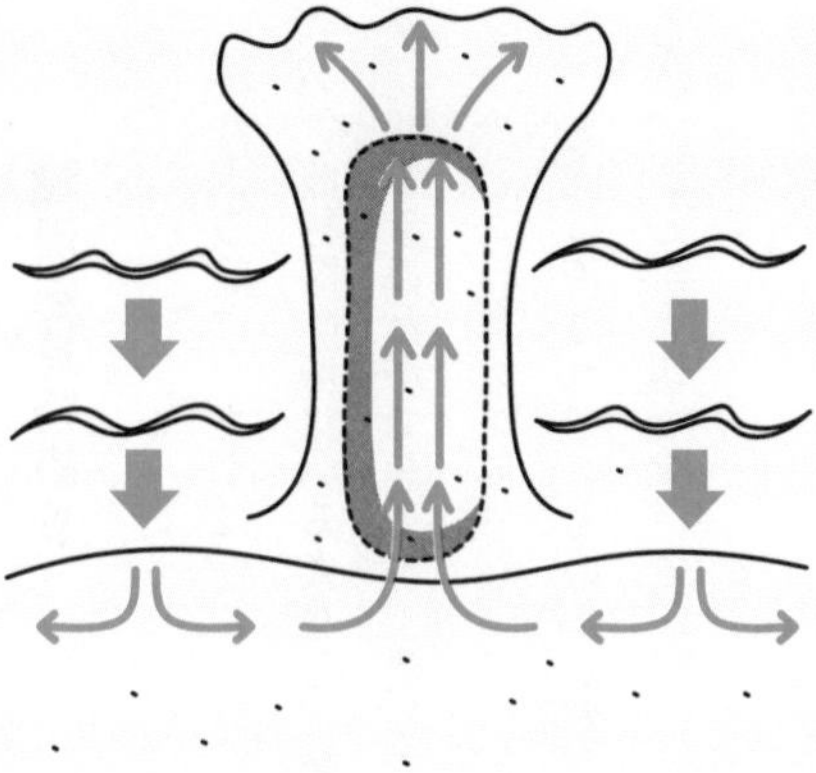

離岸流

波で運ばれた大量の水は、沖へ戻れる道を見つけるとそこへ一気に流れ出ていきます。離岸流とは海に戻ろうとする水の流れです。砂浜の小さなくぼみなどがきっかけとなり発生しますが、海水が浜を削って深くなり、すぐに大きな潮流に成長していきます。とくに、場所が頻繁に変化する（一時型）離岸流には注意が必要です。

一方、場所が長期間変化しない（固定型）離岸流は、注意喚起の看板が立っていたり、遊泳禁止になっています。テトラポットや堤防に沿って常に流れ出る離岸流は固定型の代表ですから、絶対に近づいてはいけません。

しかし、もし離岸流に入ってしまっても、あわてる必要はありません。離岸流の速さは２ｍ／秒以上ともいわれ、オリンピック選手でも歯が立たない速さですから、あわてて岸に戻ろうとするのはかえって危険なのです。

離岸流から脱出するためには、落ち着いて次のようにしてください。横方向に移動するので元の位置には戻れません。ですが、それでよいのです。浜についてから歩いて戻ればよいのですから。

①岸と並行にゆっくり泳ぎながら、流れを感じなくなるまで移動する。
②沖への流れが緩まり、流れの本筋から外れたと感じたら、岸へ向かって斜め45度にゆっくり泳ぐ。

元の場所に戻ろうとはせず、斜め向きに岸へ少しずつ近づくようにします。その間も沖へと流され続けるので、その行動が間違っているように感じるかも知れませんが、元の場所から離れていくことこそが正解です。大切なのは、無駄な力を使って潮流に逆らわないことです。

知っておきたい潮流② 逆潜流

もう1つ注意が必要な潮流があります。逆潜流（いわゆる「引き波」）と呼ばれ、打ち寄せた波が砂浜の勾配に沿って海に戻る際の流れです。波打ち際にいるとき、足元をさらっていくような波を経験したことがある方もいるでしょう。傾斜が緩やかなところではあまり心配ありませんが、波打ち際からガクンと下がるような砂浜では強い逆潜流が発生します。子どもが足を取られて溺れてしまう事故が今でも多く発生していますので、注意が必要です。

海で泳いでみよう！

ここまでで、安全水泳の技術と潮流の知識をしっかりとおさえてきましたので、ここからは、実際に海で楽に泳ぐコツや心の持ちようについて紹介します。

海で泳ぐことの一番の特徴は、**海水は塩分があるので体が浮きやすく、楽に進むことができる点**です。この強い浮力を利用すれば、疲れたときに海の上で寝ながらゆっくり休むなんてことが可能になります。

逆潜流

COLUMN

離岸流と知ってわざと入っていく人たちとは？

すばり、サーファーやライフガードです。彼らは毎日のように海に通っているので、その海のことをよく知っています。離岸流はオリンピックメダリストでも逆らって泳ぐことができない速さですが、逆に利用すれば大変な利点にもなるのです。例えば、溺れている人を発見したとき、その横に離岸流があることを知っているライフガードは、レスキューボードに乗ってわざと離岸流に入り、自分のパドルの力と離岸流の力の相乗効果であっという間に沖まで移動し、溺者に近づきます。サーファーも無駄な力を使わず楽に沖合まで連れていってくれるので、離岸流をよく利用しています。しかし、これはエキスパートだからできる行為です。沖に出ることを目的としない遊泳者のみなさんにとっては、あっという間に沖へ連れ出されてしまう危険な流れであることを肝に銘じておいてください。

また、海とプールでは水の抵抗に対する考え方も大きく異なります。競泳では水の抵抗を減らそうと日々研究が行われていますが、海ではそのような考えはあまりありません。海水は体の周りを複雑に動いているので、どの方向の抵抗を減らせばよいのか、特定できないからです。例えば、上半身は前方から潮の流れを受けているのに、腰から下は斜め後ろから押されている、なんてこともあり、競泳の理論はそれほど通用しないのです。

顔上げ平泳ぎ

まずは、海で泳ぐのにもっとも適した泳法「顔上げ平泳ぎ（顔をあげたままの平泳ぎ）」をマスターしましょう。顔上げ平泳ぎは、海の浮力を利用しながら体力消耗も少なく泳ぎ続けられる泳法です。周りを見ながら泳ぐことができるため、安全確認をしながら泳げるという点でも海に適しています。

POINT 1 姿勢

平泳ぎの章で説明しますが、競泳ではストリームライン（身体を1本の棒のように伸ば

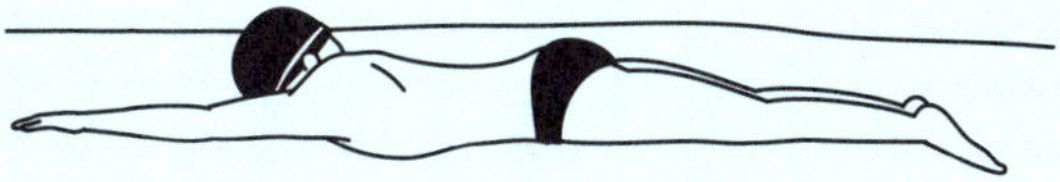

ストリームライン

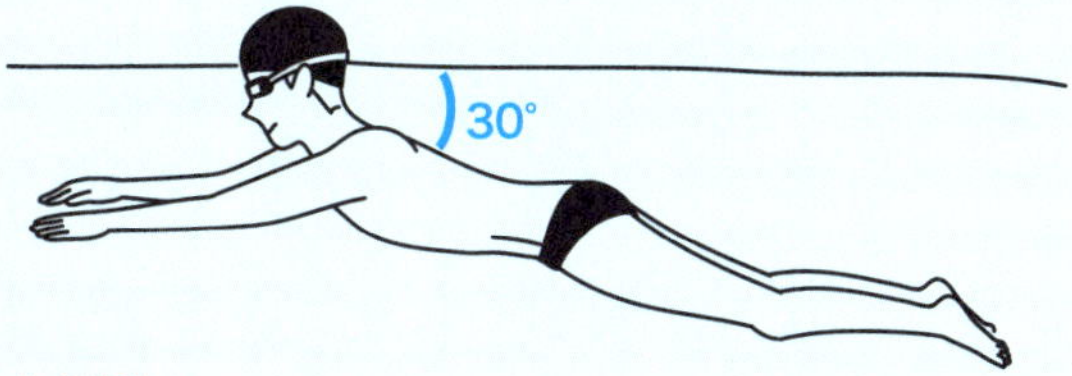

海での基本姿勢

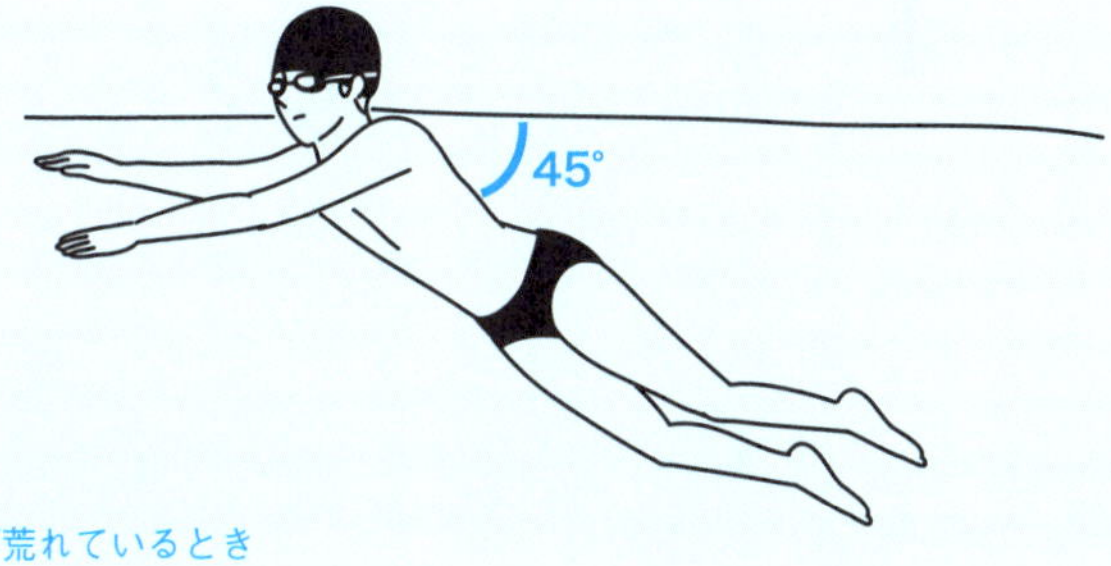

海が荒れているとき

海で楽に泳ぐ姿勢

水面に対して 30 度程度を基本として、海が荒れている場合は 45 度くらいにする。ストリームラインよりも肩周りも丸く、猫背で全体的に柔らかくするした姿勢）をとって身体を水平に保つことが大切です。しかし、顔上げ平泳ぎの姿勢は**水面に対して30度**程度が基本になります。海水のかたまりに体を斜めに乗せるようなイメージです。潮流と進行方向が同じときは、波が自分を連れていってくれるような感覚になるでしょう。さながら竜宮城にいく亀に乗ったような気持ちです。

風速が5mを超えると、泳ぎにくく感じる程度の波が立つようになります。**風や波が強いときは体を45度くらいに立てて**、バランス保持と方向（舵取り）を重視し、小刻みに軽いキックを繰り返すとよいでしょう。斜め上の空に向かって何度もけりだすイメージです。体を立てている分、頭は常に水面に出た状態になり、あごの下で波をくだくことができます。

このように、海の状況に合わせて自分の泳ぎを変化させることが重要で、1つの正解をマスターすれば万能というわけにはいきません。これが海で通用する泳ぎの奥深さであり、楽しさなのかもしれません。

POINT 2 かえる足（キック）

海での平泳ぎは、足を大きく広げ、ゆっくりと大きくけります。足の裏で水をける力よ

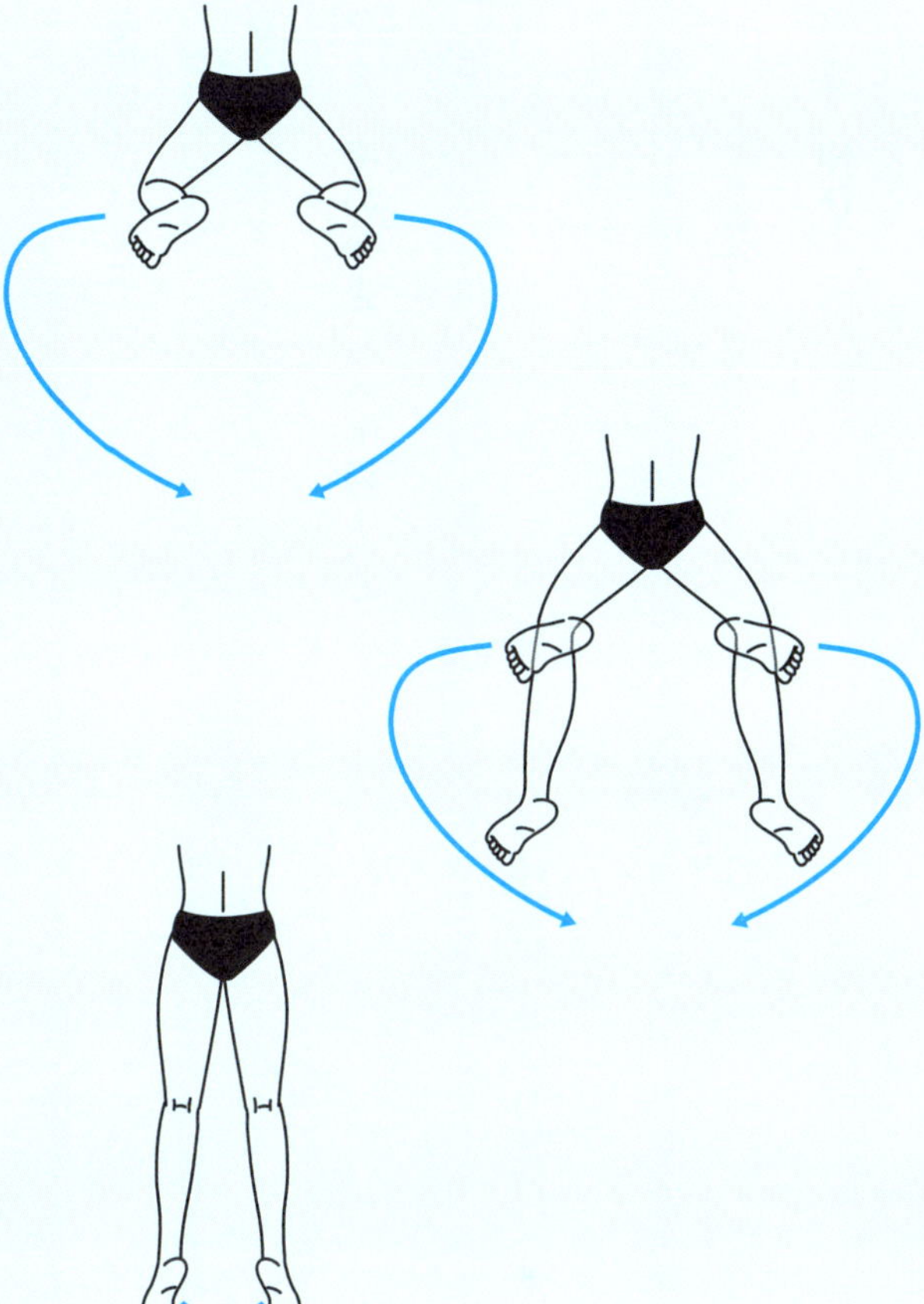

海での足のけり方（キック）

足を大きく広げ、ゆっくりと大きくける。足の裏で水をける力よりも、太ももで水をはさむ力の方が強いイメージ

りも、太ももで水をはさむ力の方が強いイメージです。足を大きく広げるのは、身体のバランスを保ち、安定させるためです。スカイダイビングで両手両足を広げると体が安定する理屈と同じですね。

競泳の平泳ぎはコンパクトにすばやくけりだしますので、ここが競泳の泳ぎ方と海での泳ぎ方の大きく異なるポイントです。

POINT 3 手のかき（ストローク）

海での手のかき（ストローク）は、推進力を得るためというよりも、体を安定させるために行います。この安定性こそが、周りを優雅に見ながら呼吸の確保につながり、心のゆとりが生まれるのです。

競泳の平泳ぎでは、手をそれほど大きく広げず、コンパクトに手前にかきこみますので、これも競泳との異なるポイントです。

POINT 4 伸び

海で「伸び」をすると、長く伸び続けることができて、それだけで楽しいものです。し

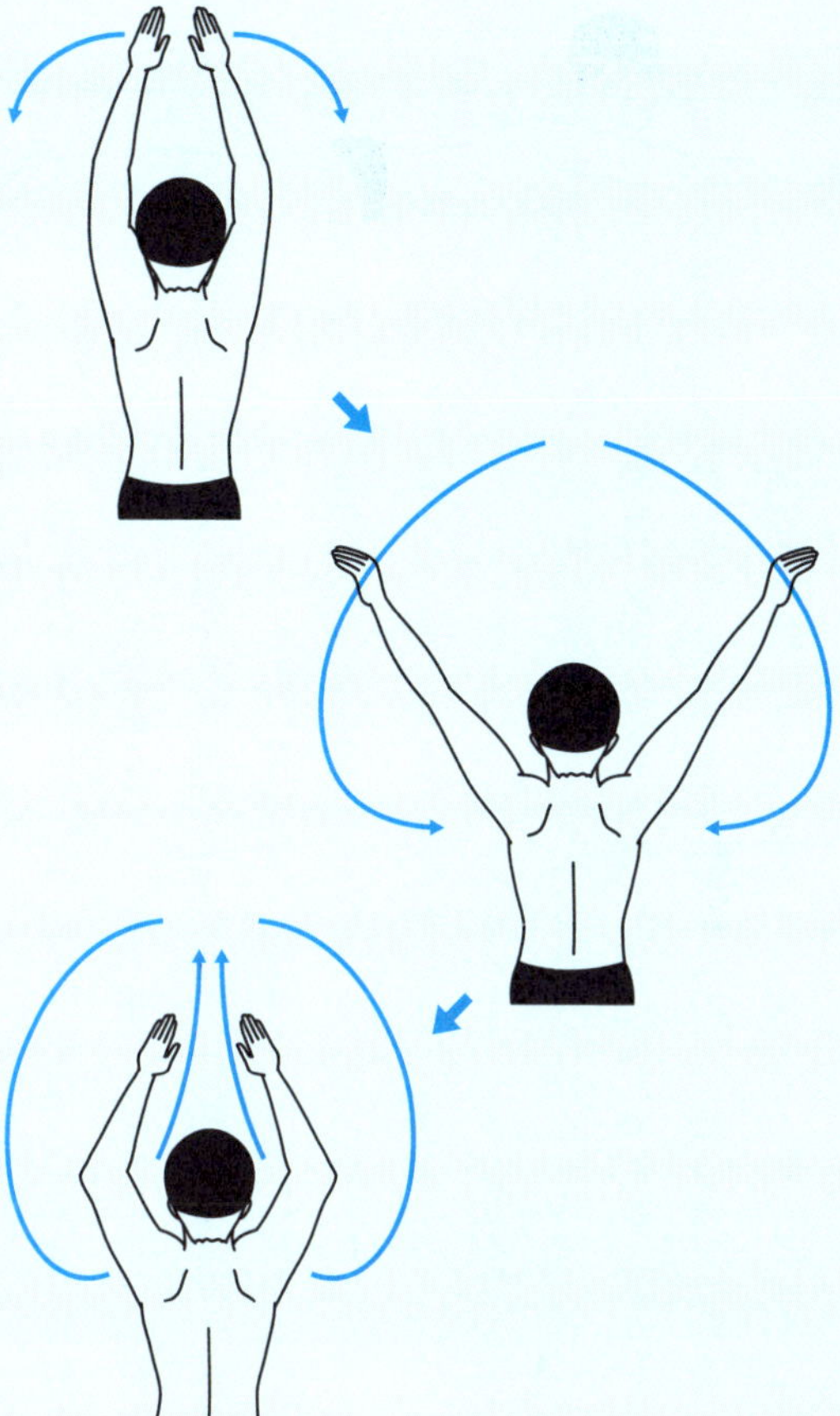

海での手のかき方（ストローク）

水面近くをゆっくり撫でるように円を描きながら動かす

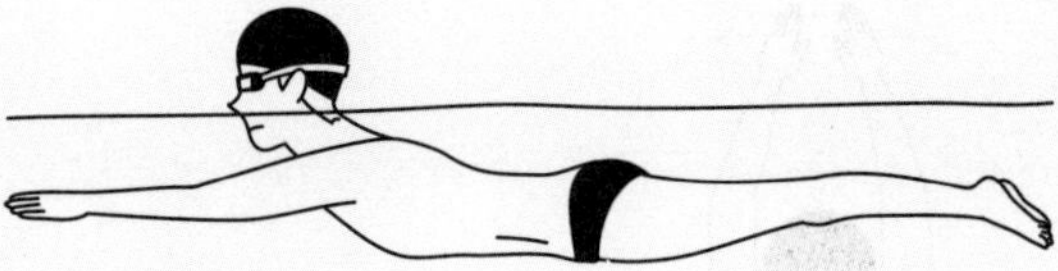

顔上げ平泳ぎの伸び

口元から鼻の下あたりまでは水につけておくのがもっとも楽なポジション

かし、顔をあげたまま伸びていると、頭の重みのせいで徐々に身体が水没してしまいます。

海における「伸び」のポイントは、**口元から鼻の下あたりまでは水につけておく**ことです。重い頭を海に半分つけて浮かせることで、首や肩の筋肉を楽に保つことができます。息継ぎのタイミングで少しだけ体を起こしますが、すぐに口を水中に戻し、できるだけ姿勢をキープしましょう。余裕があればゆっくりと空気を少しずつ吐き出しながら伸びをしてみましょう。

なお、顔上げ平泳ぎの練習をプールで行う場合は注意が必要です。プールは海のように身体が浮かないので、浮こうとすると筋や肩に無理な力が入り、余計に沈んでしまう恐れがあります。練習する際は、できるだけ海に出て実際に泳いでみましょう。海の泳ぎを習得するには海の中で感覚をつかむことが近道なのです。

海の中での「心のゆとり」

海での安全水泳の極意は、**「心のゆとり」**に他なりません。海の上では何かと不安になるものです。そんな状況では、「常に周りを見渡す」、「楽に呼吸を確保する」、「体力消耗を少なく泳ぐ」ことで、心のゆとりを保つことができると思います。そのためには自然に逆らわないことです。

ここでは、自然が自分の味方になってくれるためのコツをいくつか紹介しましょう。

目泳ぎ

顔上げ平泳ぎが海に適しているのは、周りを見ながら泳げることです。では、何を見ながら泳げばよいのでしょうか。

先に述べたとおり、まずは自分がどのように流されているか（潮流）を知ることが大切です。さらに、**波の強弱、風速、空や雲の様子、海鳥の動向**などの微妙な自然の変化を見逃さないことです。これらは泳いでいる間に刻々と変化し続けています。

とくに、空の色や雲の動き、風向の変化を見逃さないでください。これらにいち早く気づけるように、目や耳など五感を使って敏感に察知することが大切です。これを「目泳ぎ」といいます。目泳ぎは心のゆとりに直結する、大変重要なノウハウとなります。

遠くを見る

「目泳ぎ」と似ていますが、よりリラクゼーションの要素として、「遠くを見る」という意識を紹介します。海に出てせっかく顔上げ平泳ぎをしているのですから、一番遠いものを探してみてください。遠くの岬や山、対岸の街や大型船でもいいです。遠くを見ることで頭の中がスッキリとすることがあります。とても気持ちがよいですので、ぜひ一度試してみてください。これもプールではできないことです。「目泳ぎ」しながら「自分と海を同調させる」。これこそが、地球を安全に泳ぐ極意なのです。

安全水泳のこれから

安全水泳は、まだ領域が明確に定まっていない分野です。近代の日本では水泳と安全の関連があまり意識されていなかったためです。水辺は危険だから、汚いからなどの理由で泳ぐ場所が自然環境からプールへと移り、その傾向に拍車がかかってしまいました。

本章では、我が国古来の日本泳法や、身を守るための泳法、海での水泳といった観点から安全水泳の現在の知見をまとめています。

しかしながら、人生一〇〇年という近未来を踏まえると、安全水泳にも未開拓な部分がないわけではありません。豊かで健康な人生を送るため、スポーツ医学の観点から水泳の内在性に迫る必要を感じています。水泳の効用を次の世代に引き継ぐため、安全水泳のさらなる価値を積み上げる必要があります。

子どもからサラリーマン、主婦、高齢者まで、普段あまり水に入る機会がない、という方も本書の内容を通じて水泳の裾野の広さ、そして水泳から得られる利点を理解していただき、1人でも多くの方に安全で楽しい水泳ライフを送っていただければこんなに嬉しいことはありません。

COLUMN

5年生着衣水泳の実践（初級）

筆者が学校で指導している着衣水泳の実践例をご紹介します。

○ねらい：水難事故の原因を理解し、水難から身を守るための初歩的なサバイバル技術を身に着ける。離岸流に遭遇した場合の対処できる疑似体験を経験する。

○内容

【水難事故に遭遇したときの技術習得】

・立ち泳ぎと助けてサインの習得

・エレメンタリーバックストローク、順下、顔上げ平泳ぎの習得

【衣服の種類や泳法の違いによる影響体験】

①長袖シャツで「クロール・平泳ぎ・潜水」をする

②長袖シャツ＋ズボンで「クロール・平泳ぎ・潜水」をする

③長袖シャツ＋ズボン＋長靴で「エレメンタリーバックストローク」をする

④長袖シャツ＋ズボン＋長靴＋雨具で「プールに落ちる⇒浮くまで待つ⇒呼吸確保⇒助けてサイン」をする

○子どもの感想

・クロールで泳ぐと、手・脚ともに水の抵抗がより大きくなり、溺死につながる可能性があると感じた。

・泳法別では、特に「バタフライ」「クロール」に影響が大きかった。

・エレメンタリーバックストロークが泳ぎやすかった。次に平泳ぎが泳ぎやすく前が見えることは安心だった。

・レインコート（ナイロン）を上下身につけると浮きやすく、服の間の空気におかげで浮力が増した。

・服を着ると「浮く」うえではプラスだったが、「泳ぐ」うえではマイナス面が多い。潜水は衣類の素材によってできない。服を脱ぐかどうかの見極めが大切。

COLUMN

授業実践例：6年生救助法

著者が学校で指導している救助法の授業をご紹介します。

○ねらい

・救助法（小学生ができる最も安全な救助は、陸上から溺れている人に浮く物を渡すこと）を理論と実践を通じて学ぶ。

・救助は、救助者自らの生命を守るのが基本であることを理解する。

○内容

・救助の難しさの理解（救助者が逆に溺れる危険性、成功した救助方法）

・もの（ペットボトル、衣類、救命具）を使って陸から水に落ちた人を助ける練習

・身近なもの（ランドセル、ペットボトル等）を使って浮く練習

・水難救助の心得の理解

①安全水泳の意識を芽生えることに重きを置く。

②救助法については、泳力はともかく、小学生の体重、体力、水泳経験では、生身で人を救助に向かうことは2次災害の危険が大きくなることを理解させる。

③命の尊厳を大切に、溺者の状態を踏まえつつどんなに泳ぎがうまくても、自分の命が最優先であることを理解させる。

④水の中に入らないで、チームとして泳がない方法での救助を徹底することを理解させる。

・周囲の状況を見極めて、周りに大声でヘルプを求める。

・チームで協力して陸上から手足を差し出す、もしくは棒・衣類などで救助に当たる。

・浮く助けになるもの「ペットボトル」を投げる。

・陸上物につかまりながら、チームワーク（複数）で水に浸る場所から助ける。

24時間対応している)。

身近な道具が命綱になる

水難事故に遭い、水中に転落した場合に最も重要なのは呼吸を確保することです。そのために有用となるのが身近にある道具です。普段あまり意識することはない道具ですが、万が一の状況を考えて意識しておくことは重要です。

クーラーボックス：釣りのときに中に魚を入れたり、飲み物などを入れて運ぶ道具ですが、中にたくさん空気を入れて密閉することができる道具です。これにより、非常に強力な浮力を得ることができます。

ペットボトル：水辺にいくときには誰もが持っているペットボトルです。蓋をすれば強力に密閉することができるので、浮きとして利用できます。背浮きの状態にになり、おへそのあたりにペットボトルを持てば、楽に浮くことができます。

ビニール袋：スーパーの買い物袋なども、空気を入れて口を縛ることで立派な浮きになります。この場合も口を両手で持ち、おへそのあたりに持ってくることで楽に浮くことができます。ただし、ペットボトルなどに比べて破れやすいので注意が必要です。

ランドセル：登下校の際に持ち運ぶランドセルも立派な浮きになります。雑誌2冊を入れると2.5kgの浮力が得られるというデータがあります。実際には背中側ではなく、お腹側で抱えて浮きにしましょう。

登山用ザック：登山中に川や湖などの水辺に転落する可能性もあります。登山用ザックは防水加工が施されていることが多く、陸上では15kgあるザックが水中では8.4kgの浮力に取って代わるというデータもあります。

他にも長靴やズボン、ウィンドブレーカーなども浮きとして活用できます。実際に水難事故に遭った際にパニックになることなく対応するためにも、普段から使い方を意識しておくことが大切です。

COLUMN

万が一、水難事故に遭遇したときの脱出方法

以下のことをシミュレーションしておきましょう。

自動車に乗って海や川に転落した場合はどうしたらいいか？

・自動車は転落しても数分間は浮いている（一般的に自動車はエンジンのある方から沈む）ので、その間に脱出する。

・シートベルトは水中でも外せるので、転落時には負傷しないように必ず装着しておく。

・ドアは水圧でほとんど開かないので、窓が水面より上にあるうちに窓を開けて脱出する。水中に沈んでからでは、脱出しにくい。

・電動式の窓でも開かないとは限らないので、とにかく開けてみる。

・窓が開かない場合は、水面より上にある窓をハンマー等で割って脱出する。前面の窓は割ってもヒビが入るだけで脱出できないので注意。

・窓から脱出できない場合は、車内の水面が胸か首にくるまで待ち、大きく息を吸い込んでからドアを開け脱出する（ドアは、車室内への水の流入によりドア内外への水圧差が少なくなると開けられる）。

飛行機が川・海に不時着した場合は？

・救命胴衣を着用しても、機内にいるうちは救命胴衣を膨らませない（救命胴衣を膨らませると、水に沈んだ機内では天井に浮き上がってしまい、脱出口にたどり着くことができないため）。

船の転覆事故に遭った場合は？

・救命胴衣を着用する（2018年２月１日よりから、小型船舶の船室外の甲板上に乗船している者も救命胴衣の着用義務が課せられるなど、救命胴衣着用に対する動きが広がっている）。

・連絡手段を確保する（携帯電話を防水パックに入れるだけで防水電話になる。防水機能付きの携帯電話もあるが、水に沈んでしまうという欠点がある）。

・118番を有効活用する（118番は海上保安庁専用の救急電話番号で、

第1章
クロール

クロールができるようになろう

まずは、泳ぎの基本となるクロールから練習しましょう。4泳法の中でも、クロールは平泳ぎと並びもっとも普及している泳ぎです。

クロールの動きを大まかに見ると、左の図のようになります。脚はバタ足で左右を交互にキックをします。腕も左右交互に水をかき、息つぎは顔を横に上げて泳ぎます。

クロールを泳ぐための基本となるこれらの動作をマスターするには、その一つ一つをしっかりと習得することが必要です。じっくり取り組んでいきましょう。

クロール STEP 1

バタ足をマスターしよう

はじめに、バタ足の基本動作から習得していきます。水中で進む段階の前に、まずはプールサイドに腰をかけて行うバタ足からマスターしましょう。

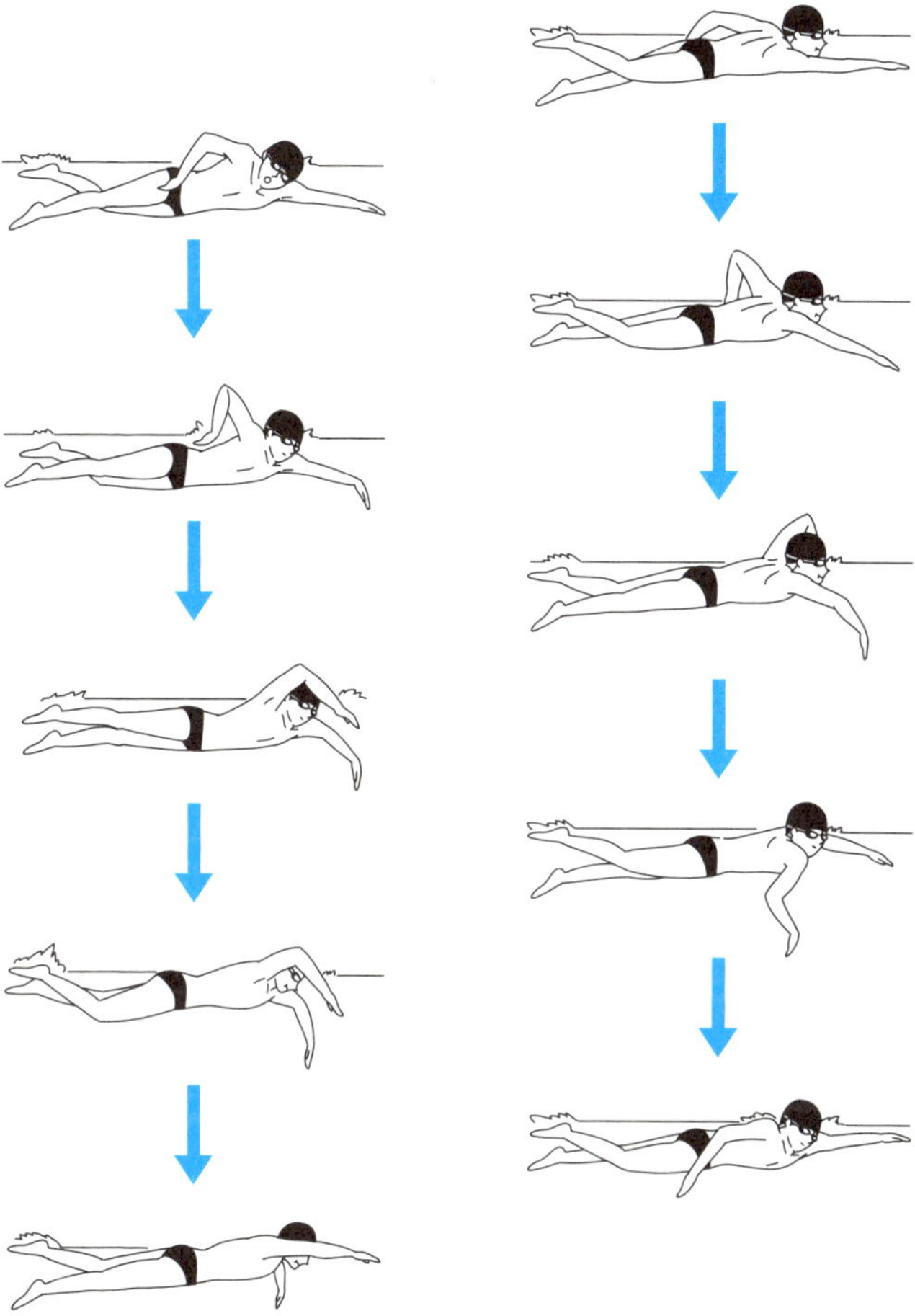

クロールの流れのイメージ

腰かけキック（その1）

腰かけキックを行う場合、プールの側面を使用しましょう。そうすることで、多人数がいっせいに実施できますし、友達同士で並んでできますので、楽しみながら練習することができます。また、プールの側方を使用することで長く泳ぐ人のターンに遠慮することなく練習ができます。

一度に多人数でできないようであれば、はじめに整列しておいて、列ごとに腰かけキックを行います。その際、待っている列の人は腰かけキックを行っている人の動作をよく見て、しっかり観察しましょう。**自分以外の人の動作や技術を見ると早く理解できる**ようになります。

さっそく、次の順序で腰かけキックをやってみましょう

①プールサイドに腰かけて足を伸ばし、膝から下をプールの中に入れる
②手は体の横について、床を押さえる

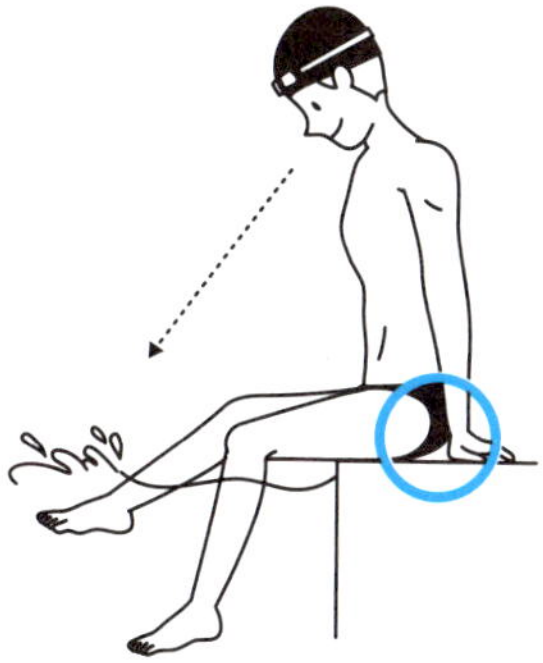

腰かけキックその1

③足首をできるだけ伸ばすようにして左右交互に動かす
④足の甲で水を跳ね上げる（または、持ち上げる）感覚でキックする

腰かけキックその1のポイント

・つま先が交差するとき、わずかに触れるようにキックする
・膝部を少し内股気味にする
・左右の交互の動きを連続動作でリズムよく行う
・足（特に足首部分）をリラックスさせる
・蹴り上げのときに力を入れるようにキックする
・足の甲で水を跳ね上げるようにする
・指導者は声を出してカウントする（例：1、2、

3…）。その際、手拍子を加えたり、テンポを号令と手拍子によってバタ足のリズムを変化させるのもよい

腰かけキック（その2）

次は腰かけキック（その1）の発展型で、プールサイドに浅めに腰をかけて行います。

①プールサイドに浅く座る
②膝から下を水につける（プールサイドの角にお尻を乗せる）
（以降は「腰かけキック（その1）」と同じ要領です）。

腰かけキック（その2）のポイント

・浅く腰かけているので、プールに落ちないように注意する
・自分で足の動きをチェックする（連続動作ができているか、足の甲で水をキックできて

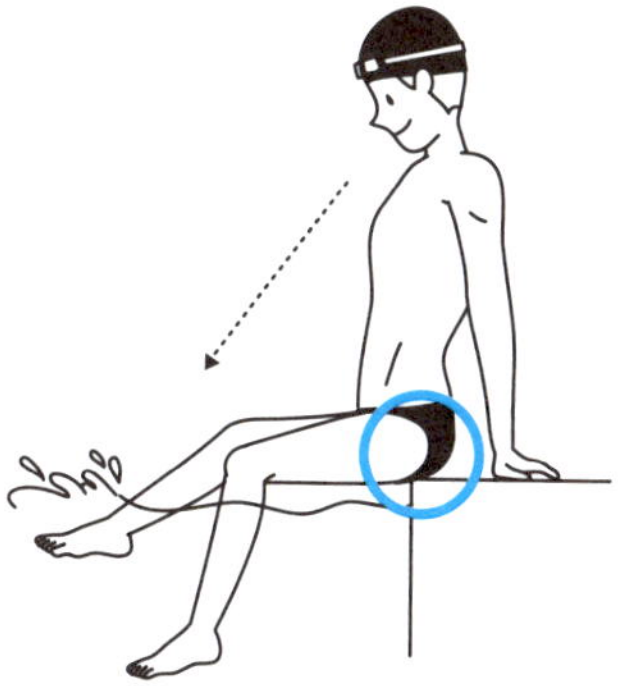

腰かけキックその２

いるか、など）
・目をつぶって、足の甲に受ける水の感覚が感じられるか

こんなときは…？

Q　自転車こぎのような脚の動きになってしまう

・足の甲に水圧を感じるようにキックしましょう。
・膝を抱えるようになっているので、膝下だけで動かすように意識してください。
・足首をしっかりと伸ばし（底屈）、キックしましょう。

Q　足首が伸びません

・関節の柔軟性は個人差があるので、足首を伸ばすことを強制しなくて構いません。
・足首の関節をリラックスさせましょう。

壁キックをしよう

腰かけキックの練習で足の甲で水を蹴る感覚をつかむことができたら、つぎは壁キックに進みますが、壁キックを行う前に、その導入として**バブリング**と**ボビング**をできるようにしておきましょう。そうすることで、壁キックの段階から息つぎの練習を行うことができるようになります。

バブリング（水中で息を吐く）

①水中で息を吐く（鼻から、口から、鼻と口の両方から）
②水中伝言ゲーム（バディを組み、水中で相手が何をいっているのか聞いてみよう）

ボビング

①頭まで水中にしゃがみ、底を蹴ってジャンプして息を吸う。
②水中では、「プクプク」または「んーっ」と息を鼻から出し、顔が水面上に出たら、「パアッ」と息を口で吸う

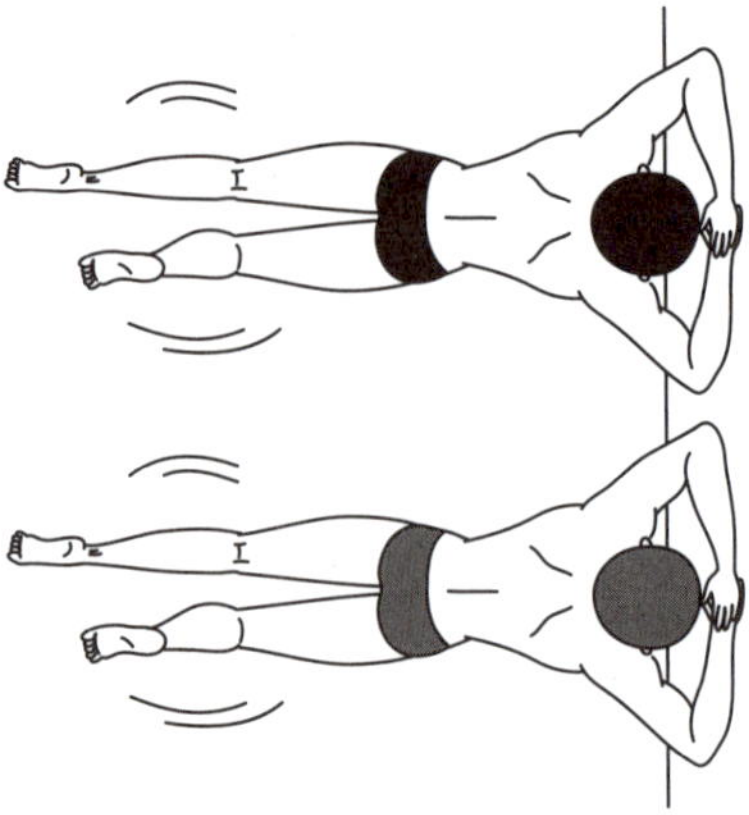

壁キック

壁キックはカンタン

まずは、水中で壁につかまって身体を水平に保ちましょう。そのまま、腰かけキックでマスターしたバタ足を行います。

壁キックの練習は、腰かけキックと同様にプールの側面を使用するとよいでしょう。ただし、隣の人との間隔が窮屈にならないよう、スペースを広くとるようにしてください。両肘をプールサイドにつけて、左右に広げても隣の人とぶつからない程度の間隔がとれれば大丈夫です。

壁キックの1番のポイントは、腰かけキックとは違い身体が水平姿勢になることです。これからクロールをマスターしていく上で、この**水平姿勢ですべてが決まる**といっても過言ではありません。

つまり、水平姿勢をとり、かつ、できるだけ抵抗の少ない流線型（ストリームライン）の姿勢を保持することが上達につながるのです。

壁キック（その1）

では、壁キックを実際にやってみましょう。以下の順序で行います。

①顔と肘をプールサイドに上げてバタ足を行う
②顔を水面から出し、手のひらで壁をつかみ、腕を伸ばして両手をそろえて行う
③顔を水面から出し、腕を片方ずつ上下に位置させ、水平姿勢を保持する

これができるようになった方はつぎのステップへ進みましょう。もしここで身体が沈むようなら、腕の下にビート板を置き、水平姿勢をとるための補助としてみてください。

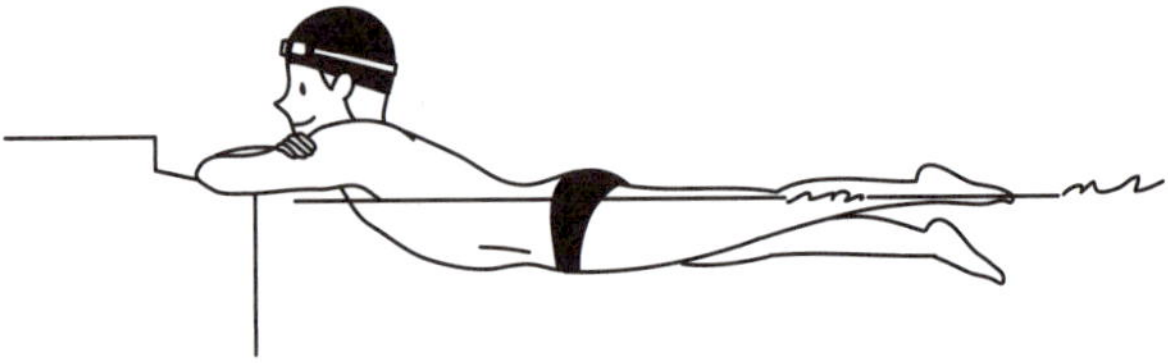

顔と肘をプールサイドに上げてバタ足

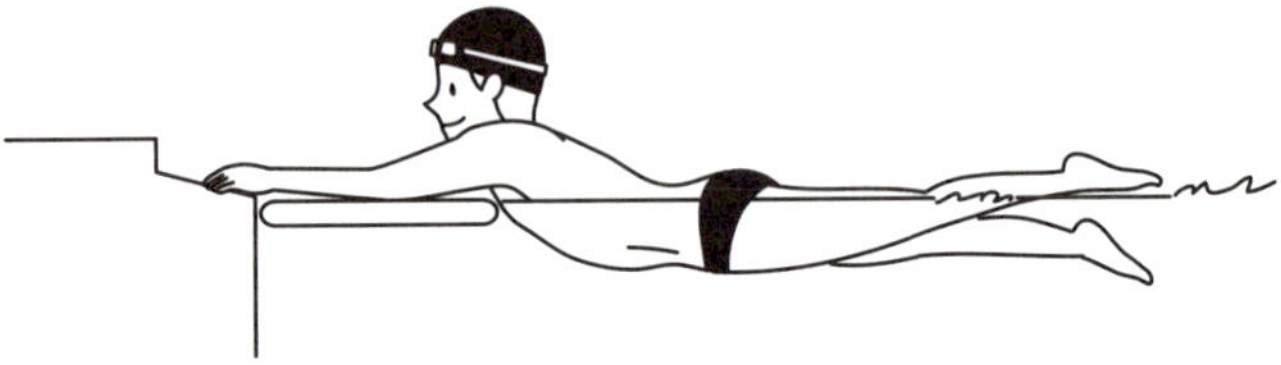

顔を水面に上げ、腕をのばして壁をはさんでバタ足。身体が沈む場合は腕の下にビート板をはさむようにする

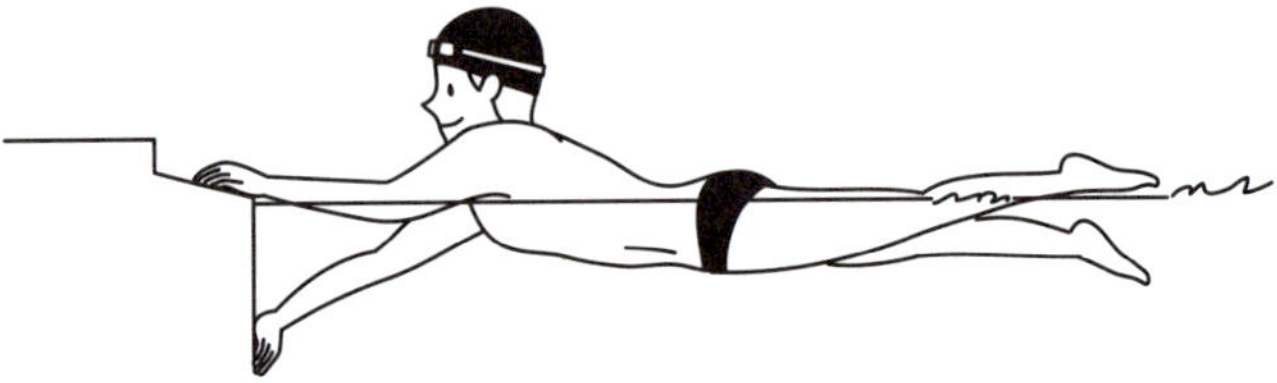

腕を上下に位置させてバタ足。腕の位置を入れ替えて行う

壁キック（その1）

壁キック（その2）

今度は壁キックを水に顔をつけて行ってみましょう。「その1」と同じ足の動きで、顔を水につけ、ときどき息つぎをしながら行ってみよう。

①顔を水につけて、手のひらで壁をつかみ、できるだけ腕を伸ばし両手をそろえる
②顔を水につけているときは息を吐き、息つぎのときは顔を上げて息を吸う。鼻から吐いて、口から吸うようにする
③慣れてきたら少しだけ壁を手のひらで押して、壁から離れてみる。そして、バタ足で壁まで進む（約30～40㎝の間くらいで試してみる）
④できるだけ水しぶきを出すようにキックしてみよう
⑤まったく水しぶきをあげないようにキックしてみよう

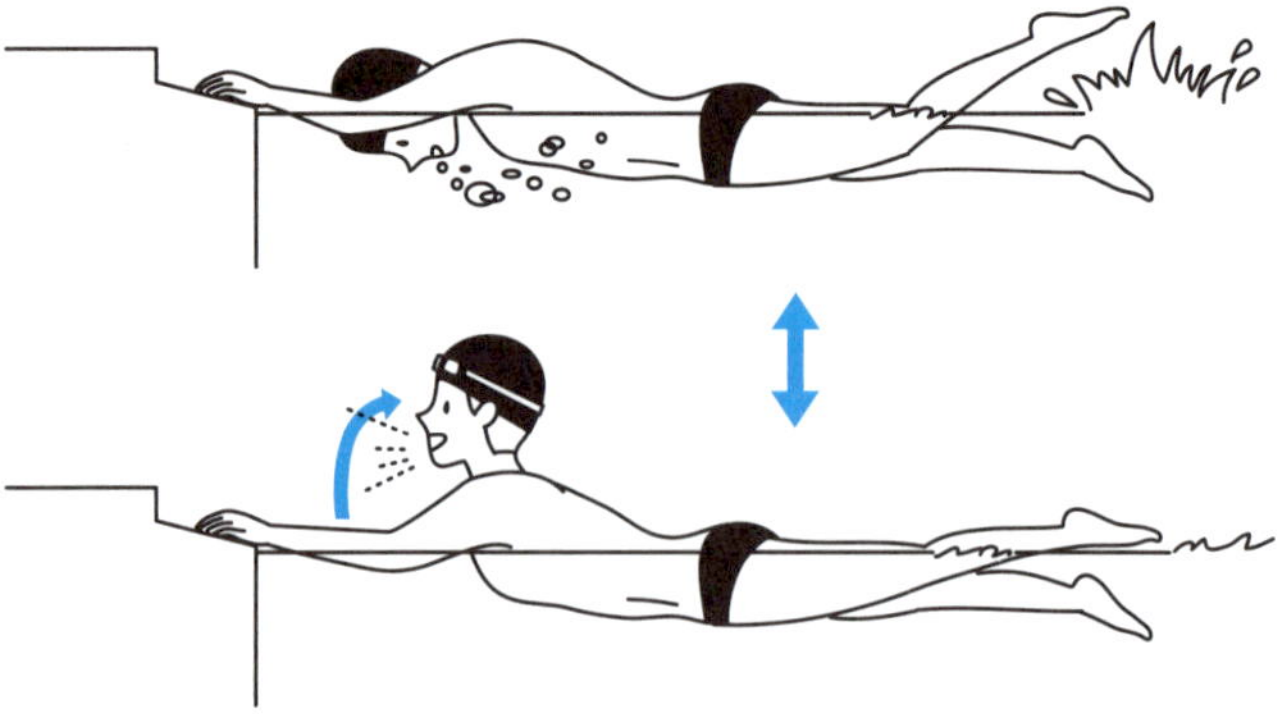

顔を水につけ、手のひらで壁をつかんでバタ足。水中で息を吐き、顔を上げて口から息を吸う

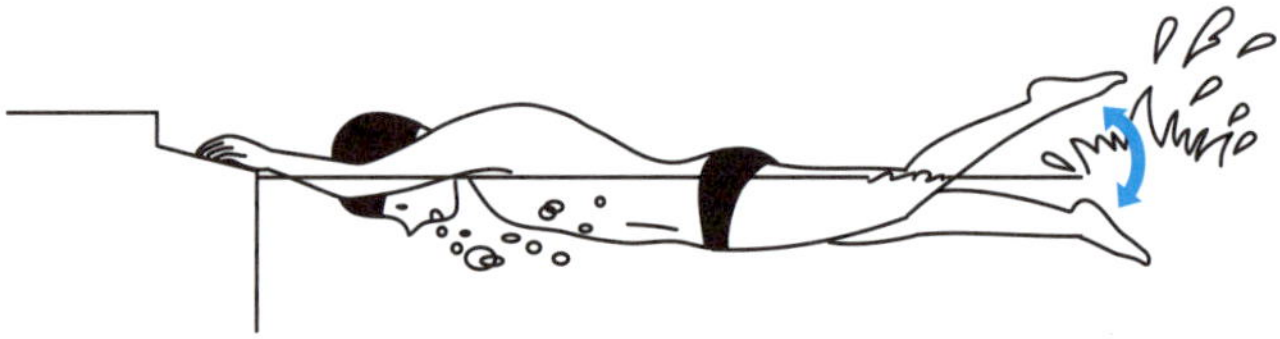

できるだけ水しぶきを出すようにキック

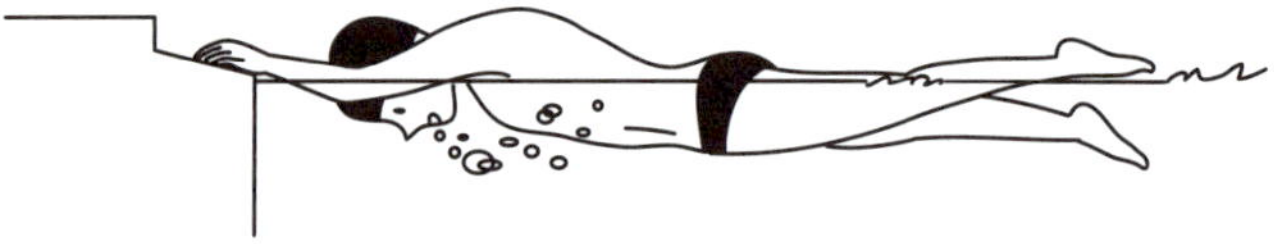

できるだけ水しぶきを出さないでキック

壁キック（その2）

壁キックのポイント

・足の甲に水を受ける感覚を感じるようにする
・親指が触れるくらいの幅でキックする
・やや内股で動かす
・足が沈まないように水平姿勢を保持する
・キックの動作の幅を大きくしすぎない
・身体の中心線を進行方向に対してまっすぐにする

こんなときは…？

Q　足が沈んでしまいます。

・下に強くキックしすぎているので、水面下30㎝ほどの幅で動かすようにしよう。
・できるだけ足首を伸ばし、すねから足の甲まで平らにしましょう。
・膝を曲げすぎているため、ムチのように足首を柔らかく使いましょう。
・指導者は、つま先を持って足を交互に動かし、キックの感覚を身につけさせるようにしよう。

Q 水面上に足が上がりすぎます。

・膝を曲げすぎないようにして、下に蹴り下ろすようにしましょう。

ビート板キックをしよう

板キックは、ビート板を手に持ってバタ足を行うものです。腰かけキック、壁キックでバタ足の動作が十分に練習できているとスムーズに移行することができます。

顔上げ板キック

まずは、ビート板の最前部を持ち、**顔を水面上に上げたまま**バタ足を行います。このとき、視線は前方に向けて、手はしっかりと伸ばして行いましょう。あまり深くキックしないように注意します。**ムチのような柔らかくしなる動き**が理想的です。慣れてきたら、ビート板を持っているところを変えてみます。はじめは最前部を持ちましたが、

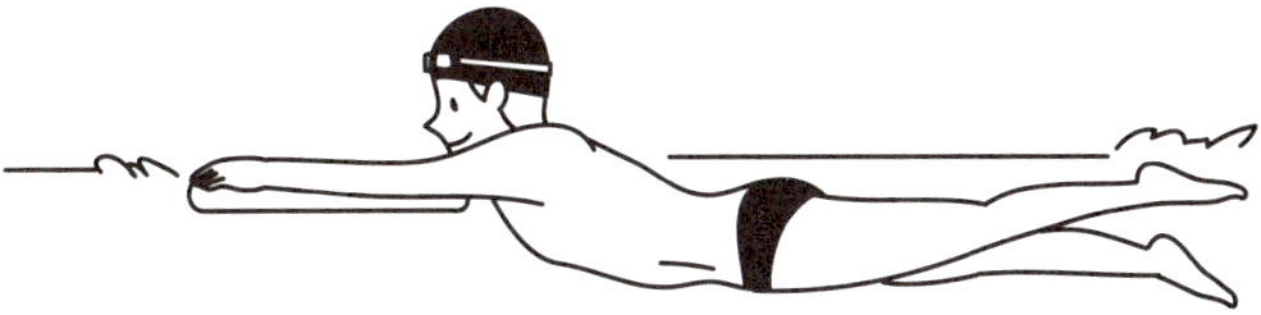

顔上げ板キック

慣れてきたらビート板を持つ手の位置を手前にずらしていく

中央部、少しずつ最下部とずらしてみましょう。

顔上げキックは頭が水面上に出るので、**下半身が沈みやすくなります**。頭部をあまり水面から上げない方が水平姿勢を保つにはいいでしょう。ちょうど顎部を水面につけたままで泳ぐのが目安です。

面かぶり板キック

面かぶり板キックは、ビート板を持って**顔を水につけて**バタ足をするものです。

ビート板の最下部を持って、手・肘はしっかりと伸ばして、バタ足を行います。面かぶり板キックでは顔を水中につけたままなので、息苦しくなって呼吸をしたくなったらその場に立っても構いません。とにかく顔をつけてバタ足ができるようにがんばってください。

面かぶり板キック

ビート板の最下部を手で持つ

面かぶり板キックのポイント

・柔らかいムチのように脚を動かす
・深く蹴り過ぎない
・足首をリラックスさせてキックを打つ
・顔を上げるとき、顎は水面上に上げすぎない
・手をしっかりと伸ばす

息つぎ板キック

さあ、どんどんクロールへ近づいていきましょう。

つぎは、息つぎ動作をしながら、板キックをやってみましょう。

面かぶり板キックをしながら、呼吸がしたくなったら顔を前方に上げて、**瞬間的に大きく息を「パア」と吐きます。**すると、その反射で新鮮な空気が入り込んできます。これを連続してできるようにしましょう。

最初は10ｍぐらいでいいですが、15ｍ、20ｍとバタ足に息つぎを加えて25ｍ泳ぐことを目標にして泳いでみましょう。

息つぎ時ストローク板キック

ここからは、さらにクロールに近い動きになります。

前の息つぎ板キックでは顔を前に上げて呼吸をしていましたが、今度は顔を横に上げます。息つぎで呼吸したくなったら、**右か左かどちらか一方の手をビート板から離し、前方から後方へ水をかきます**。その際、手のかき（ストローク）の中間から後半に合わせて顔を横にひねり、呼吸をします。

ストロークは後で詳しく説明しますので、ここでは息つぎのタイミングと腕の動作がだいたい合っていれば大丈夫です。要するに、顔を横に上げて息つぎをしながらバタ足を行うことが目標です。

ストロークを加えた練習では、ビート板を持っている手が不注意になりがちです。**ビー**

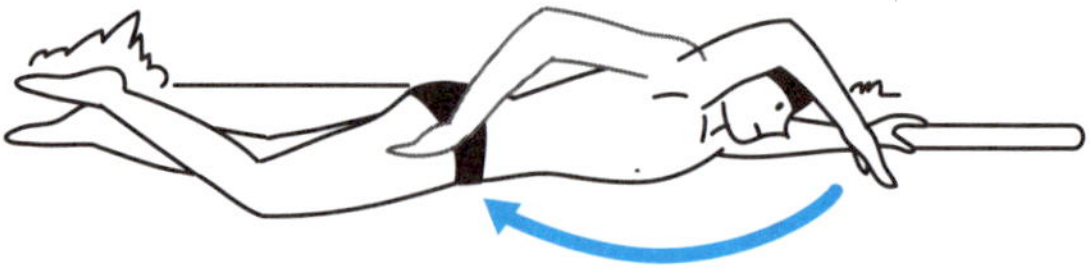

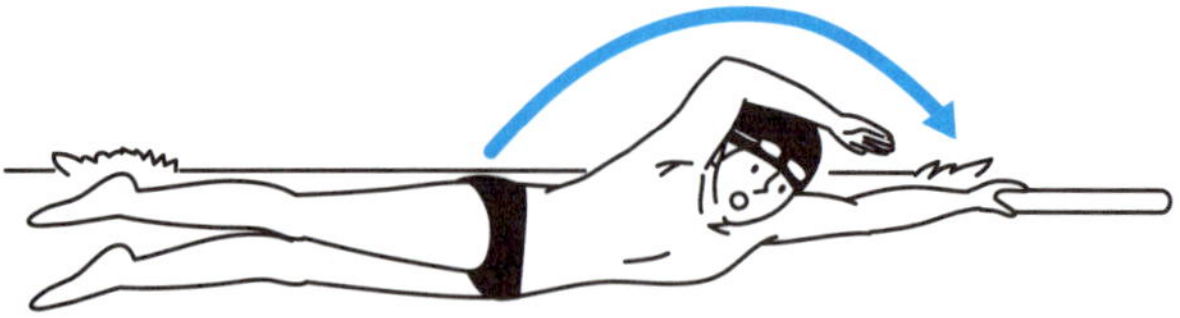

息つぎ時ストローク板キック

息つぎがしたくなったら片手をかきながら顔を横に向けて呼吸をする

ト板を持つ方の手は進行方向にまっすぐに伸ばしておきましょう。なかには息つぎをしたときにビート板を保持している手が大きく外にずれる人もいます。ビート板を持っている手に耳または頭をつけるように意識することが重要です。

息つぎストローク板キックのポイント

・息つぎのとき、前方や側方に顔を上げすぎない
・息つぎのとき、息を勢いよく吐く
・息つぎと腕の動作は無理なくスムーズに行う
・ビート板を持っている手はしっかりと伸ばし、呼吸時は耳または側頭部を前方に伸ばした腕につけるようにして息つぎを行う

クロール STEP 2

けのびをマスターしよう

けのびは、身体全体を1本の棒のようにするもので、**あらゆる泳ぎの基本**となる動きです。この何気ない動作・姿勢のけのびで、**自分の水に対する感覚がわかる**ほどです。

水中でいかに水平姿勢を保持するか、しっかりと壁を蹴り、どのように水中を進行し、どのように浮き上がって、最長距離まで到達できるかがポイントになります。

これは筆者の経験ですが、けのびの際に指先が到達する距離はおよそ一般的には6～7m、大学水泳部員で約10m、優れた選手は15m以上です。**金メダリストの競泳選手は25mにも到達する**そうです。

どうですかみなさん、**「たかがけのび、されどけのび」**です。非常にシンプルな動作なのに侮れないですよね！

けのびの姿勢は、**「ストリームライン（stream line：流線型）」**ともいいます。このストリームラインのとり方で泳ぎの上達の度合いもまったく違ったものになりますので、できるだけけのびの到達距離を伸ばしましょう。

けのびの方法は簡単です。

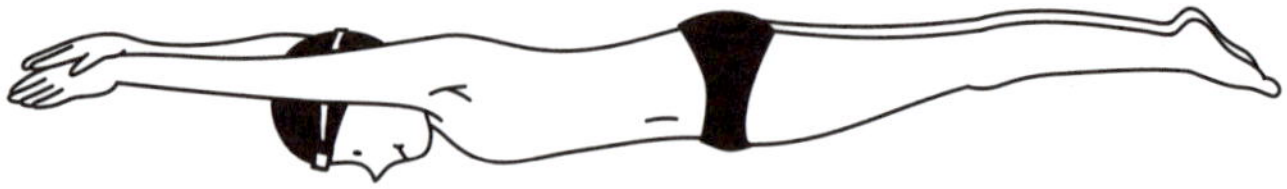

けのび姿勢（ストリームライン）

水平姿勢を保持し、身体を１本の棒にする

①片足は底につけ、もう一方の足は後ろの壁面につける
②手は水面上にそろえておく。余裕があれば両足で蹴る直前に手を前方に伸ばす
③その場で軽く上体を持ち上げるようにジャンプをして、身体全体を水中に沈める
④同時に両足を後ろの壁面にそろえてつけて、前方に伸ばした手の間に頭を入れて上腕ではさむ
⑤壁を蹴ると同時にストリームラインをつくり、水中をできるだけ水平に移動する
⑥足首の関節を伸ばし、脛から甲にかけてできるだけフラットにする

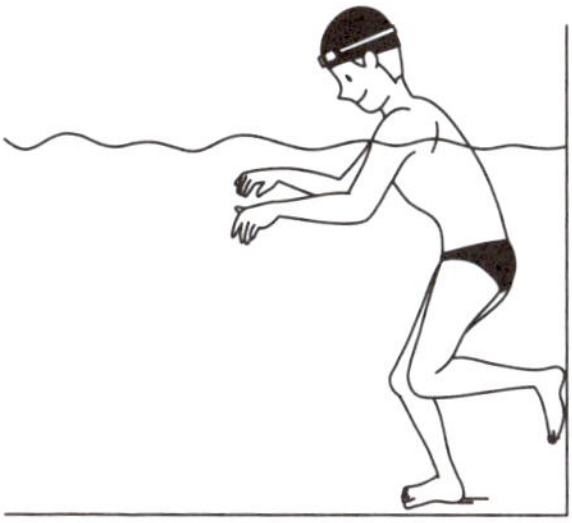

片足を壁につける

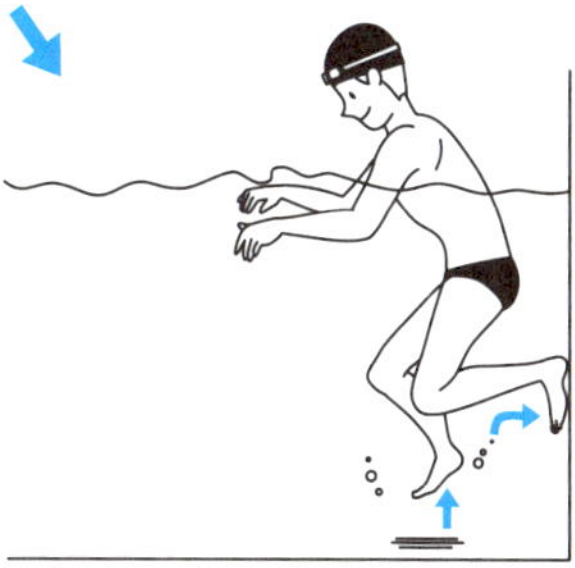

軽く上体を持ち上げるようにジャンプ

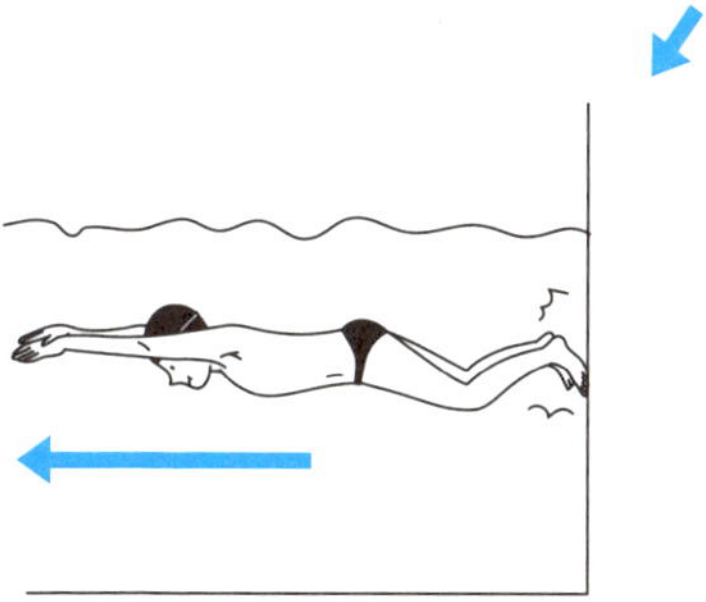

両足で壁をける

けのびのステップ

⑦体軸は左右上下にぶれないようにまっすぐに保つ

さて、けのびはどうだったでしょうか？　けのびを何回も繰り返して行うと距離は伸びていきますので、反復が重要です。

けのびキック

次は、**けのびの姿勢にバタ足を付け加えて水の中を進みます。**先ほどと同じように、壁を蹴ってけのびをはじめましょう。しっかりと壁を蹴って少し進んだら、バタ足をはじめます。ここでの息つぎは息苦しくなったときは平泳ぎのかきをして、顔を前方に上げて行います。あくまでも息つぎをしたくなったときだけ、呼吸を行い、それ以外は前方に手を伸ばしてストリームラインを保持しておくようにしましょう。

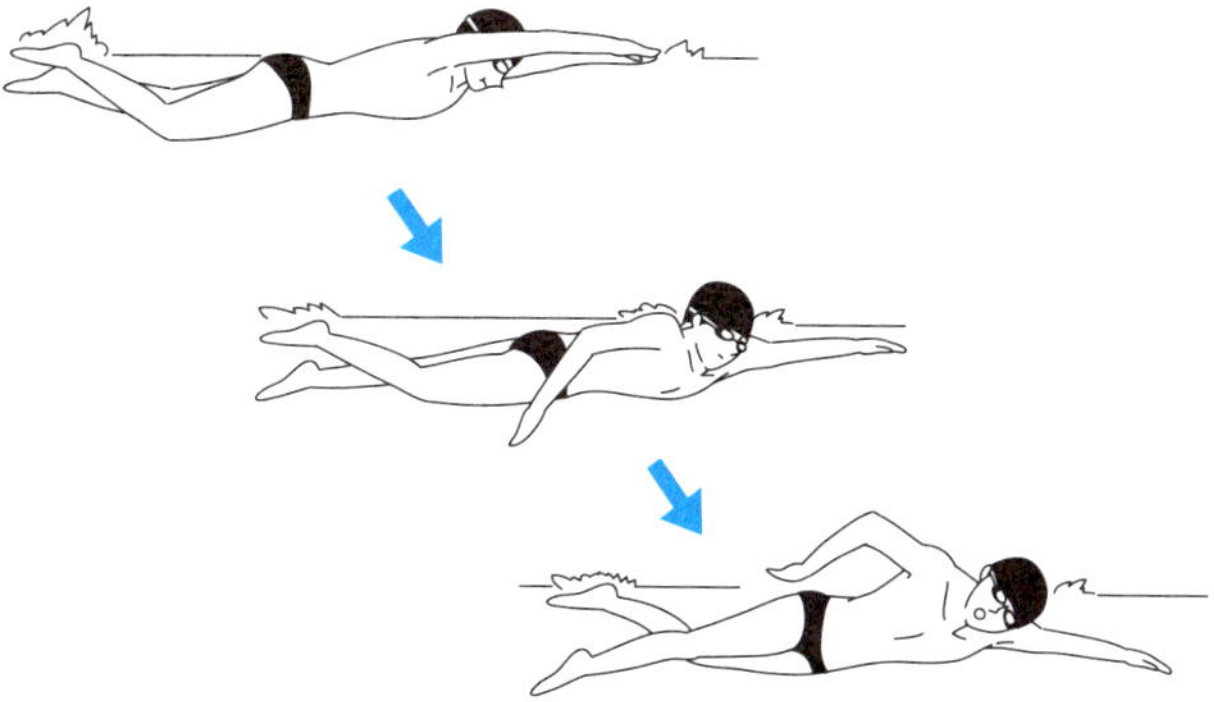

息つぎ時ストローク

息つぎをしたくなったときだけ手をかき、顔を上げて息つぎをする

けのびキック＋息つぎ時ストローク

けのびキックができた方は、クロールのコンビネーションに近い動作で練習するようにしましょう。基本的には**両手を前にそろえて、息つぎのときだけ顔を上げる側と同じ側の手をかく**ようにして行います。

例えば、ストリームラインを保持したまま、左側呼吸の場合は左手をかいて息つぎを行ってください。ここでも、息つぎをしたくなったときだけ手のかきを行い、それ以外は手を前方に伸ばして**ストリームラインを保持する**ことが重要です。

片手ストローク

さらにクロールに近づいていきましょう。ここまでは息つぎのときだけストロークを行っていましたが、ここではストロークを連続して行うようにします。

顔をあげる方の**手のかきの中間からフィニッシュにかかる局面で顔を上げて呼吸をします。**右手ストロークのときに右側呼吸、左手ストロークのときに左側呼吸になります。

交互ストローク

ここまでくると、ほとんどクロールをマスターしたようなものです。

前述では片手のみのストロークでしたが、ここでは両方の手で交互にストロークします。息つぎは、右か左のどちらか呼吸しやすい方でしてください。

右側呼吸の場合を例に説明します。

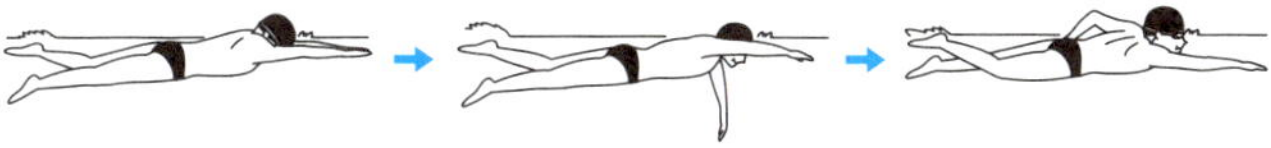

①基本姿勢（両腕が前でほぼ揃った状態）　②左腕のストローク　③左腕のリカバリー

④基本姿勢　⑤右腕のストローク（呼吸なし）　⑥右腕のリカバリー（呼吸なし）

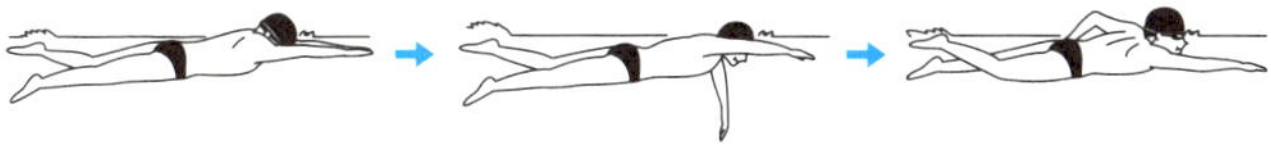

⑦基本姿勢　⑧左腕のストローク　⑨左腕のリカバリー

⑩基本姿勢　⑪右腕のストローク（顔を横に向け始める）　⑫呼吸

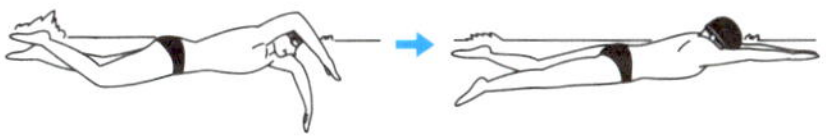

⑬右腕のリカバリー（顔を元に戻す）　⑭基本姿勢

交互ストロークの流れ

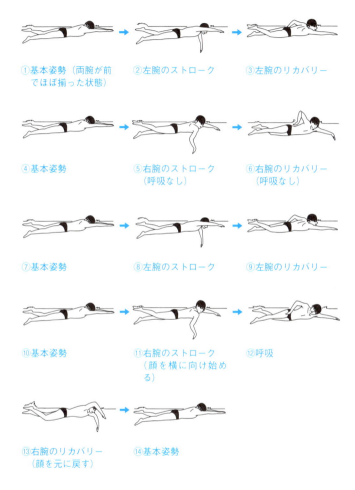

①壁を蹴ってけのびの姿勢をとって、バタ足をはじめる
②左手のストロークをはじめる。その間、右手は前方に伸ばしたままにする
③左手のストロークが終わり、左手が前方にエントリーすると同時に右手のストロークをはじめる
④右手ストロークの中間～フィニッシュの局面で顔を横に上げて息つぎをする
⑤右手のストロークが終わり、右手を再び前方に運び両手が揃う

クロール STEP 3

ストロークをマスターしよう

ここまでできた方は、ほとんどクロールを泳げるようになったのではないでしょうか？**クロールにおける推進力の70％は腕のかき**によるものですので、今度は正確な腕のかきを習得できるように練習しましょう。

クロールの腕のかき、すなわちストロークで重要なポイントは2つです。それは、「ハ

ストローク

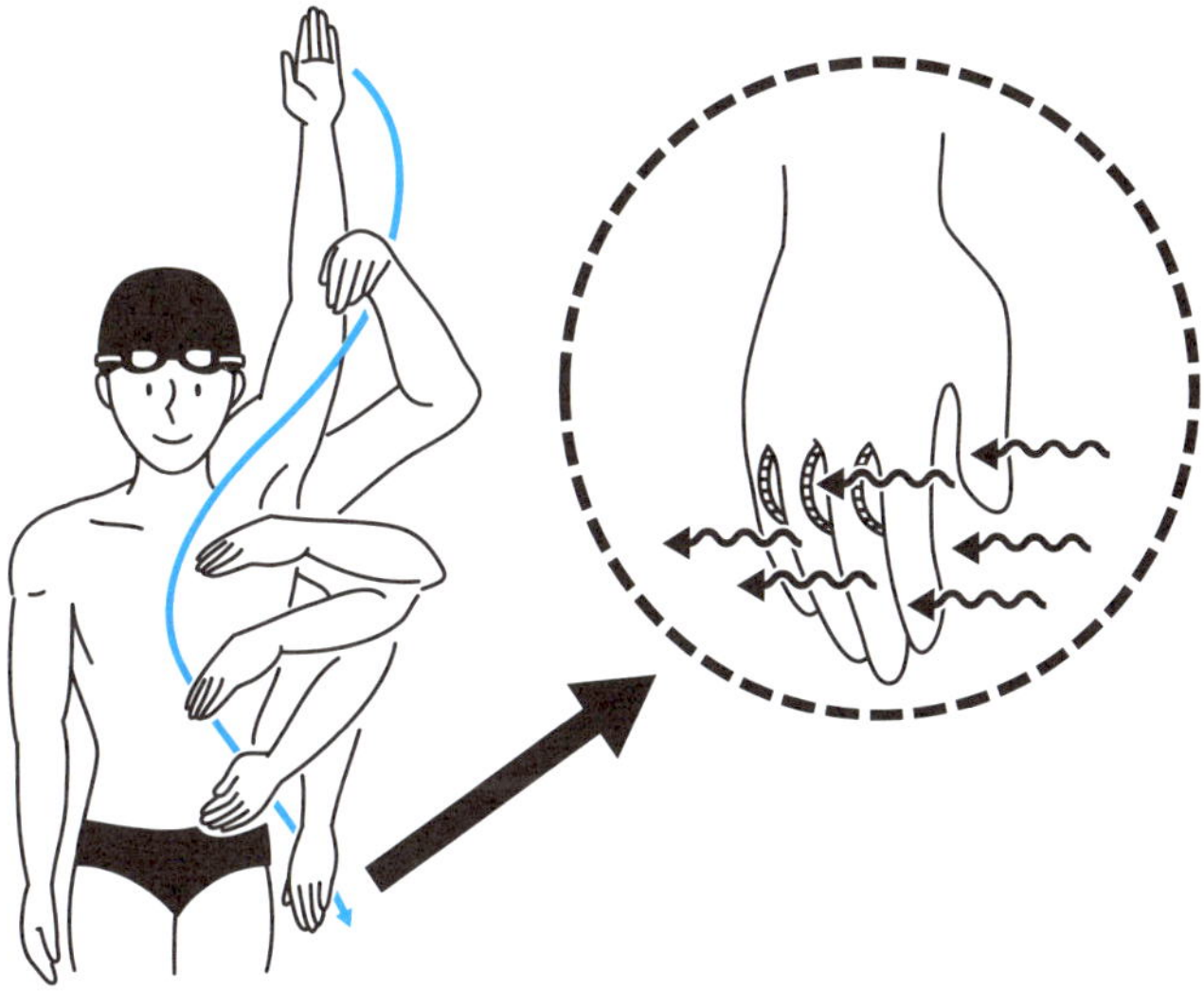

S字プル

イエルボー・ポジション」と「S字プル」です。

図にクロールの腕のかきを示しましたので、よく見て頭の中でイメージしてください。

そして、そのイメージ通りに水中で行えるように実際に何回も反復しましょう

クロールのストロークを、いくつかの局面に分けてつかみましょう。

エントリー：手が前方の水面に入るところ
グライド：エントリー後、水中で前方および下方に手を伸ばしているところ
キャッチ：グライド後、肘を曲げて水をかき始めるところ
プル：キャッチの後、水をかいて（後方へ押して）いるところ
フィニッシュ：かきの終わりで手が水面上に出るまでのところ
リカバリー：手が水面上に出て、エントリーするまでのところ

板つき片手ストローク

クロールのストロークはイメージできたでしょうか？　ここでは**ビート板を使って、片手ずつ正確にできるようになりましょう。**

片手でビート板を持ってバタ足をしながら、もう一方の手で正確なストロークができるように水をかいてみましょう。最初は、息つぎをしないで水中で自分のかきがしっかりとできているかをチェックしながら泳ぎます。次に、正確なストロークをしながら、息つぎの動作も加えていきましょう。

板つき両手交互ストローク

次は常にどちらかの手でビート板を持って、バタ足をしながら、左右交互にかいてみましょう。

①基本姿勢

②左腕のストローク

③左腕のリカバリー

④基本姿勢

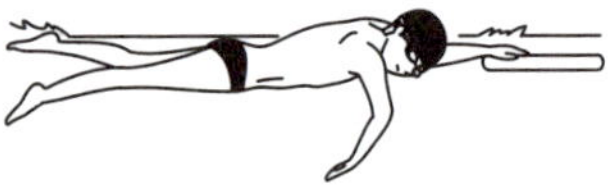

⑤右腕のストローク（顔を横に向け始める）

⑥呼吸

板つき両手交互ストローク

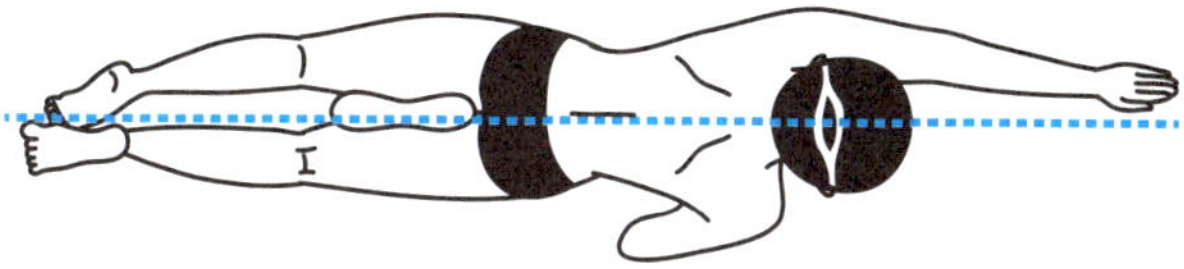

体軸がずれない正しい入水

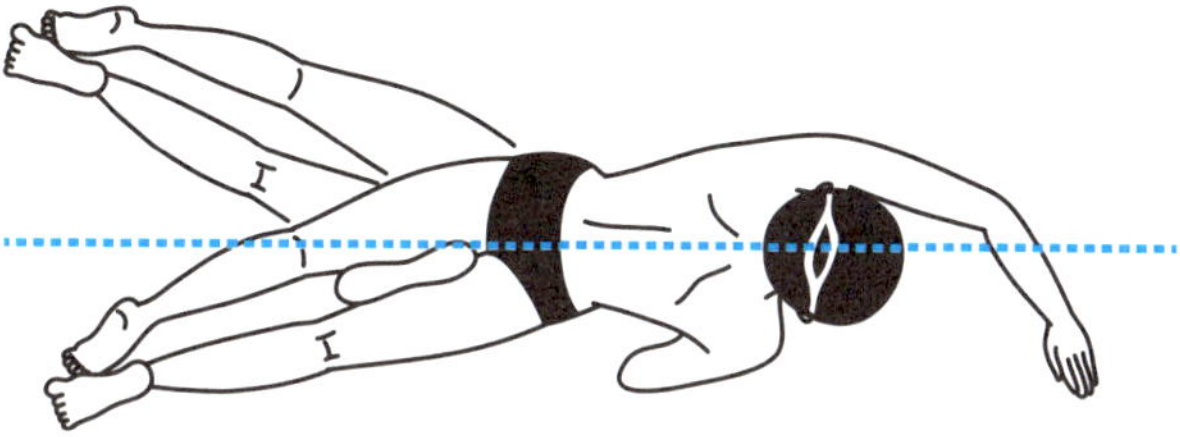

中心線を超え、体軸がずれた入水

プルブイを足に挟んだ腕だけの練習

板つき両手交互ストロークのポイント

・エントリーは親指からソフトに水に入れる
・手のひらはコイン1枚くらいの隙間が開いているくらい
・ハイエルポー・ポジションをしっかりととる
・フィニッシュは大腿部を触るくらいにする
・リカバリーは力まずリラックスして行う

腕だけの練習をする

腕だけの練習で、とにかく「かき」に集中して行いましょう。
ビート板またはプルブイを足にはさんで、ひたすら腕のかきだけを意識して泳ぎます。ストローク全体を意識して練習するのが望ましいですが、メニューの**1本ごとに自分で技術的な課題を設定しながら練習**するようにしましょう。

例えば、25m×8本の1分サイクルの場合では、以下のことを意識しながら行うことが考えられます。

・1〜2本目：エントリーを意識して
・3〜4本目：キャッチを意識して
・5〜6本目：プルを意識して
・7〜8本目：フィニッシュを意識して

また、足にビート板かプルブイをはさんだ練習で注意する点は、キック動作が制限されるのでバランスが保ちにくくなってしまいますので、体軸がぶれないように、身体をまっすぐにして良い姿勢を保持しましょう。

クロール STEP 4 いよいよクロールで25mに挑戦

ここまでキックとストロークを分けて練習してきましたが、自然にコンビネーションができるようになった人もいると思います。これまでの練習方法はコンビネーションにスムーズに移行できるようにプログラムしていますので、効率よくクロールがマスターできているはずです。

次に示すのは、コンビネーションをより自分のものにするためのドリル練習ですので、たとえクロールがうまく泳げるようになっていても、自分の泳ぎを確立・確認するために頻繁に行うようにしましょう。

ここでの練習は、もしフィン（足ヒレ）があれば、最初はつけて行い、動作に慣れてきたら、フィンを外して自分の身体だけでやるようにしましょう。

3ストロークずつ繰り返す

基本は片手ストロークです。片手は前方に伸ばして、もう一方の手で3回ストロークします。3回ストロークが終わったら**いったん両手を前で合わせて**、反対側の手で同様に3回ストロークします。これを左右3回ずつ交互に繰り返して泳ぎます。

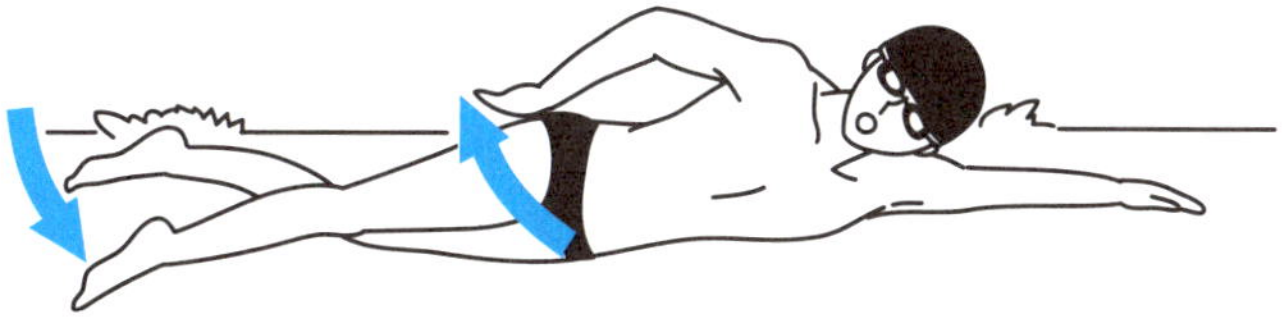

右手のフィニッシュ時に右足のキックを打つ

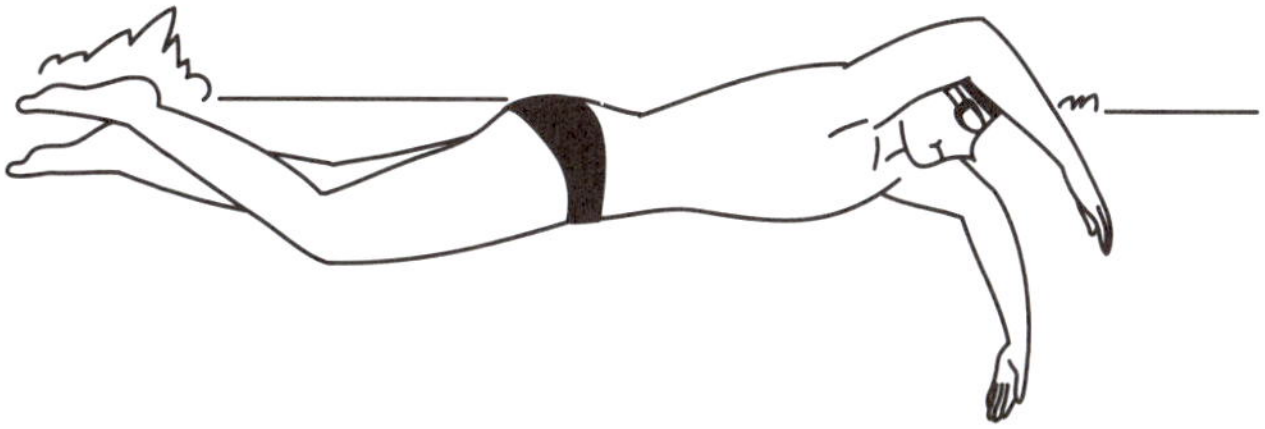

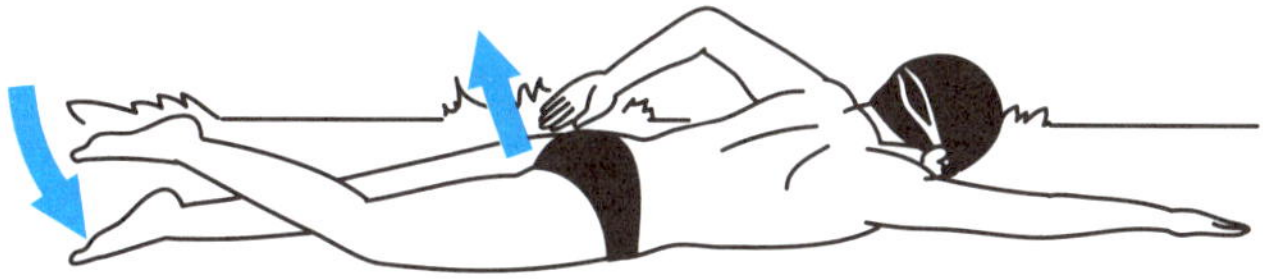

左手のフィニッシュ時に左足のキックを打つ

コンビネーションの練習

キャッチアップ

キャッチアップは、1回ストロークして、前に伸ばして**1度両手を合わせてから反対側の手のストロークを1回…と繰り返す**ものです。慣れてきたら、両手を合わせている時間を短くして、できるだけ連続したストロークになるように泳ぎのリズムを速くしてみましょう。

キャッチアップのポイント

・フィニッシュとキックを合わせるように意識しよう
例えば、左手ストロークのフィニッシュのときに同側のキックを打つようにする。反対側の場合もできるように意識する。

・フィニッシュ・キックのときのキックはアクセントをつける
1ストロークの間に6キック、4キック、2キックのいずれの場合も腕のフィニッシュに合わせる同じ側のキックをやや強めに打つとうまくいきます。

COLUMN

バタ足の練習には足ヒレが効果的か？

みなさんも、クロールのキック（バタ足）がうまくできずにお悩みの方はいませんか？　ここでは、足ヒレを使ってその悩みを解消する方法をご紹介します。

膝をしっかり伸ばすと大腿部の大きな筋肉群が収縮します。収縮すると、しなやかな動きが難しくなります。けるときに足を伸ばすと、股関節を使って足を上下させることが難しくなり、一緒に腰が動いてしまいます。歩くときに股関節を動かさすに腰を動かすとどうなりますか？　上半身が一緒に横にぶれるでしょう。水泳でも同じです。

上手なバタ足は、「足の甲」で水をとらえます。

足首、膝そして股関節を柔らかく使って足全体が鞭のようにしなやかに動けば、効率よく足の甲で水をとらえることができるのです。しかし、足を交互に動かしながら、たくさんの関節をしなやかに使うなんてとても難しそうですね。

このキックの習得には足ヒレ（片足ずつのフィン）を使うとよいでしょう。まずはしっかりと足ヒレで水をとらえることからはじめてください。「足を伸ばして太股から動かす」というキックでは、うまく進むことができないはずです。

また、足首、膝、股関節をしなやかにといっても、それを意識するのも至難の業ですから、足ヒレに水をうまく当てる方法をがんばって身につけてください。足ヒレは推進力が得やすいため、感覚をつかむのに適しています。効率よく進めるようになったら、足首、膝、股関節の動きにどの筋肉が使われているかを意識してください。足は鞭のようにしなりながら動いていきます。腰の中心当たりの筋肉（腸腰筋）が疲れてくるはずです。この動きをしっかり感じとることができたら、足ヒレをはずします。次には、足ヒレと同じ感覚で足の甲で水をとらえてみてください。足首、膝、股関節をしなやかに腸腰筋から動かします。

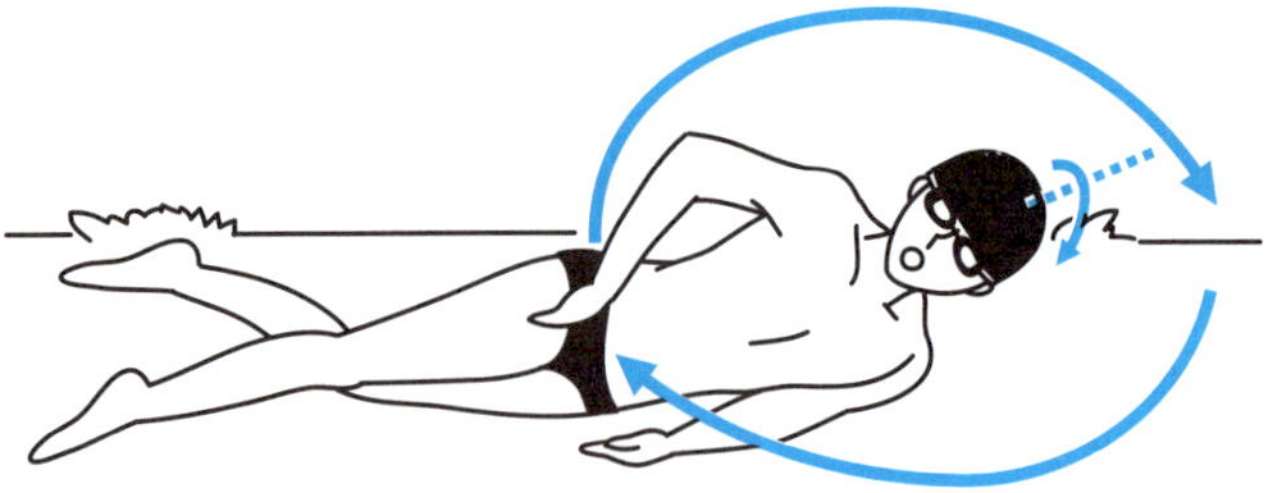

片手ドリル

・肩関節が固い人は、肘を高くせずにリカバリーをするリカバリーでは肘を曲げても伸ばしても構いません。水中のストロークを有効に行うことに努めましょう。

息つぎをスムーズに

もうここまできたら、クロールに相当自信がついていると思います。しかし、息つぎをより洗練させることによってさらなるステップアップが期待できるでしょう。25mにとどまらず、より長い距離、より速いスピードで泳ぐためにも、このドリルは非常に有効ですのでチャレンジしてみましょう。

片手ドリル（その1）

基本は片手ストロークですが、これまでと異なるのは、かいていない方の手の位置です。これまでは、かいていない手は前方に伸ばした状態でしたが、ここでは**体側につけます。**

そして、**顔は動かしている手の側に上げます。**息つぎのタイミングはこれまで練習してきたとおり、フィニッシュに合わせて行います。

ここで重要なポイントは、一方の手は体側につけたままですが、**他方の肩や上半身はあたかも腕のかきをしているかのように動作する**ことです。すなわち、かいた方の手のリカバリーの後エントリーするときに、反対側の肩は水面上に出して上半身のひねりを行います。動かしている手のストロークに協応して反対側の肩も次第に水面下に動くようになると非常にいいでしょう。

片手ドリル（その2）

動作自体は「その1」とまったく同じですが、顔を上げるのを逆側にします。つまり、**手を体側につけている方に顔を上げて息つぎをします。**息つぎは、手を動かしている側のエントリーと同時に顔を横に上げて行います。

ここでも、体側につけた方の肩の動きを意識することが重要です。呼吸したときに同側の肩は水面上に出し、顔を水中に戻す動作と同時に肩も水面下に動いていきます。

以上2つの片手ドリルは、動作は同じで、呼吸する側を変えただけですが、感覚的には微妙に異なります。どちらかが呼吸しやすい動き、または息つぎのしやすいタイミングがみつかると思いますので、**自分で「これだ!」と感じた方で行うとうまくいきます。**ぜひ積極的に練習にとり入れて、習得してください。

ローティションをする

これまでに、息つぎ、ストローク、フィッシュ・キックと、部分的な動作の練習や上半身と下半身の協調を身につける練習を進めてきました。

つぎは、クロールの最終段階です。もちろん、ここまでの練習をクリアできていれば、あなたのクロールはかなりの上級レベルといえます。しかし、運動技術というのは奥が深いもので、限界がありません。ここで紹介するのは今までの感覚とはちょっと異質に感じるかもしれませんが、左右の交互動作であるクロールの特性をもっとも考慮したものです。

すなわち、左右の交互動作の巧緻性を向上させるドリル練習になります。

ローティション・キック

基本は身体を真横に向けたサイドキックです。フィンをつけた方が簡単ですので、持っている方はつけてやってみましょう。

①身体を真横にして、足はバタ足を横向きに打つ
②下側の手を前方に伸ばし、上側の腕は体側につける
③ゆっくり6拍子カウントしながら肘を水面に出す
④6拍子カウントした後、水面上にあがった手を前方へエントリーする
⑤このエントリーに同調して下側の手のかきを行い、同時にローティションさせて身体全体を反対側へ向かせる
⑥反対側でも同じように6拍子カウントして元に戻す

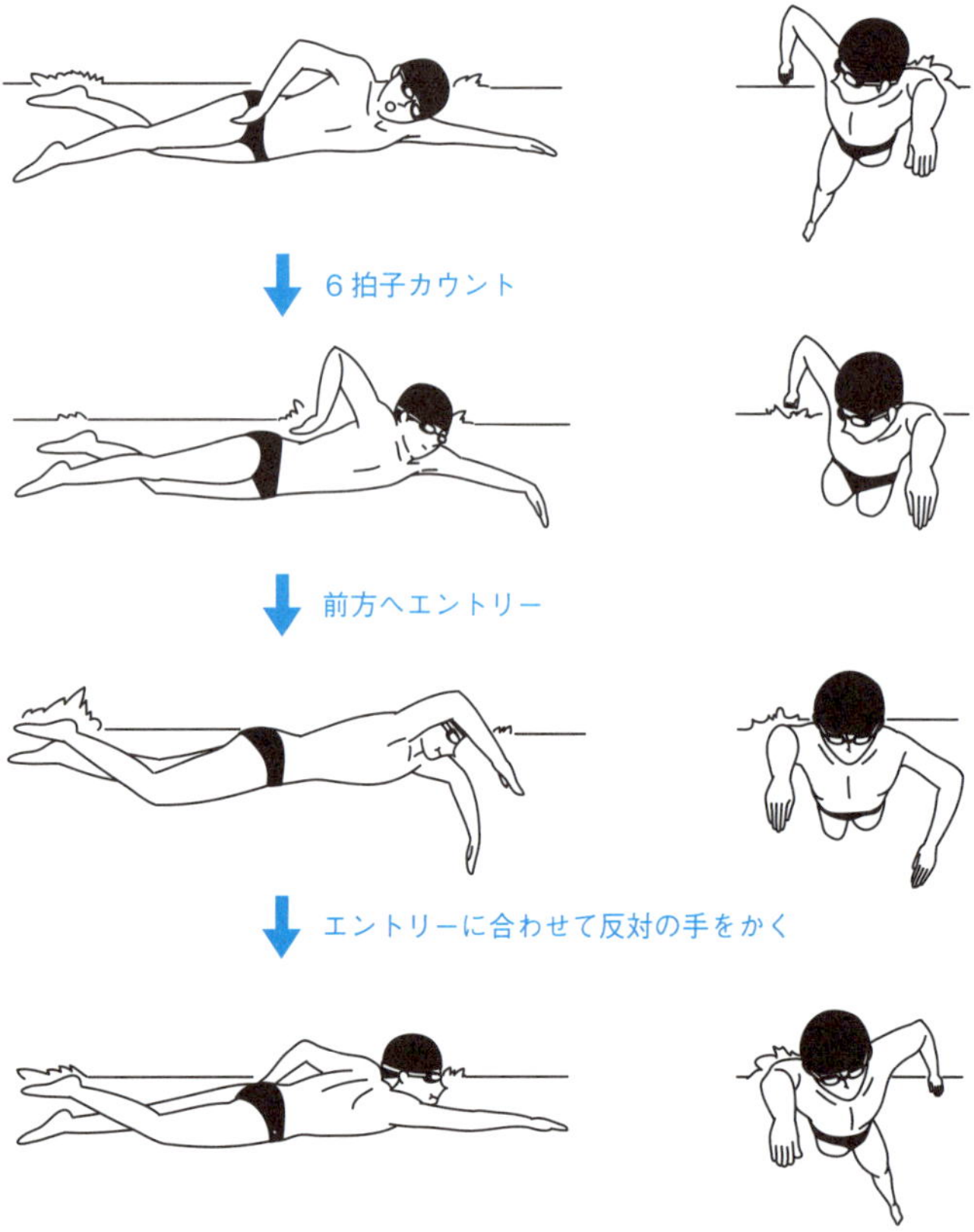
6拍子カウント
前方へエントリー
エントリーに合わせて反対の手をかく

ローティション・キック

これを繰り返します。横向きのキック（サイドキック）を交互に連続で行うものですが、身体が反対側に向くときに手のかきとリカバリーを同調させることを意識しましょう。

慣れてきたら、6拍子の時間を早くして行うと、クロールに近い泳ぎになります。

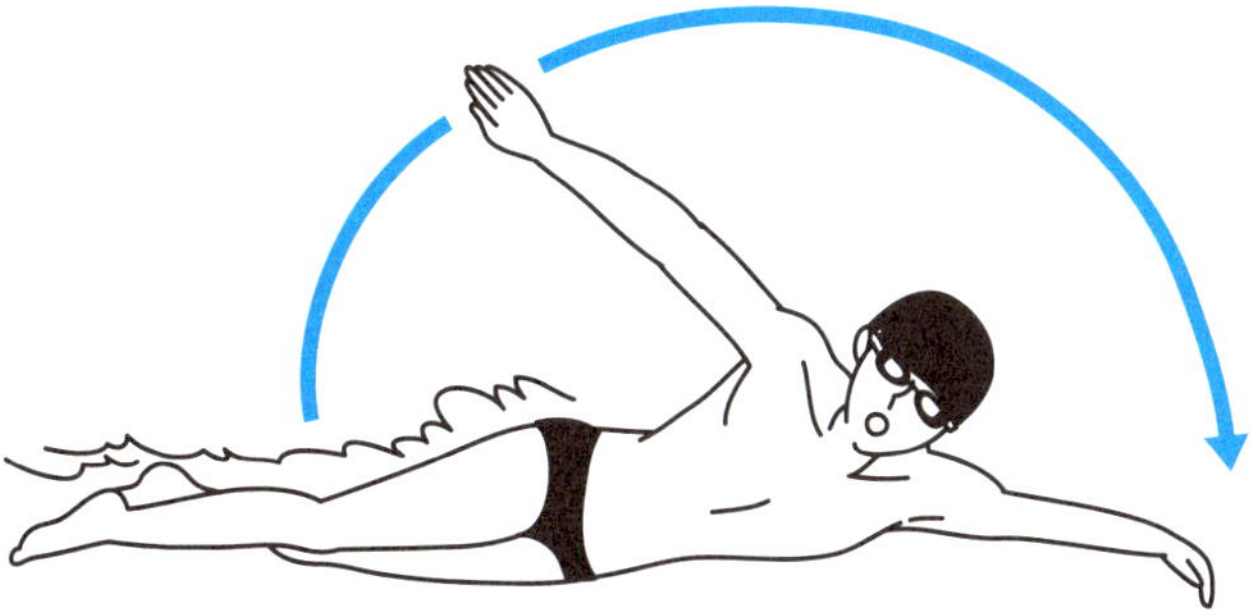

ストレート・アーム・リカバリー

ストレート・アーム・リカバリー

文字どおり、リカバリーの際に**腕を伸ばしてできるだけ大きな弧を水上で描く**ように動かすものです。

はじめは、「ローティション・キック」のリカバリーをストレート・アーム・リカバリーで行います。6拍子で手が水上90度の位置までくるようにし、90度以降はエントリーまでの間に水中にある手のかきを同調させてストロークします。それと同時に身体の向きも反転させ、サイドが変わります。逆側も同じ動作で行います。

慣れてきたら、クロールで普通に泳ぎ、リカバリーをストレート・アームで行いながら、身体のひねりやローテーションを意識して行います。

上手に行うためのポイント

・身体を完全に真横に向け、キックを蹴る
・横向きが切り替わるところを意識する
・身体の向きが切り替わるところで下側の手のかきを同調させる
・完全なうつ伏せの状態をできるだけ短時間にする（横向き↓反対側の横向きの連続動作となるようにする）

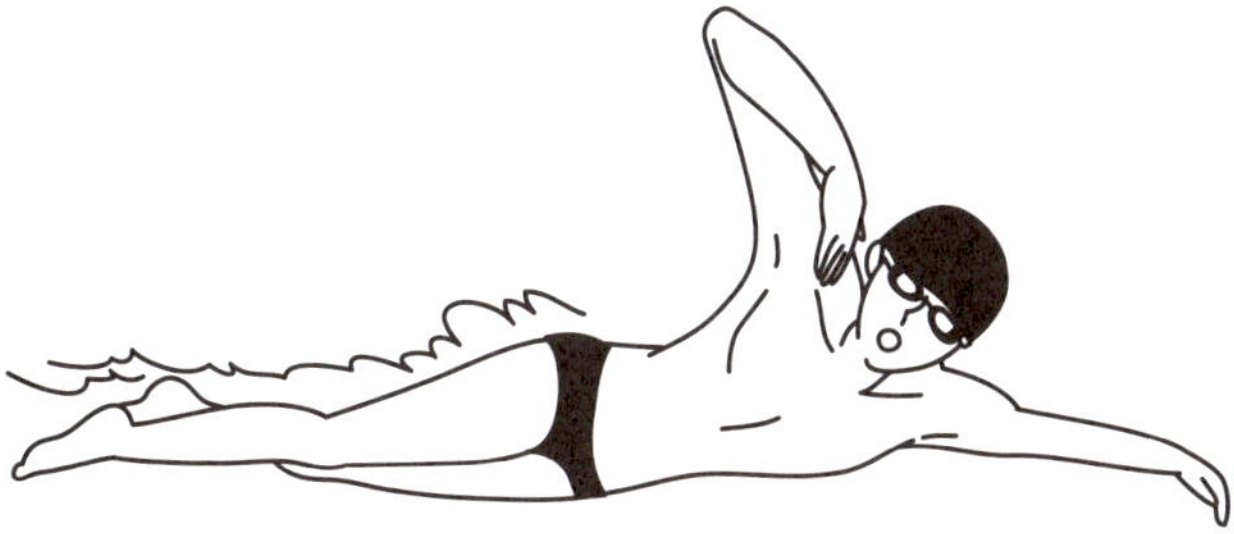

シ ョ ル ダ ー ・ タ ッ チ ・ ド リ ル

ショルダー・タッチ・ドリル

ショルダー・タッチ・ドリルは、**リカバリーのときに肩や脇あたりを指先でタッチしてから前方へ伸ばす**ものです。

一方の手の動きが終わり、前方に戻すまで他方の手は前に伸ばしたままにします。もっとも重要なポイントは**ショルダー・タッチ（肩をタッチした）後のエントリーのときに肩をできるだけ上げたまま行う**ことです。

エントリーで手が前方にいくのに合わせて肩が下がるのはよくありません。この動作を習得することで、水の中で肘を立ててハイエルボー・ポジションをうまく行うことにつながります。息つぎをする側は比較的自然にできると思いますが、息つぎと反対側を特に意識して行った方がよいでしょう。

クロールSTEP 5 クロールで楽に泳ごう

クロールを泳いでいてすぐに疲れてしまうという方は、ひょっとするとキックをがんばりすぎているのかもしれません。キックは疲労度が高いので、体力向上のための「練習としてはよいのですが、楽に泳ごうという方はあまりがんばらない方がいいのです。姿勢が崩れることもよくありませんので、まっすぐな姿勢が崩れるほどの「がんばりキック」はあまりやらない方がいいでしょう。もちろん息つぎ動作でも姿勢は崩れやすいので、気をつけるようにしましょう。

ここまで学んできたように、体の中心軸を保持して息つぎができれば、余裕をもって楽にできます。体が「やきとり」になったイメージで串を回してください。どうしても串が折れてしまう方は、横姿勢のバランスに慣れるようにしましょう。それには、ローテーション・キックの練習も非常に役に立ちます。

もっと初歩的な方法としては、鼻から息を出しながら（呼吸の練習にもなる）横向き（片手は進行方向に伸ばし、他方は体側につける）でけのびをしたり、進行方向に伸ばした手でビート板を持って、横向きでキックをする（できるだけ幅を狭く・軽く動かす）などで、バランスを保つ能力を養えば、呼吸姿勢にゆとりができるでしょう。

姿勢を崩さずに息つぎができれば、1ストロークごとに息をすることでバテにくい泳ぎができます。息をこらえた苦しい運動は長く泳げません。また、やみくもに手をぐるぐる回すのはよろしくありません。手をしっかり伸ばして～そしてかく、す～いすい、す～いすいのリズムで優雅なクロールをしてください。

COLUMN

息つぎがとても苦しいがどうすればいいの？

顔を上げたときに「パア」と勢いよくはいて息つぎをしてください。

まずは、クロールの呼吸で抵抗を生む原因と矯正法をお答えしましょう。クロールの呼吸動作はクロール泳法を上達させるためには、最も重要な技術（動作）の１つです。呼吸動作は、基本的に体軸を中心に顔を横に上げて息つぎをしますが、うまくできない例を挙げてみましょう。

うまくできない人の例

・顔を上げすぎる
・真横よりも後方に上げてしまう
・頭が立ってしまう
・顔を上げるタイミングがおかしい

このようなことが原因となっていると考えられます。

矯正法

・顔を上げたときに「パア」と勢いよく吐いて息つぎをしましょう
・顔を上げたときに、水面ギリギリで呼吸してみましょう
・顔を上げたときに視線を水面上にしましょう
・体軸から頭部が上向きに外れないようにしましょう
・前方に伸ばしている腕に耳をつけるようにして顔を上げましょう
・顔を上げたときに見える景色は横倒しで見えるようにしましょう
・頭は浮かせて息つぎしましょう
・顔を上げるタイミングは５章で紹介しているように、ドリル練習を徹底してマスターしましょう
・身体のひねり（ローリング）を呼吸する側と呼吸しない側に関係なく左右対称に行ないましょう
・もしかしたら、顔を上げるのを反対側にしたほうが楽に息つぎできるかもしれませんので、逆側での呼吸を試してみてください

第2章
平泳ぎ

平泳ぎの達人になろう！

平泳ぎは日本人のお家芸！　といわれるくらい過去オリンピックで多数の金メダルを獲っているのがこの平泳ぎです。

ぜひ、この機会に皆さんも平泳ぎの達人になりましょう！

平泳ぎSTEP 1　ストリームライン（流線形姿勢）をつくろう

楽に長く泳ぐためには、**抵抗を受けにくい姿勢**を保ち続けながら泳ぐことができるかどうかが重要なポイントです。まずは陸上で立った姿勢や横に寝た状態でストリームライン（流線形）姿勢をつくってみましょう。

手のひらは重ねて、重なった上の手の親指で下側の手のひらをしっかり押さえます。肘はまっすぐ伸ばし両肘で頭をはさみ込みます。**手の指先から、肩、腰、膝、足先まで一直**

よくない例

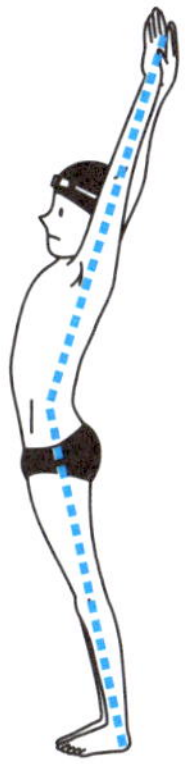

ストリームライン

線になるように姿勢をつくります。

水中ではまっすぐ伸びることを意識し過ぎて胸を張り過ぎたり、腰が反ったりすることがあるので、カメラやビデオに撮って確認しながら正確にストリームラインをつくってください。

けのび

「けのび」とは、クロールでも説明しましたが、壁を蹴ったあと、すばやくストリームライン姿勢をつくって前方に伸び、スムーズに浮き上がってくるまでを指します。

どの泳ぎ方でも、泳ぎだす最初の動作として、「けのび」でいかに抵抗の少ないきれいな

壁をけってスタート

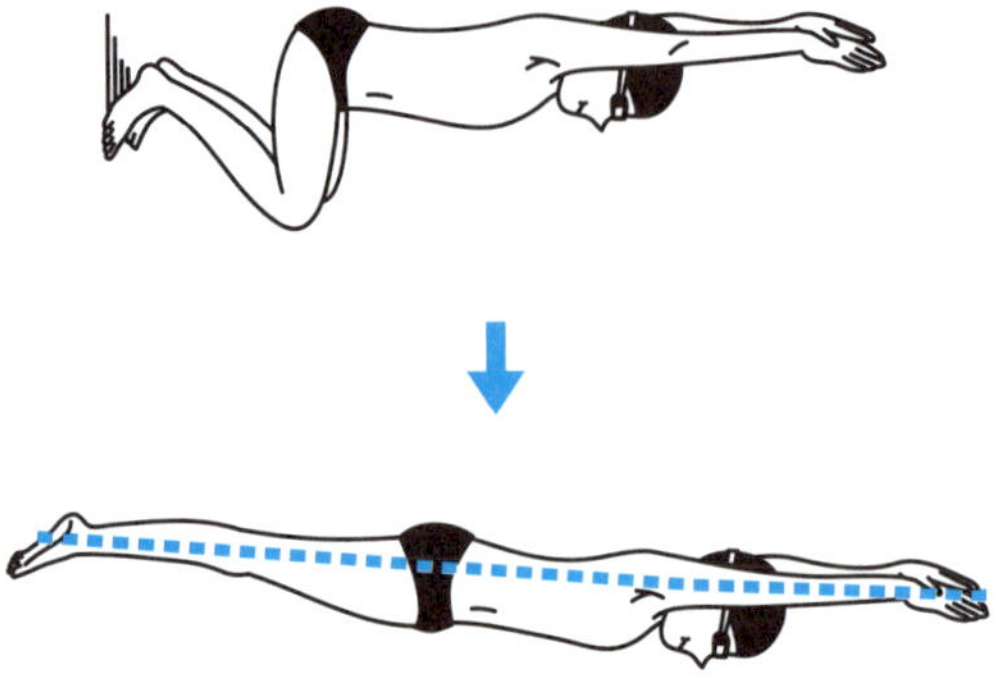

よくない例

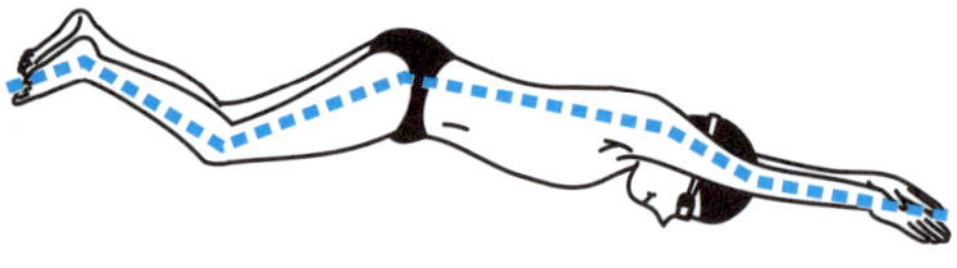

姿勢をつくり、強く壁を蹴りスピードを出して泳ぐことができるかが大切なポイントとなります。

練習するときは、**膝を曲げ、壁の少し深い部分をしっかりと強く蹴り、できる限り遠くまで伸びてスムーズに水面に浮きあがります。**水面に浮いてからもストリームライン姿勢のまま進み続けられるように繰り返し練習してください。力を入れてまっすぐの姿勢を長く維持することは想像以上に難しいことです。だからこそ、プールに行ったときは繰り返しけのびの練習を行いましょう。上達するとどんな泳ぎも抵抗の少ない姿勢で泳ぎだせるようになります。

平泳ぎ STEP 2 キックをマスターしよう

平泳ぎだけは必ず**足裏でキックを蹴らなければなりません。**

クロールや背泳ぎのようなバタ足と、バタフライのドルフィンキックは足の甲を使って水を蹴りますが、平泳ぎはカエル足といわれるように、足の裏を使って水を蹴ります。膝

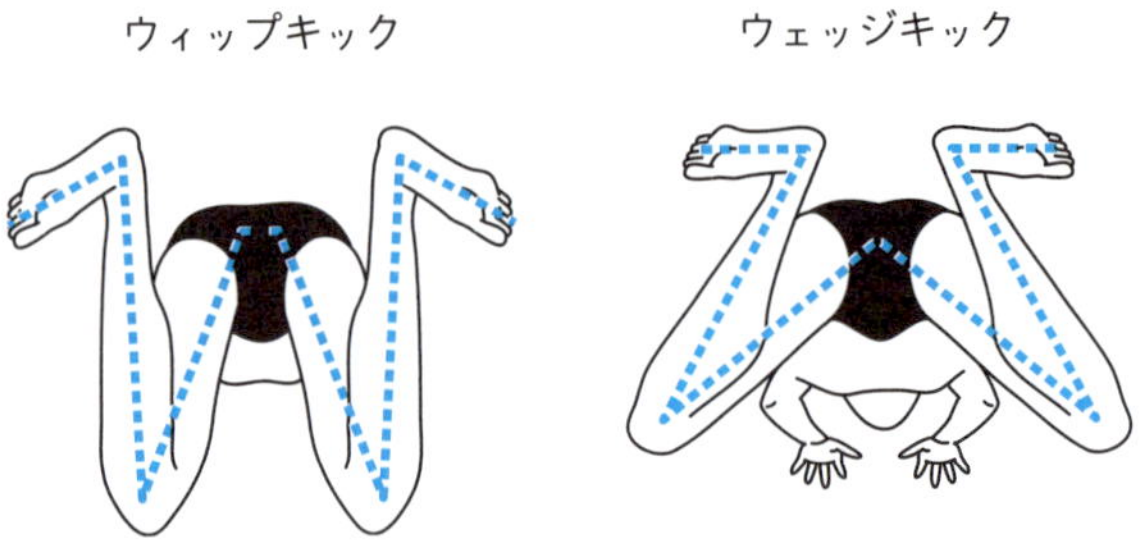

キックの種類

を曲げて一生懸命蹴っていても、足の甲を使ってドルフィンキックのようになってしまうと、「あおり足」といって平泳ぎのキックにはなりません。

あおり足は、競泳のルール上も失格になってしまいます。まず平泳ぎを完成させるためには足裏でキックすることが第一関門になります。

2種類の平泳ぎキック
―ウェッジキックとウィップキック―

「ウェッジキック」とは、いわゆる「カエル足」といわれる昔からあるタイプのキックで、股を大きく開き、足全体で水をはさみ込むようにして蹴る方法を指します。

「ウィップキック」とは膝をあまり開かず、かかとからお尻に引き付けて縦方向に鞭のようにシャープに蹴り出す方法を指します。

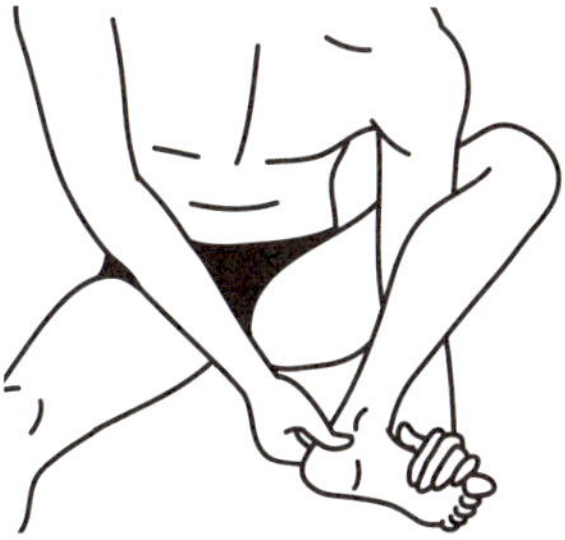

平泳ぎ専用の座ってストレッチ

一般的にはウェッジキックが多く使われますが、競泳選手のようにスピードを出して泳ぐ場合にはウィップキック寄りのキックを行う選手が多くみられます。

平泳ぎキック専用のストレッチ

平泳ぎは、蹴り始めから足裏が後方を向き、水を捉えながら蹴ることが重要です。したがって、両手で足首から先の足裏が前方向を向くようにストレッチすることで、足裏が水を捉えやすくなります。

足裏感覚の練習

平泳ぎだけが、4泳法のなかで唯一足裏で水を蹴ります。まずは、足裏で水を捉え押し出す感覚をトレーニングしてみましょう。

プールサイドに立ち、ほうきで床を払うようなイメージ

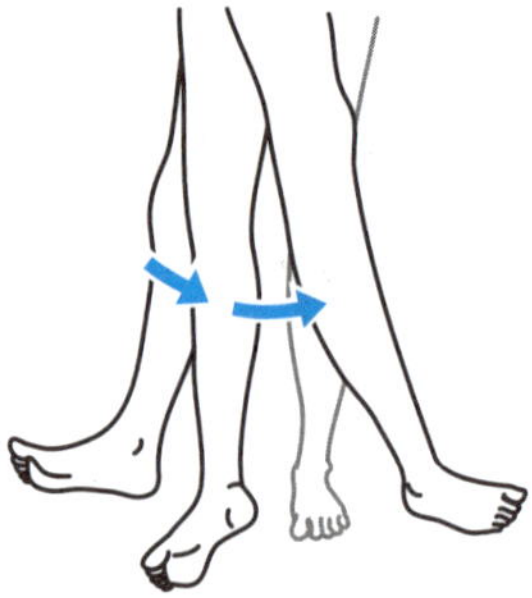

足裏感覚の練習（足裏ではらう）

で水面を足の裏で払います。このとき、足首を曲げて水面の水を足裏で丁寧に捉えながらぐるっと円を描くように払うのがポイントです。最後に**足首のスナップを効かせて後方に水をはじくようにする**と、平泳ぎのキックに加速が生まれます。

陸上でのキック練習

まずは陸上で平泳ぎのキックの動きを細かく観察しながら練習してみましょう。

台上での練習

プールフロア（赤い台）やベッドなどの台に上半身を乗せて、腰から下を浮かせた状態で平泳ぎのキックの動

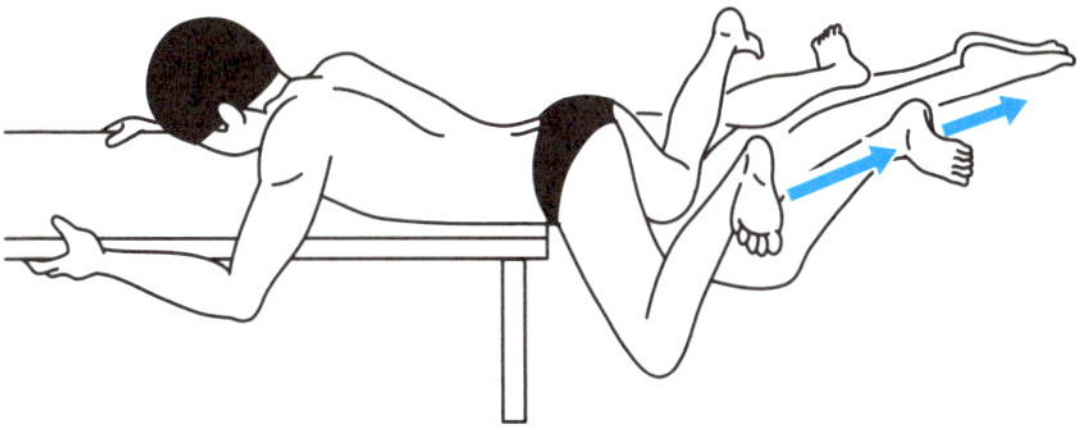

台上でキック練習

きを自分でやってみましょう。

両足を伸ばした状態から、かかとをお尻に引き付けます。そして、一番引き付けた状態で足首を曲げ、足裏を後方に向けて水を捉えます。そのまま後ろに押し出すようにして、なるべく**膝が伸びきるまで足首を曲げたまま押し出しましょう。膝が伸びきってから、足首を伸ばして足先まで一直線になるように両足をそろえて、フィニッシュします。**

このとき、腰の位置よりも少し高い位置に足先がくるようにすると、お尻の筋肉が締まるので蹴り終わりにストリームライン姿勢が維持しやすくなります。

腰掛けキック

陸上で平泳ぎのキック動作ができるようになったら、

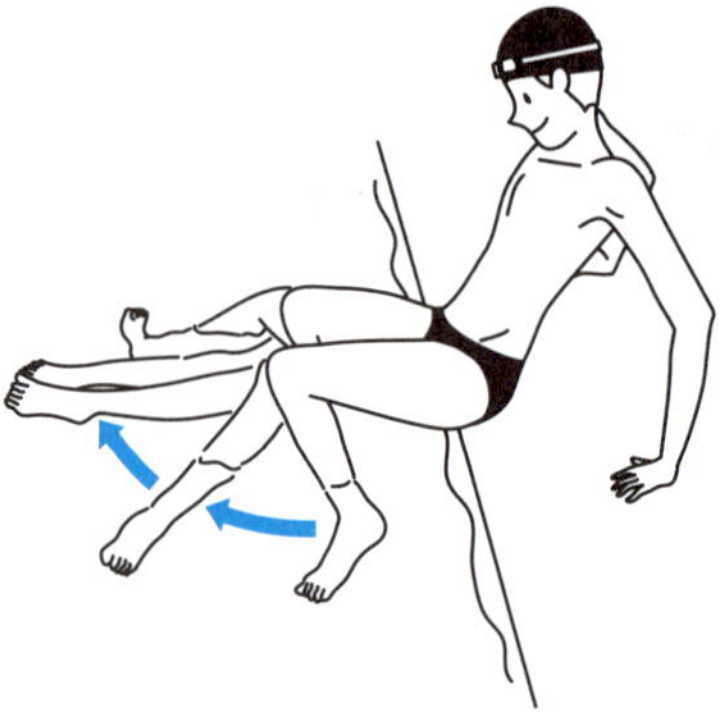

腰掛けキック

プールサイドに腰掛け、膝から下を水につけて練習してみましょう。

まず、お尻を前に出して安定しやすいように後ろに手をつきます。

指先までまっすぐ伸ばした状態から、なるべく**水面上に膝が出ないようにしながら、かかとをお尻に近付けます。**股関節が固い方は膝が水面上に出ても構わないので、**引き付けたら足首を曲げ、足裏を前方に向け水を捉えます。**両膝の間があまり開き過ぎないように注意しながら、**膝よりもかかとの方が広くなるようにして**足裏で水を前方に蹴り出しましょう。足首を曲げたまま、なるべく遠くまで足裏で水を運ぶようにすることが大切です。最後に足首を伸ばしながら両足がぴったり揃うように締め、ストリームライン姿勢をつくります。

自分の目で見ながら何度も繰り返し、丁寧で大きく正確にリズミカルに行えるまで繰り返し練習してください。

水中でのキック練習

壁キック

クロールで行ったのと同じく、水中に身体を全部つけて行うキック練習です。

片手でプールサイドをしっかり掴み、もう片方の手は下方向から壁を押して体全体が安定するように持ちます。そして、水面にストリームライン上に伸びた姿勢をつくります。引き付け動作でお尻が沈まないように注意しながら、**かかとが水面に出ないようにお尻に引き付けます。**両脚のかかとの幅は腰幅くらいにして、あまり開かないように注意してください。

最もお尻に近いところで足首を曲げて足裏で水を捉え、蹴り始めから蹴り終わりまで足

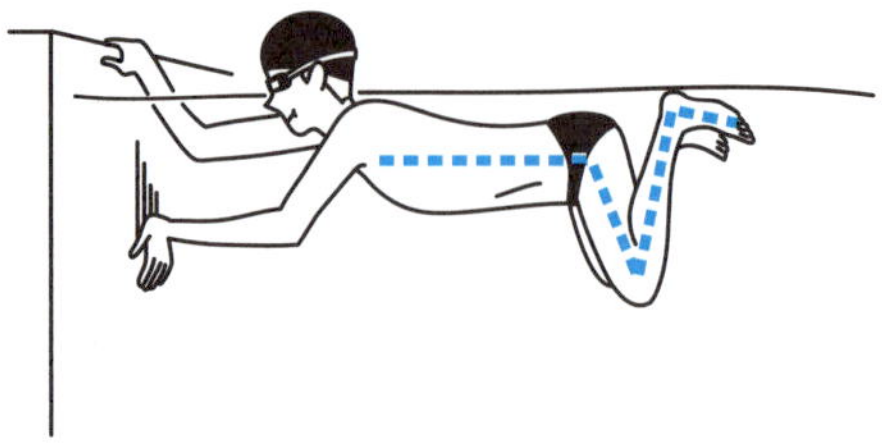

ウェッジキック

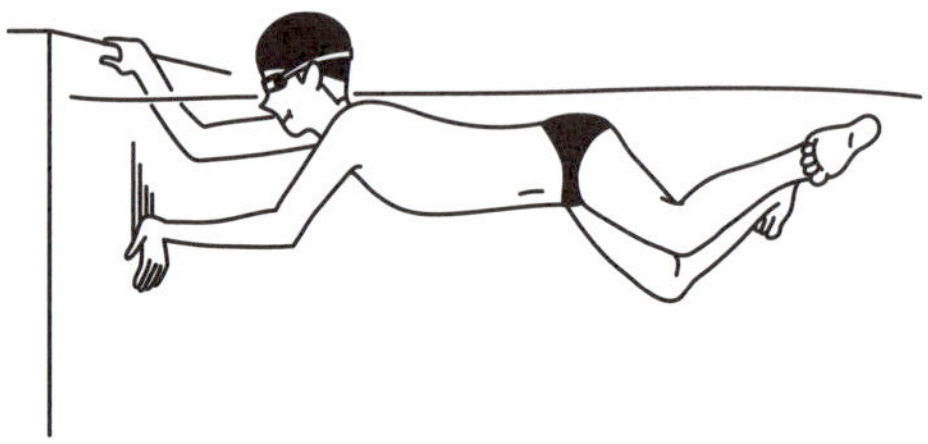

よくない例（あおり足）

壁キック

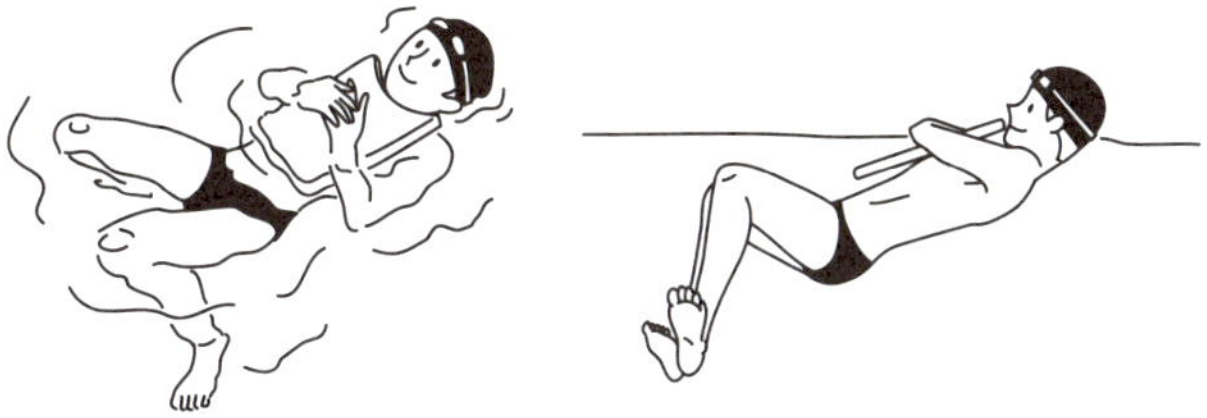

ラッコキック

裏で水を捉えたまま、できる限り真後ろに蹴り出します。最後に足首のスナップを生かしてキックが加速するように両足を閉じてフィニッシュします。

ラッコキック（仰向けでビート板をお腹に持ってキック練習）

一般的には、うつ伏せでビート板キック練習を行うのが普通ですが、特に平泳ぎの場合は、足裏を使って蹴るので足の動きがまったく見えず、自分の足がどう動いているのか分かりません。そこで、**ラッコスタイルでキックを行うことで、自分の足の動きを直接目で見て練習できるのです。**非常に分かりやすく、足首の曲げ伸ばしをコントロールしやすい練習方法です。

背面キック

ラッコキックが上手に行えるようになったら、今後はビート板を持たずに、同様の気をつけ姿勢でキックに挑戦してみてください。

ビート板を持たずに足首を曲げ足裏で正確に水を蹴れていれば、今度は背面ストリームライン姿勢で同じく平泳ぎのキックをしてみます。

なるべく大きく息を吸い込んで、足を引き付けたときに身体が沈まないように注意してください。**蹴り終わりにグーンと長く進み伸びられるようになれば、上手くできている証拠です。**キックで大きく進む平泳ぎが身に着きますので、繰り返し練習しましょう。

ビート版キック

ビート板を使ったキック練習には、顔を水につけて行うタイプと顔を上げて行うタイプがあります。

気をつけ姿勢での背面キック

ストリームラインで背面キック

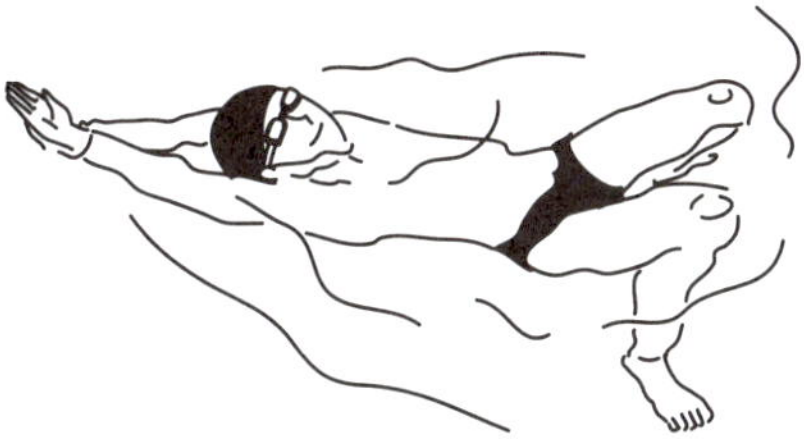

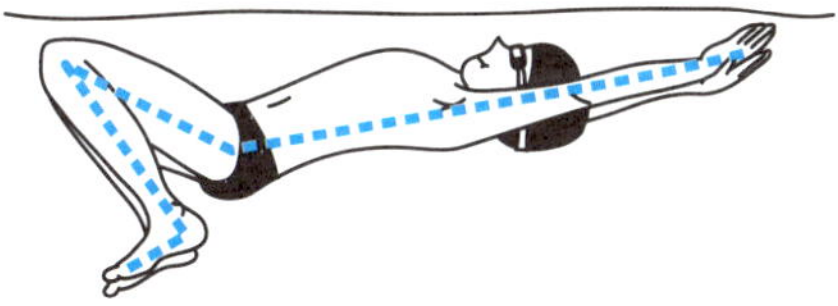

背面キック

基本的には、「**顔を上げて平泳ぎの手をかいてキックを打つ**」という手と足交互のタイミングを意識しながらキック練習を行うと、コンビネーション（普通の平泳ぎ）になったときにスムーズに泳ぐことができるでしょう。

ビート板キックでは、陸上、腰かけ、壁キックやラッコキックと足の動きは同じものです。しかし、上半身が浮きやすい反面、下半身が沈みやすくなりますので、**お尻とかかとが常に水面に近い位置を維持できるように意識してください。**注意してもどうしても下半身が沈んでしまうという方は、顔を水につけて行った方が浮きやすいでしょう。

ストリームライン姿勢に伸びてからは、ビート板が常に前に進むように注意してください。**特に、かかとをお尻に引き付けるときに足全体が水の抵抗になり、身体がピタッと止まってしまいやすいです。**水の抵抗をあまり受けないように、上手にかかとをお尻の後ろに隠すように引き付けるようにしてください。しっかり足裏で水を捉えて蹴ったら、蹴り終わりにグーンと前方に大きく伸びることができるように練習しましょう。

腰掛けキックやラッコキックでは足裏で蹴る平泳ぎキックができていたとしても、うつ伏せでビート板キックを始めるとあおり足になってしまうなんてこともあります。ですか

顔上げビート板

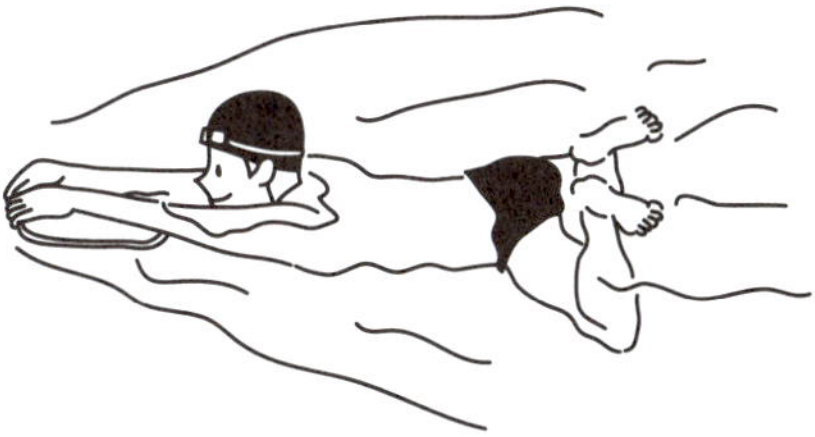

面かぶりビート板

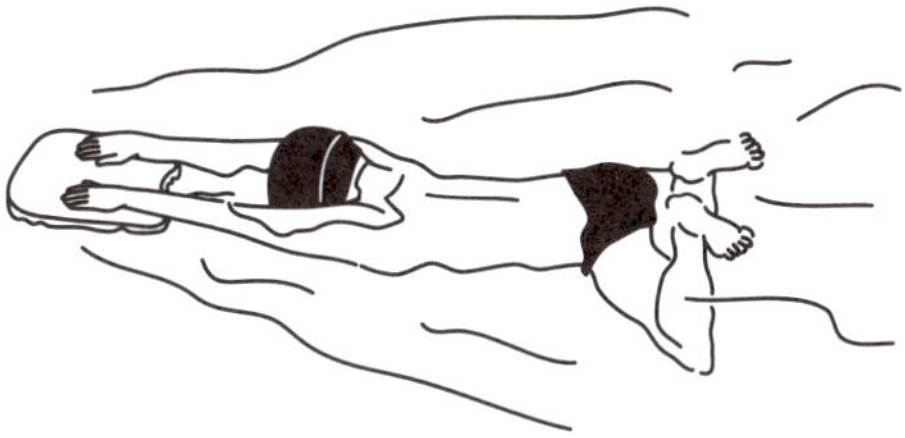

よくない例（あおり足）

ら、人に見てもらったり、ビデオに撮るなど正確にできているかチェックするようにしましょう。もし、ビート板キックであおり足が治らない人は、陸上や腰掛けキック、ラッコキックを繰り返し、楽に正確な足首の曲げ伸ばしを練習しましょう。足裏で水を蹴ることができるようになってから、再度ビート板練習を行うようにしてください。

気をつけキック

次にビート板を持たずに頭を水につけ、両手を太ももの脇にそろえ、気をつけ姿勢でキックをやってみましょう。

水面と同じ位置でストリームラインを維持し、ほんの少しだけ頭の位置が高いイメージでキック練習をします。手を使わなくてもキックのみでも沈んだり、止まったりしないよう、スムーズに進み続けるようにキックを続けてください。**頭が沈んでお尻が高くなったりしないよう注意してください。**引き付け練習として、他の指先にかかとがタッチするまで引き付けたり、足裏に手でタッチしてからキックを行うようにすると、しっかり深く引き付けたあと、正確に足裏で水を捉えられるキックが身に着きます。

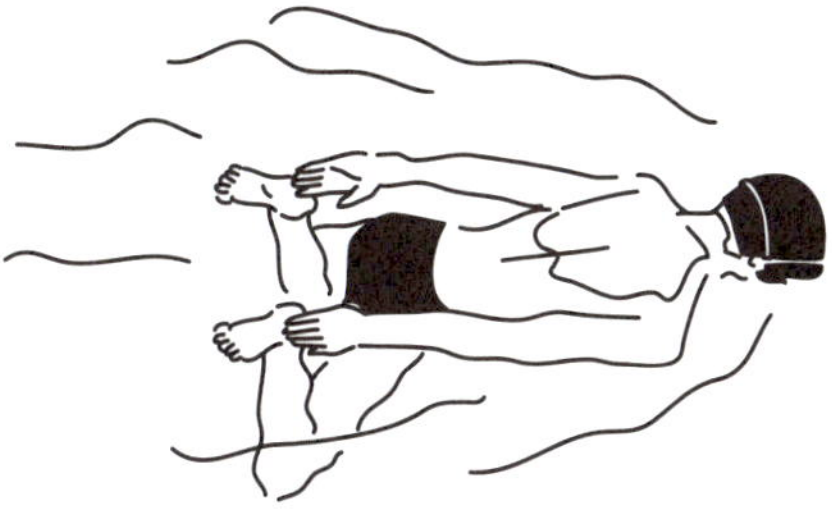

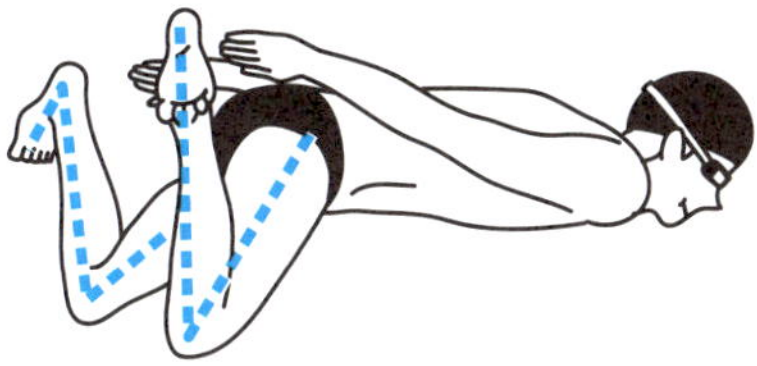

よくない例
（頭が下がっている）

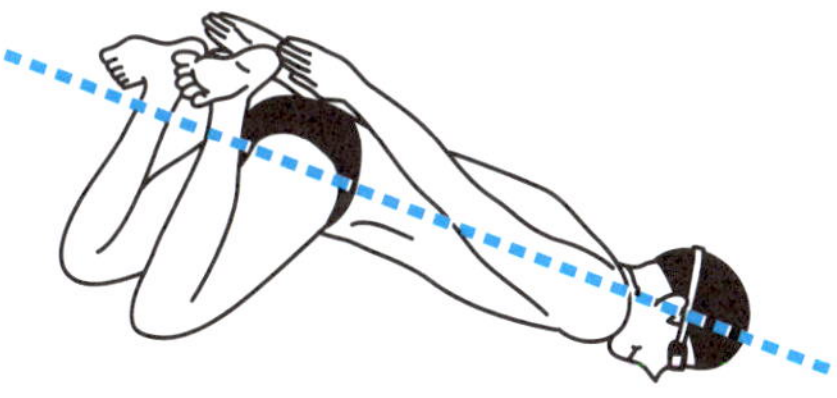

気をつけキック

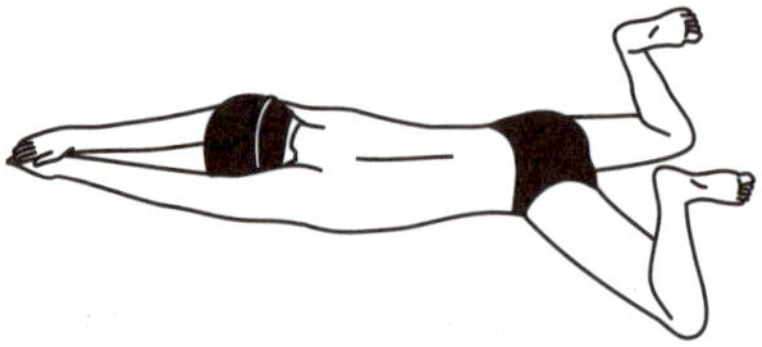

ストリームラインキック

ストリームラインキック

気をつけキックが上達してきたら、上半身もストリームライン姿勢にしてキック練習をしてみましょう。そうすることで、より進み具合が把握できる感覚でキック練習を行うことができます。ストリームラインキックには、水面で行う場合と、水中で行う2つのパターンがあります。水面で行う場合、平泳ぎのプルとキックのコンビネーションが意識しやすくなります。潜って行う場合は、キックのみに集中して引き付けから蹴り出し、そして毎回のキックで大きく進むことと、逆に足の引き付けで抵抗をつくってないかどうかという細かいチェックができます。どちらも並行して行ってみてください。

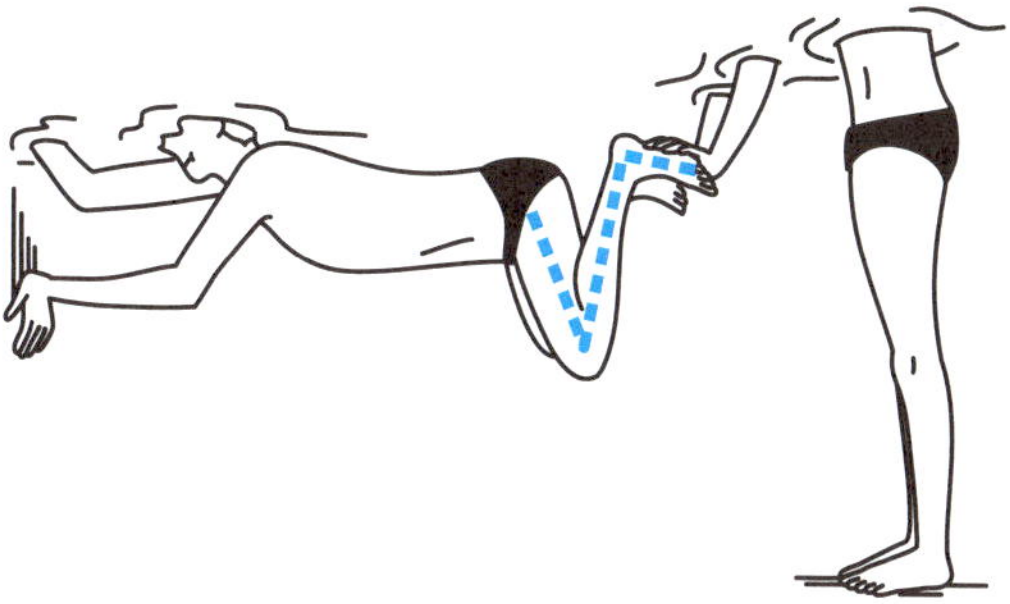

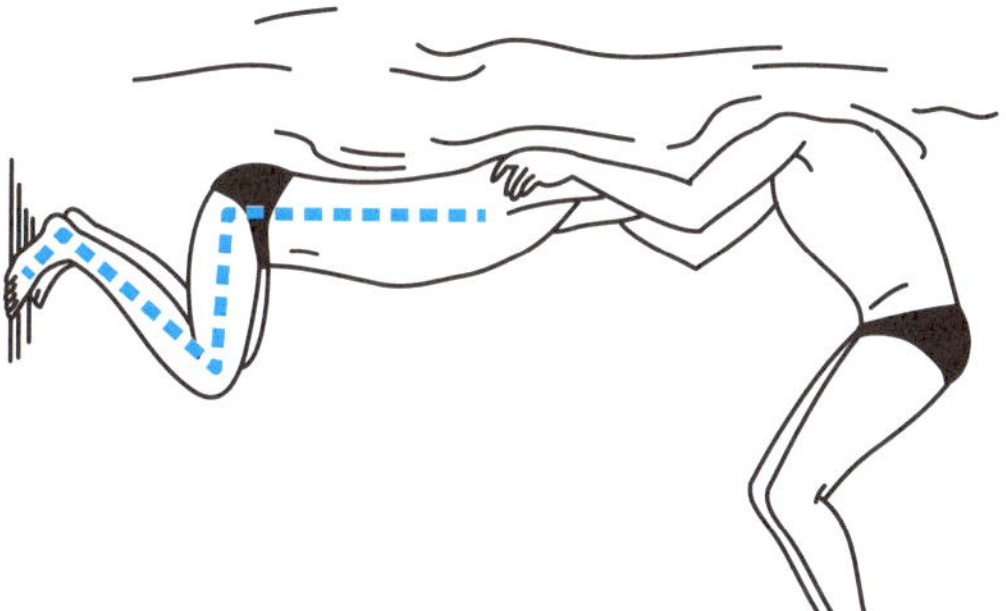

補助付きでの練習

補助付きでの練習方法

もし、どうしても自分一人では上手に足裏で水を蹴れない場合、人に補助してもらいながら練習してみてください。**とにかく平泳ぎは足首の曲げ伸ばし、足裏で水を捉えることが絶対条件です。**平泳ぎ名人になるためには、頑張って足首足裏を鍛えてください。

平泳ぎ STEP 3

プルと呼吸（息継ぎ）をマスターしよう

陸上でのプルの練習

立った姿勢でプルの動き

手が動く軌跡は肩より前で大きな円、あるいは逆ハート形になります。

手のひらは左の図の①の時点で下から横、②では横外側に向け、水を捉えます。

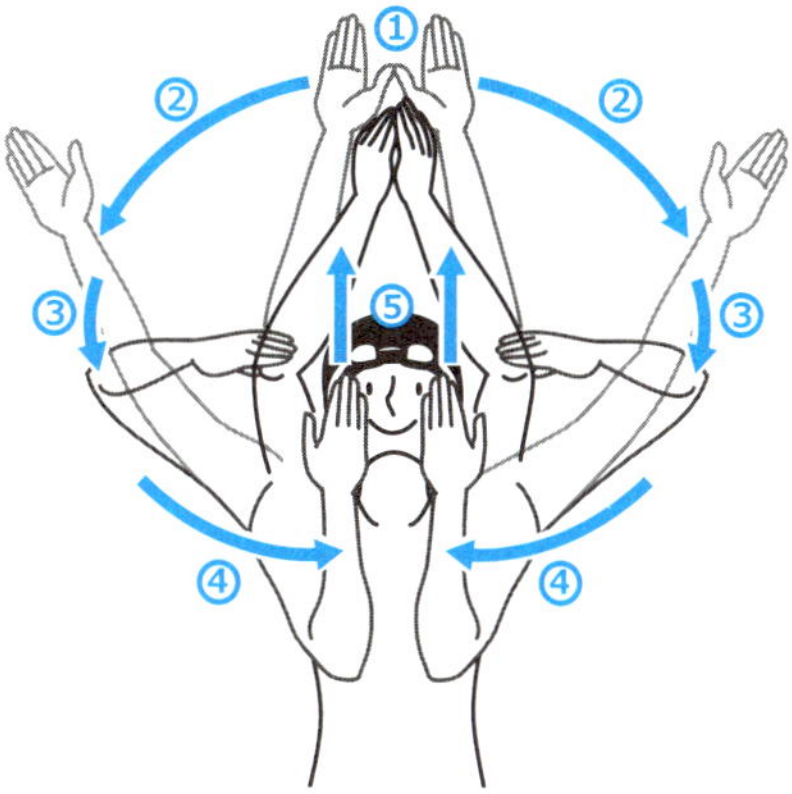

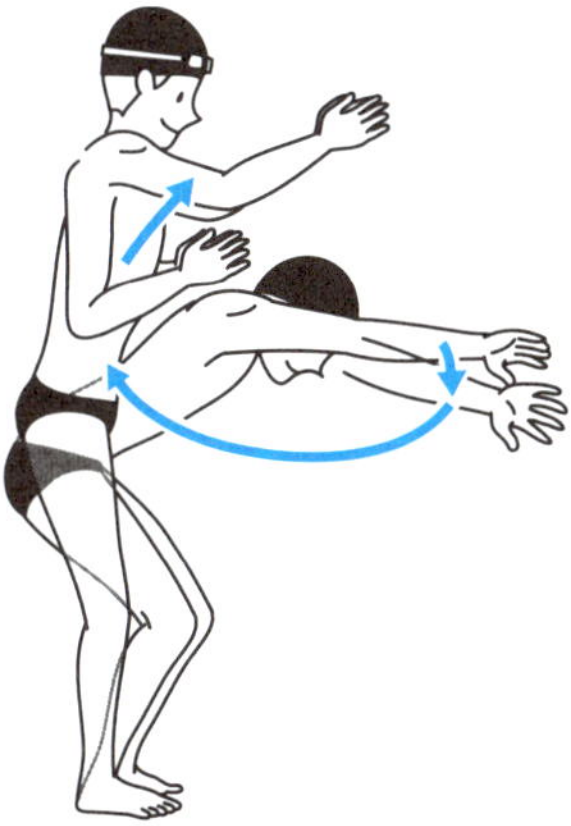

平泳ぎのプル

③ではやや後方に手のひらを向け、④で一気に手のひらを内側に向けて書き込み、すばやく前方に押し出します。

呼吸は、プルを巻き込んで身体を上げると同時に口から一瞬で大きく息を吸い込み、キックの後、ストリームライン姿勢で伸びているときから顔を上げる直前まで、水中で鼻から息を吐き出します。

上半身を伏せて水平姿勢でプルの練習

まずは腕の動きに合わせて上半身と呼吸の動きも合わせて練習しましょう。

実際に水中で泳ぐ前に、**陸上でじっくり考えながら、腕と身体と呼吸、3つの動きを同時に的確にコントロールしてスムーズに動けるようにしておく**ことが重要です。

前方へ大きく腕全体を伸ばしストリームラインを作り出した姿勢から、前ページの図のように**腕全体で肩より前で大きな円を描くようにプル（腕の動き）の練習をします。**同時に腕の動きと頭を上げるタイミング、呼吸のタイミングも練習するとよいでしょう。

水中でのプルの練習

つぎは、陸上で行った腕の動きをいよいよ水中でやってみましょう。

まずは水中での水を捉え方を練習しましょう

スタンディングプル

水中で立ったままプルをしてみましょう。できれば水深は胸位の深さのところでやると理想的です。

上半身を伏せ泳いでいるときのイメージをつくることがポイントです。

手のひらから腕全体で水を捉えて大きく丸くプルを行い、身体が前に進みそうになれば、きちんとプルで水を捉えている証拠です。

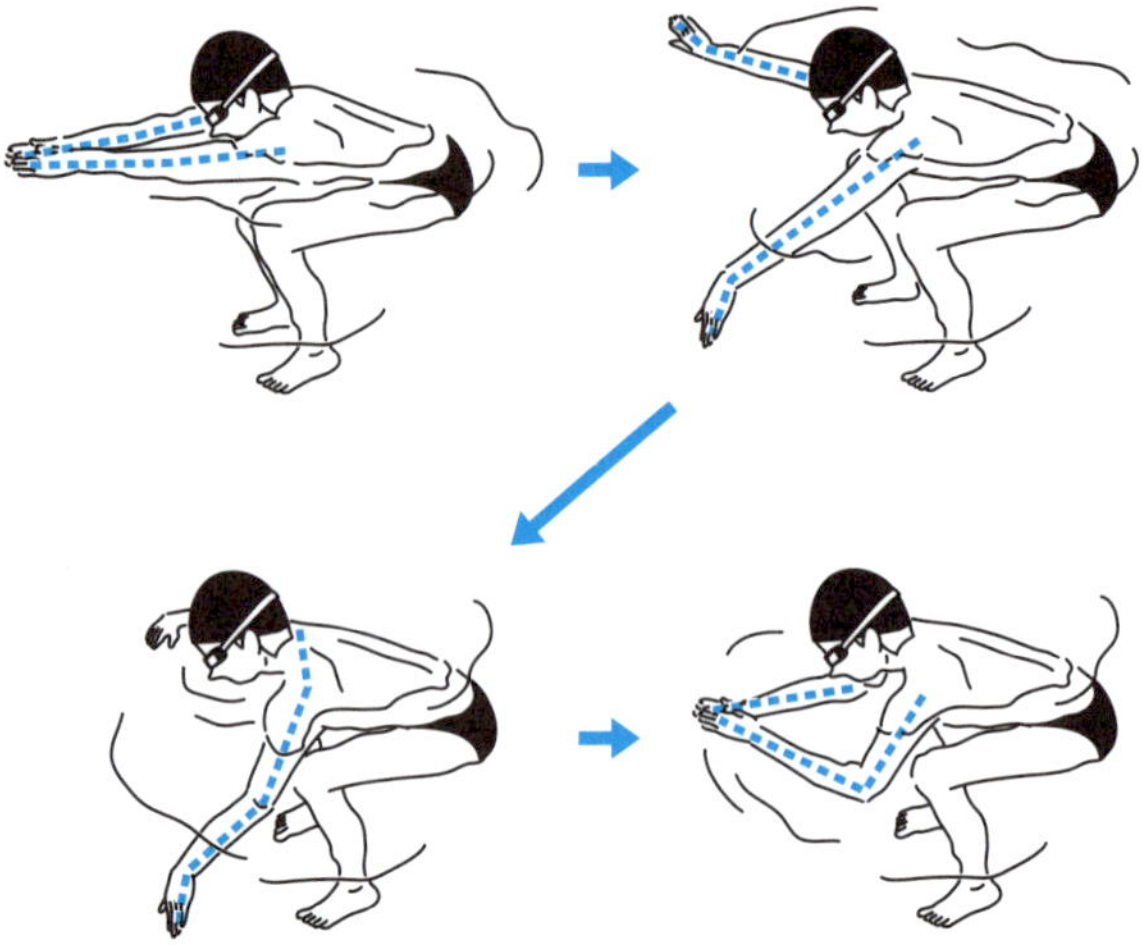

スタンディングプル水中姿勢

スタンディングプル

ウォーキングプル

立ったままの状態でプルの動きがチェックできたら、今度は歩きながら平泳ぎのプルをやってみましょう。手のかきによって推進力が生まれた結果、自然と歩いてしまうようなイメージで練習しましょう。

むしろ、**プルでグングン進む感じが出なければ、手で水を捉えて推進力を生み出せてないと考えられます。**陸上でプルの理想的な動きを確認してから再挑戦してみましょう。

スカーリング

安全水泳の章でも触れましたが、スカーリングとは飛行機のプロペラと同じ理論です。適切な手のひらの角度で水をかくことによって、大きい推進力を生み出すためのトレーニングです。

逆にいうと、一生懸命かいていても手のひらの角度が正しくなければ全然進まないとい

ウォーキングプル

うことになります。

　平泳ぎの場合、外に手のひらを開くとき、後方に水を押すとき、内側にかき込むときなど、円運動の中でいろいろな方向に水を捉えなければ効率よく進むことはできません。

　いろいろな場所でどんな角度でも手のひらで水を捉えられるようになるために、スカーリング練習をしましょう。

フロントスカーリング

身体の前方で水を捉える練習です。ももに浮き具（プルブイ）をはさんだり、下半身をじっと浮かせた姿勢でやったり、いろいろなパターンでやってみてください。

　なるべく前方で腕を外側内側交互に動かしながら、**外に開くときは手のひらを外側に45度、内側に締めるときは内側に45度傾け**、ワイパーのように連続的に腕を動かしながら身体を前方に進めます。

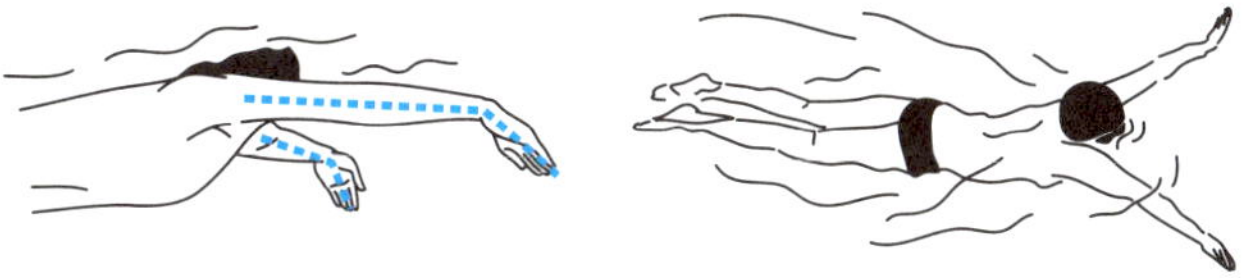

フロントスカーリング

サイドスカーリング

肩の真横に肘がくるように、そしてなるべく**肘の位置は動かないように肘から先の前腕をスウィングさせながらスカーリングを行います。**平泳ぎでは腕を開くときと閉じるときにスカーリングができると、大きな推進力を生み出すことができます。

お座りプル

スカーリングを練習したら、平泳ぎのプルの動きで的確に水を捉え推進力を生み出しているかどうかチェックしてみましょう。

ビート板をももの裏に敷き、椅子に座った感覚でバランスを取りながら、水面付近で平泳ぎのプル動作を行います。そうすることで、座った姿勢の身体を前に進めるという練習です。

手のひらできちんとスカーリング動作ができていれば、スムーズに進みます。**この練習**

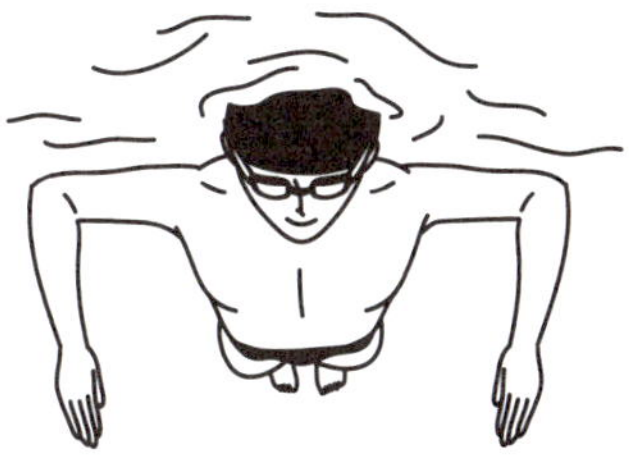

サイドスカーリング

お座りプル

で進まない人は、手のひらの使い方が悪いか、腕全体の動きが悪いといえるでしょう。

道具を使ったスカーリング

手のひらだけでは水感が悪かったり、推進力が足りない人、またプルの筋力強化を図りたいという人は、パドル（水かき）をつけてスカーリングを行うといいでしょう。手のひらだけで進める能力を高めたい場合は、プルブイを足にはさみ、キックを止めて練習するのも効果的です。

平泳ぎSTEP 4 コンビネーション（平泳ぎの完成形）

プル・キック・呼吸をつなぎ合わせることをコンビネーションといいます。

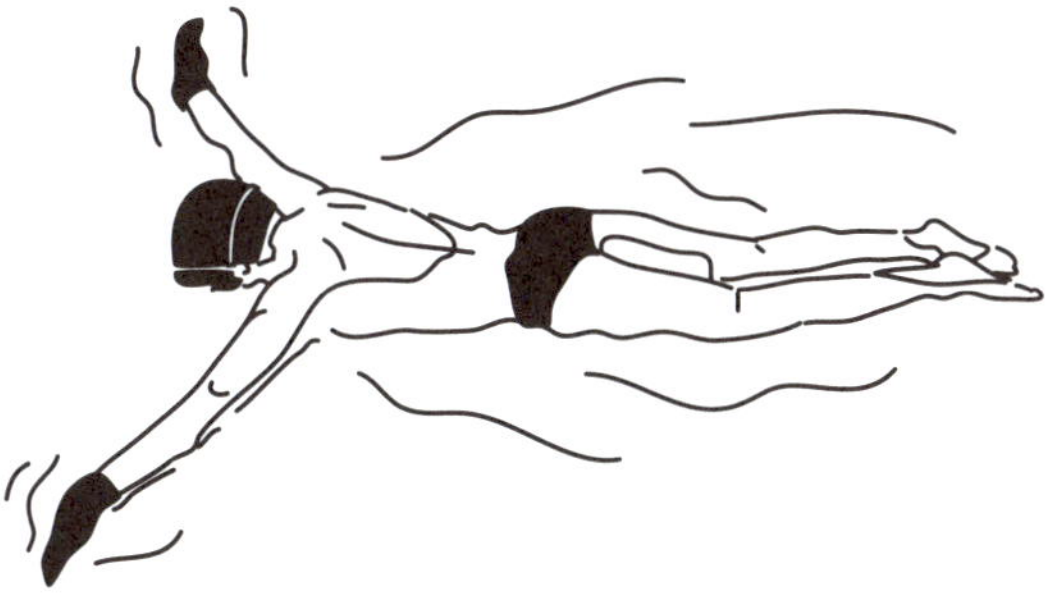

パドルとプルブイ

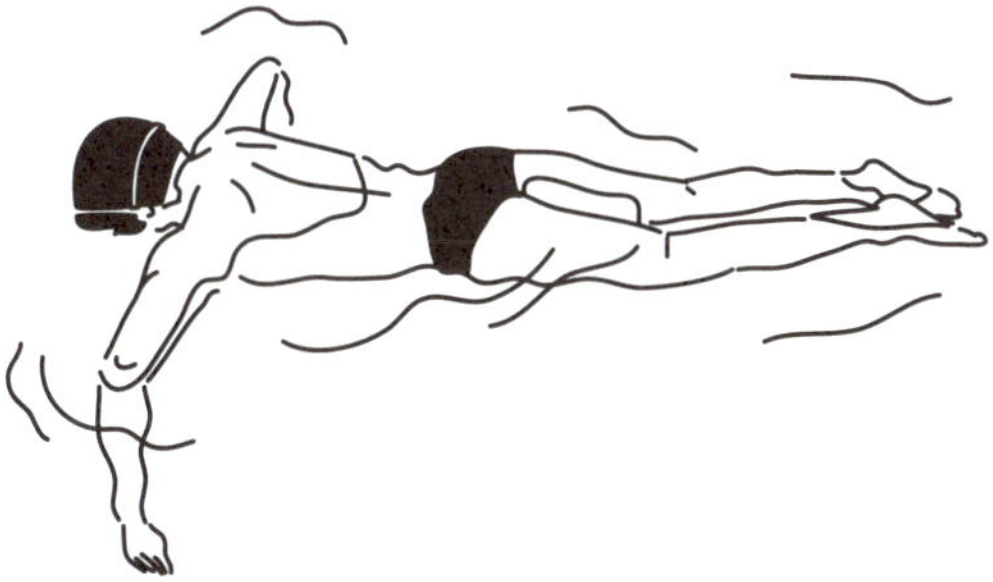

プルブイ

平泳ぎのリズム

キックとプルそれぞれの練習を行い、それぞれの能力を高めることは非常に大切です。そして、最終的に平泳ぎ（コンビネーション）になったときに、**プルとキックと呼吸の組み合わせが最適な状態になると、気持ちいいくらい楽に大きく速く進む平泳ぎができます。**

しかし、キックとプルそれぞれはよくても、「組み合わせてみると全然進まない」とか、「進むけど疲れる」など、効率が悪い平泳ぎになる場合も多々見られます。

理想的な平泳ぎを実現するためにいくつかのポイントがあります。**まず、大切なのはそれぞれのタイミングとリズムです。**

平泳ぎが泳ぎやすい、イメージしやすいリズムは次のタイミングです。

①プル（腕をかき込むと同時に顔を上げて呼吸する）
②キック（蹴って）
③ストリームライン（伸びる）

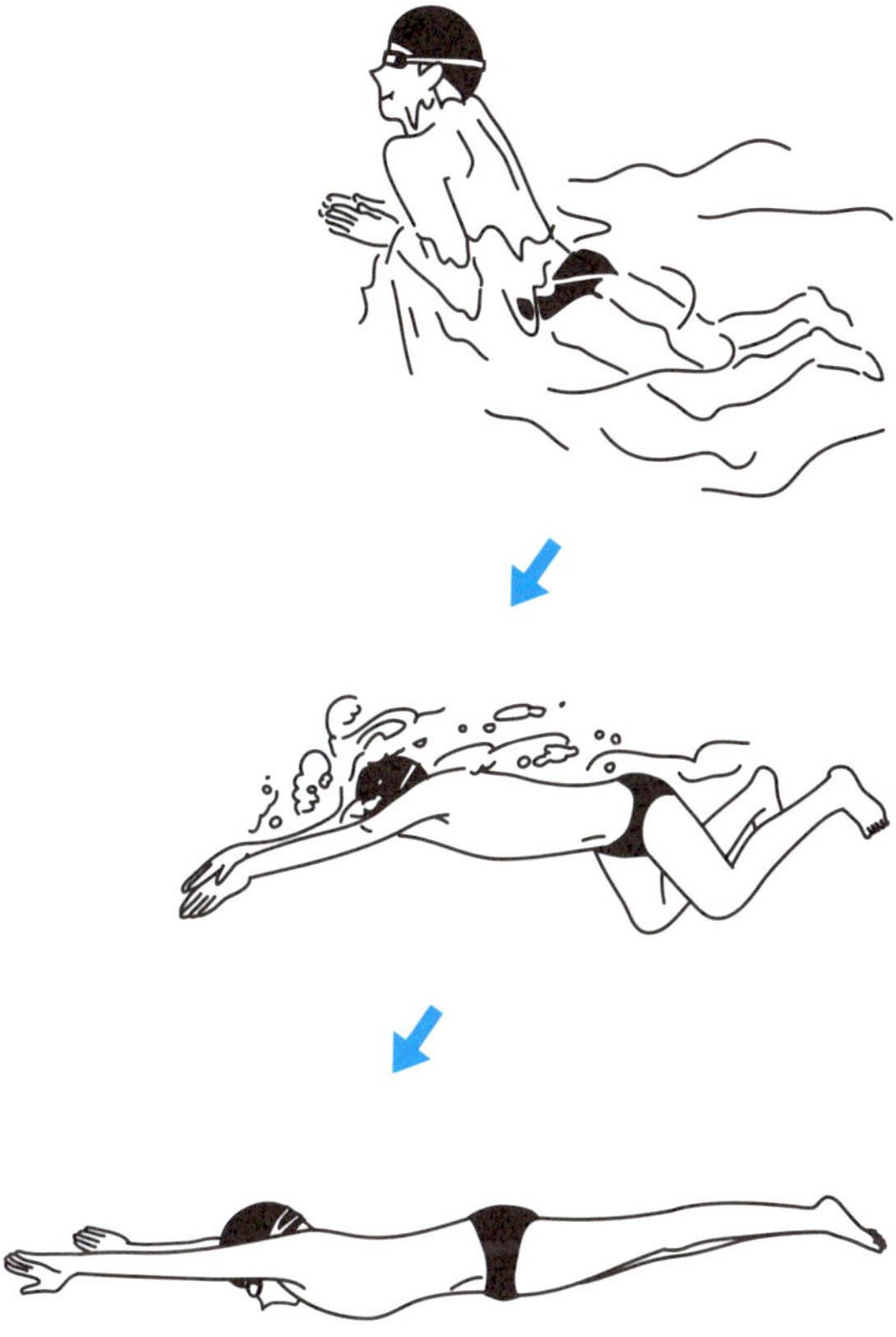

平泳ぎのコンビネーション

頭のなかで、**「かいてー！　蹴ってー！　伸びるー！」**っていいながら泳ぐと泳ぎやすいでしょう。

プルとキックが同時になって（手でかきながら同時に蹴って）しまったり、一生懸命過ぎてかいて蹴ってかいて蹴ってが繋がってしまっても、引っかかってしまって全然進まない泳ぎになってしまいます。**蹴ったあとが一番スピードに乗り、さらに伸びることで重心が前に移動してそこからプルに入るとより大きく伸びる平泳ぎになる**のです。

あとは、**「腕―足―」**や**「背筋―腹筋―」**のように、手足や背中とお腹を交互に使う意識も平泳ぎをよくするコツです。いろいろ試してみてください。きっと泳ぎやすいリズムのパターンが見つかります。

3つの平泳ぎ

平泳ぎには大きく分けて3通りの泳ぎ方があります。

①フォーマルストローク

最も古くからある伝統的な平泳ぎです。平らに浮いて、上下動をあまり使わず平らに泳ぐスタイル

②ナチュラルストローク

1980年代に流行った泳ぎ方で、プルのかき終わりに上半身を高く上げ、そこからなるべく前方に身体を運びながら泳ぐスタイル

③ウェーブストローク

1990年代に一世風靡した平泳ぎです。身体をうねらせるように水面を上下に重心移動を使って泳ぐスタイル

現在では世界中の平泳ぎの選手が、自分に合ったミックススタイルで個別に特徴ある平泳ぎを生み出しています。ただし、男女ともに世界のトップ選手はパワフルで速い平泳ぎに進化してきています。

フォーマルブレスト

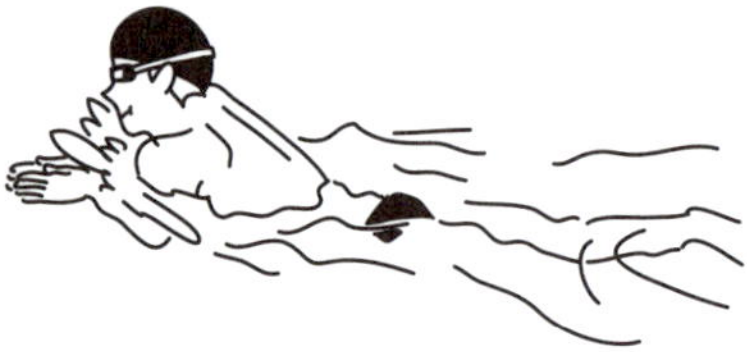

ナチュラルストローク

ウェーブストローク

3つの平泳ぎ

平泳ぎ STEP 5

ドリルでレベルアップ

自分にとって最適な平泳ぎを見つけるために、平らな泳ぎや、上下動のある泳ぎ、極端に大きな泳ぎや極端にテンポの速い泳ぎなど、様々な平泳ぎの練習をしてみましょう。そのなかで、楽で大きく進む平泳ぎや、短い距離を速いスピードを出す平泳ぎなど、いろいろな平泳ぎが身につくでしょう。

フラットドリル（高く浮いて平らに沈まない平泳ぎをつくる）

高く浮いた位置で、手を前に出すときとキックを蹴るときに**意識的に沈まないように**水面上でストリームラインを維持して泳ぐドリルです。

コブラドリル（上下動を使ってバタフライのように大きく乗り込み動作を利用して泳ぐ平泳ぎ）

極端に高い位置まで身体を跳ね上げて、全パワーを使って水中にイルカが潜るように身

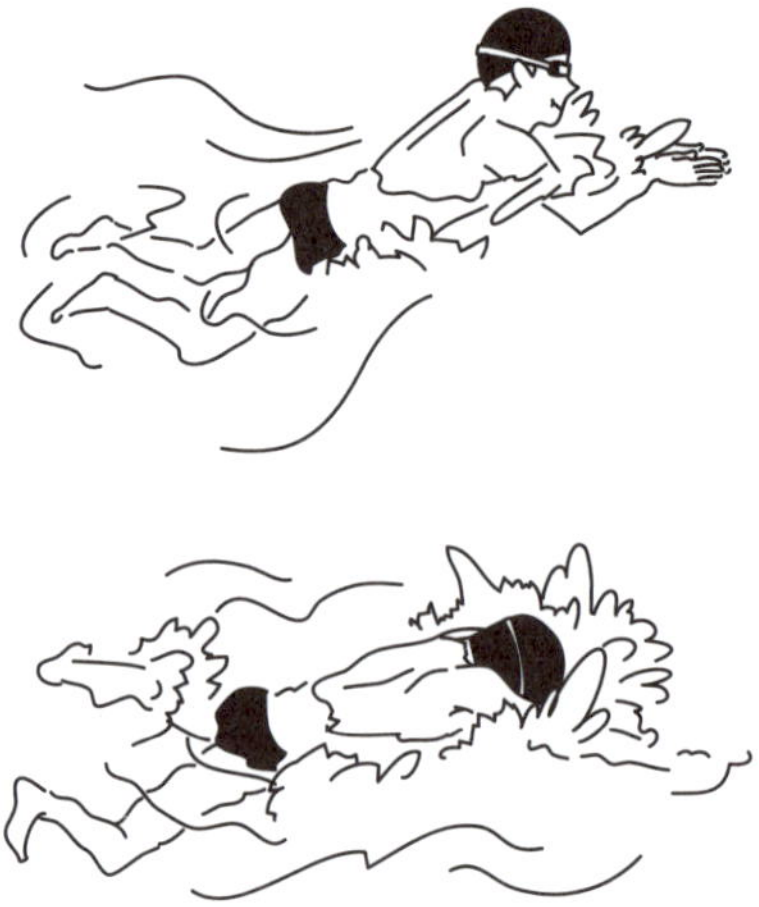

フラットドリル

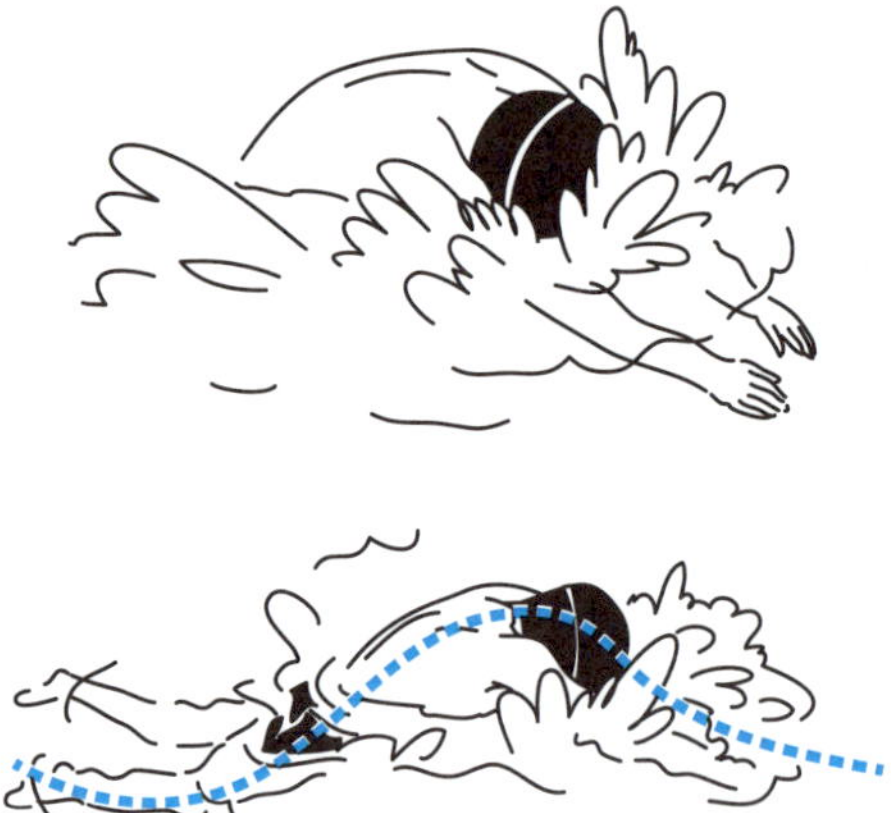

コブラドリル

体を突っ込みながら泳ぐ平泳ぎです。最大限にうねりと位置エネルギーを利用して泳ぐ練習法です。

蛇のコブラが頭を高く跳ね上げる様に似ているところから「コブラ」というネーミングされています。

平泳ぎ達人になるためのさらなる練習メニュー

背面平泳ぎ（バックサイドブレスト）

上向きの状態で平泳ぎをすることで、キックの引き付け時に膝を曲げ過ぎないでかかとをお尻に寄せる癖が身につくようにする練習です。**これは平泳ぎのキックで抵抗を受けないようにするために重要な要素です。**

また、手首や肘の動きに頼り過ぎると平泳ぎのプルが小さくなってしまいがちです。仰向けで手首と肘を伸ばして腕全体を使って大きく丸くプルを行うことで、脇周りの筋肉（広背筋、大円筋、小円筋など）を使った大きなプルをつくり出せるようになります。

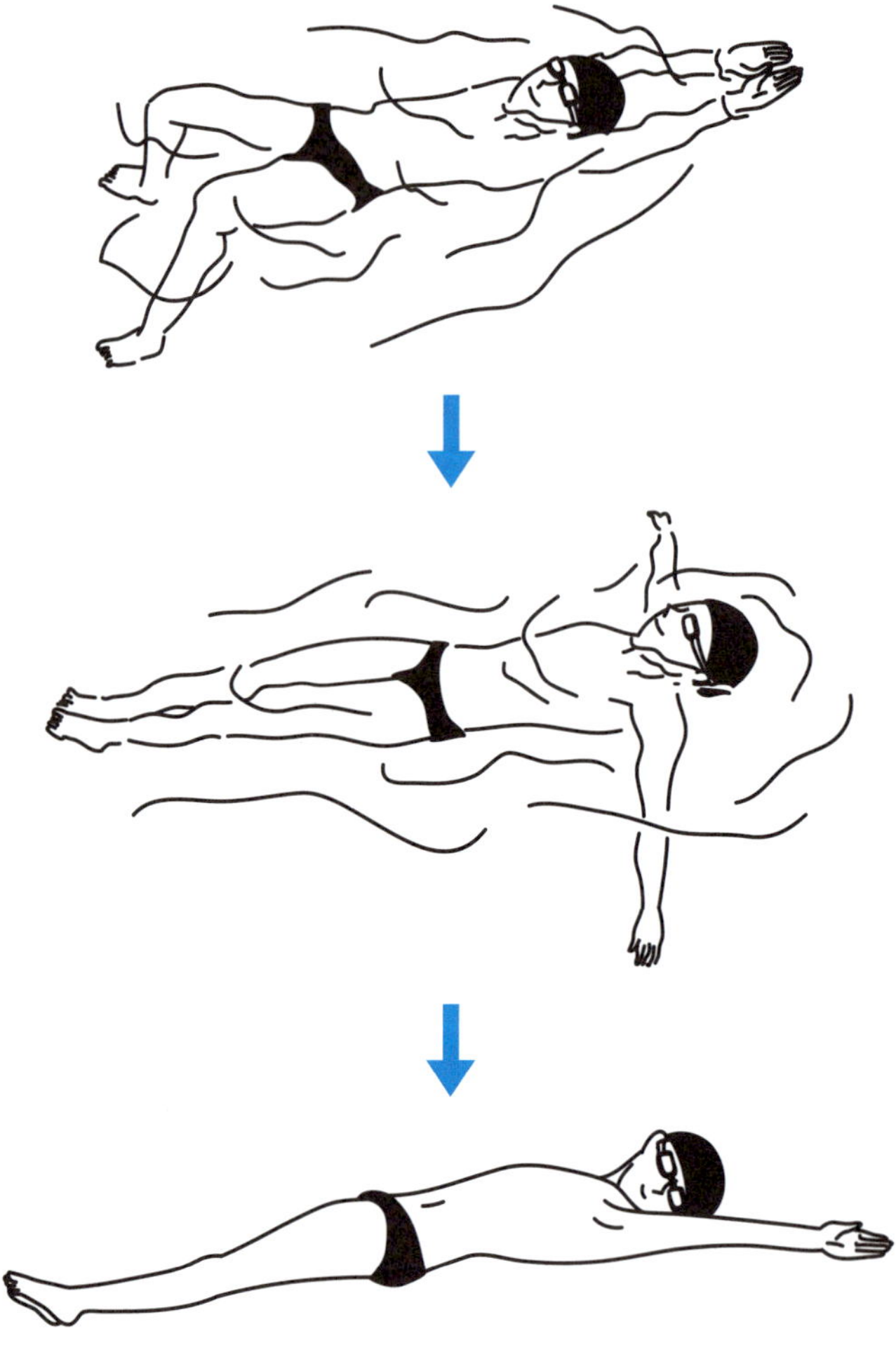

スタートターン後の1かき1蹴り

水中でドルフィンキックからの1かき1蹴りを上達させると、**最初の15mまでに1秒早くなります。**

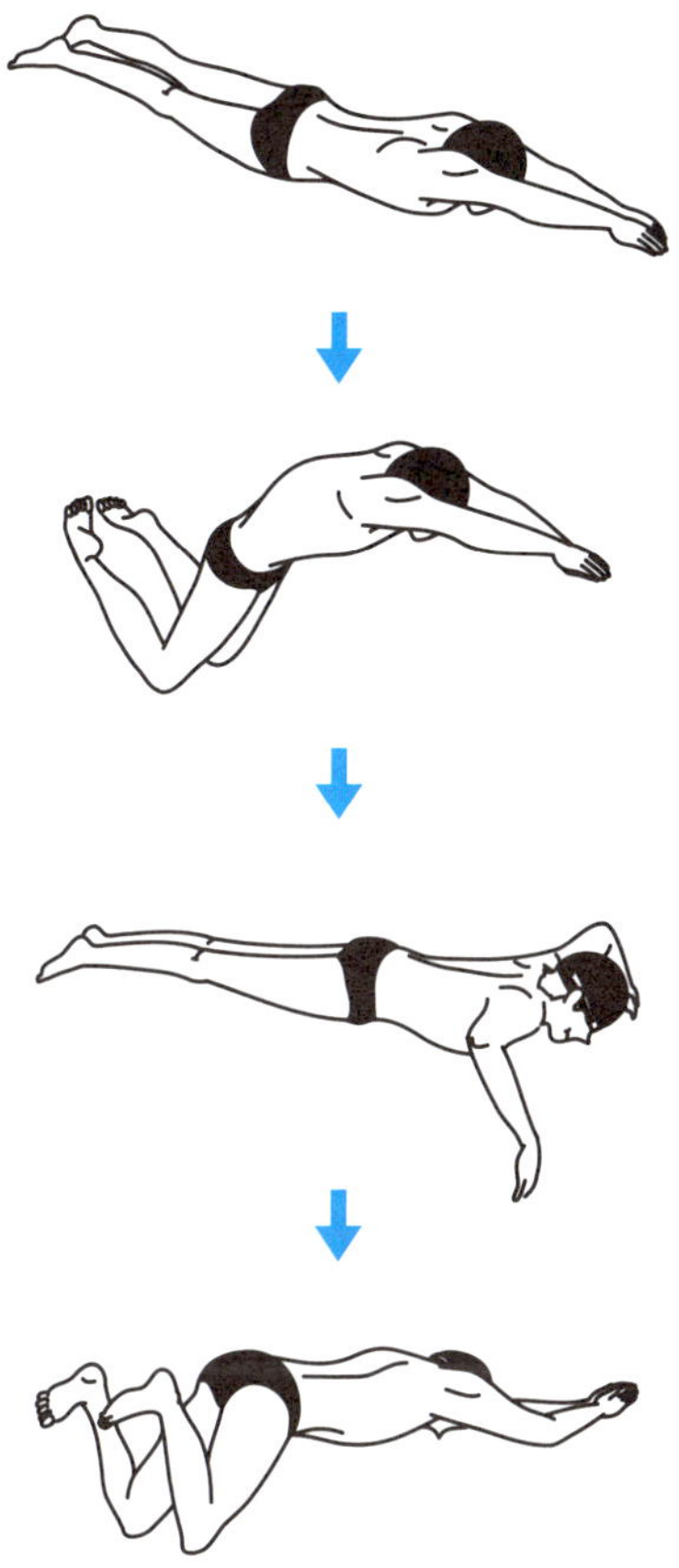

平泳ぎのターン

無駄のないスムーズなターンは、スタート動作と同様にタイムをぐっと縮めることにつながります。

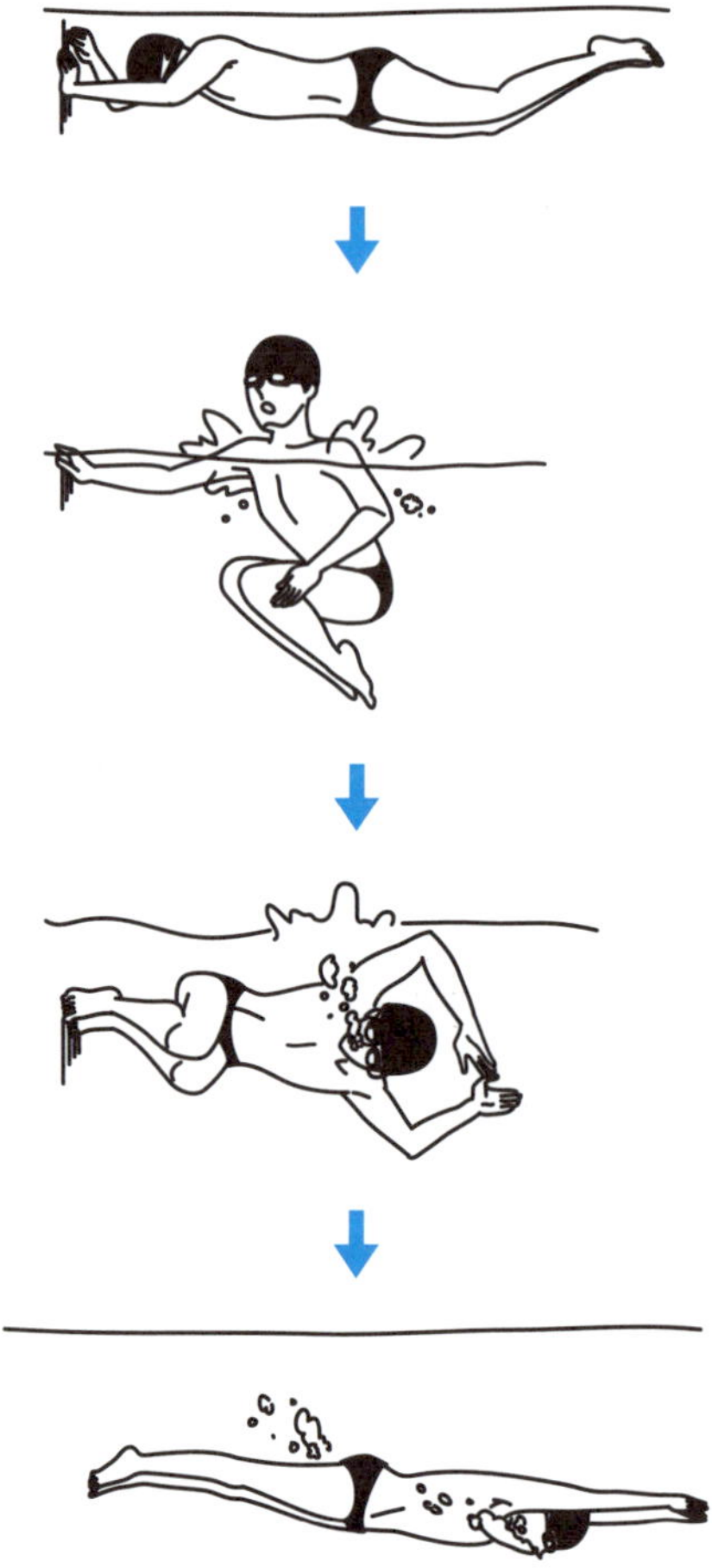

COLUMN

世界の水泳教育事情

ニュージーランド

日本と同じ島国のニュージーランドでは、川や池といった自然の中での水泳が中心となっています。川や池では、プールと違って足が地面につきません。そのため、指導する内容も、川や池へ入る方法・出る方法、その中で呼吸を確保する方法など、安全面が中心となっています。興味深いことに、プールで泳げるようになることよりも、自然の中で水に親しむことを優先しているのです。

また、ニュージーランドは移民を多く受け入れている国です。そして、ウォータースポーツが盛んでもあります。そのため、違う国で生まれ育ち、自然環境で泳ぐ経験のないままニュージーランドに来て、ウォータースポーツをして水難事故に遭うというケースが多く生じているそうです。これを防止するために、大人に対する安全指導や、ライフジャケットを着用する、飲酒をしないなどの啓発活動にも力を入れています。

アメリカ・カナダ

アメリカではアメリカ赤十字社が提唱するプログラムに沿って、スイミングスクールを中心に水泳指導が行われています。

子どもの場合、最初の水慣れから、短距離泳、4泳法の習得、500m の連続泳、というように段階を追って習得できるようになっています。大人用のプログラムもあり、基本的な泳法の習得のほか、水の中で身を守る、周囲の安全を確保するなどの技術や、健康維持・増進のための水中運動など、競泳以外の水との接し方についても習得できるようになっています。

アメリカの隣国カナダでも、アメリカと同様にカナダ赤十字社によるプログラムによるプールでの泳法指導が中心となります。

しかしながら、カナダでも海や川、湖での水難事故は発生しています。カナダの場合、特に冬は気温が低くなりますので、事故に遭遇した際は呼吸の確保に加えて、体温を維持することが重要となります。そのため、いかに体温を逃さないか、という観点から水中での姿勢の研究や衣服の素材開発を進められているようです。

第3章
背泳ぎ

背泳ぎをマスターしよう

背泳ぎは、みなさんもご存知のとおり仰向けで泳ぐ泳法です。4泳法のなかでも仰向きで泳ぐのは背泳ぎだけですね。一流の水泳選手にもなると、**クロールにも勝るほどエネルギーの無駄がなく、効率的に泳ぐことができる泳法**だといわれています。屋外のプールや海での背泳ぎは、空を見ながら泳ぐことができてとても気持ちのいい泳法なので、ぜひマスターしましょう。

背泳ぎの難しいところ

背泳ぎをした経験のある方は感じたことがあると思いますが、最初に立ちはだかるのが、「顔を上に向ける」、そして「進行方向が確認できない」の2つの壁です。背泳ぎはいつでも呼吸ができ、一見簡単そうにも見えるのですが、実はこの2点が背泳ぎを難しくしているともいわれています。まずは、背泳ぎの姿勢から学んでいきましょう。

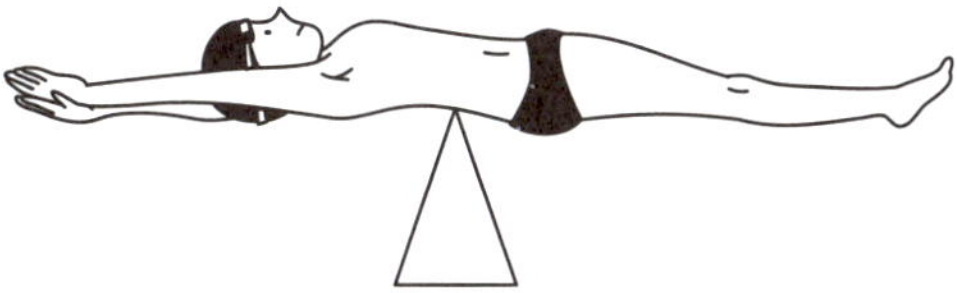

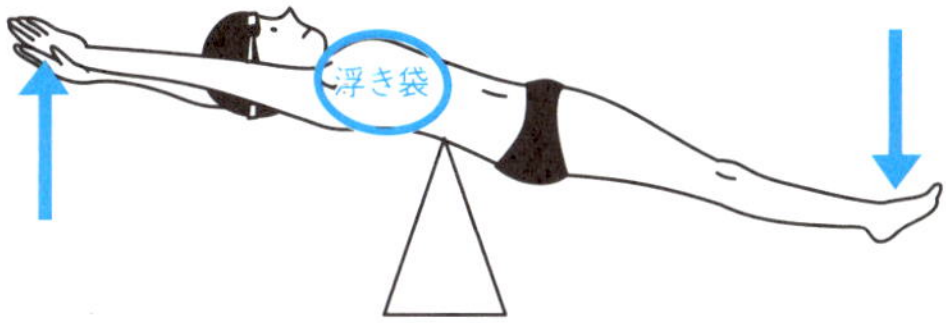

身体にかかる浮力

肺に浮き袋があるような状態

背泳ぎ STEP 1

姿勢をマスターしよう

わたしたちが水中にいるとき、**水から受ける浮力の大部分は肺のなかの空気**によるものです。つまり、水中で仰向けの姿勢をとることは、バランスの悪いところ（胸部）に浮き袋を抱えているような状態だといえます。

また、上半身に浮力がかかるということは、**脚は沈みやすい**ということです。これは、わたしたちの身体の構造上仕方のないことですから、どうしようもありません。しかし、この身体の上下にかかる浮力のアンバランスさゆえに、わたしたちは「沈んでしまうのではないか？」「息ができないのではないか？」という不安をかき立てられてしまいがちなのです。

顔を上げすぎないようにしよう

仰向けのきれいな姿勢をキープし、背泳ぎがうまくできるようになるポイントは、**耳まで水に浸かるように仰向けに寝る**ということです。

背泳ぎがうまくできないとき、「水面から顔を出そうとしてしまっている」可能性がとても高いです。顔を必要以上に出そうとすると、ただでさえ下半身が沈みやすいという身体のバランスをより崩し、脚の方から沈みやすくなってしまいます。

背泳ぎは、鼻や口が水面から出ていれば問題なく呼吸を確保することができます。ですから、脚がどうしても沈んでしまうという方は、**身体の力を抜いて、耳まで水に浸かるくらい水の上で寝る**ように意識してみましょう。きっと、きれいな姿勢で浮くことができるようになります。

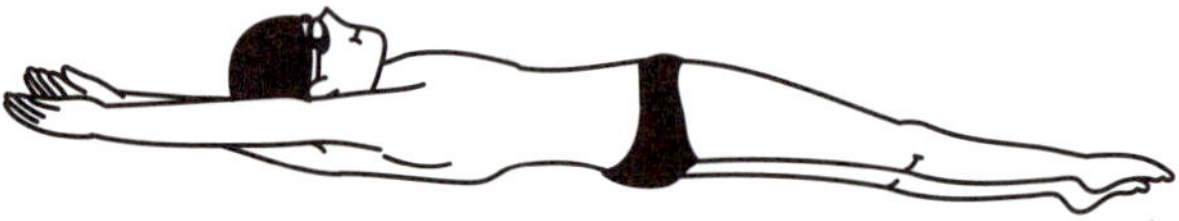

仰向けの姿勢

鼻に水が入ってつらいときは？

背泳ぎをする上でもう1つ問題なのが、仰向けのため鼻に水が入りやすいことです。みなさんも、水泳の授業などで鼻に水が入って鼻の奥や頭が痛くなるイヤな経験をおもちではないでしょうか。実は、この「鼻に水が入る」問題は正しい呼吸法を身につけるだけで簡単に防ぐことができます。

それはずばり**「鼻から吐いて、口で吸う！」**です。この呼吸はクロールや平泳ぎなどほかの泳法でも同じです。水のなかでの呼吸は全て「鼻から吐いて、口で吸う」でOKなのです。もっというと、**水圧に負けないように鼻で「ンーッ」といいながら息を吐き、口で「パッ」と顔の周りの水を吹き飛ばしながら呼吸をしていきましょう。**これができるようになれば、もう鼻に水が入る心配はありません。

背泳ぎは仰向けなので、いつでも呼吸をすることは可能なのですが、上手に速く泳ぐようになるためには、常に「ンーッ」「パッ」の呼吸を繰り返すように心がけましょう。

背泳ぎ STEP 2

キックをマスターしよう

みなさんも、オリンピック中継などで一流の水泳選手が背泳ぎをしている姿を見たことがありますよね。美しい水中姿勢や手足の動作は見ていて飽きることがありません。しかし、トップレベルの選手は柔軟性が極めて高い人たちです。**特に、肩関節の可動域の広さはほかのスポーツに類を見ないほどだと思います。**この柔軟性は一朝一夕には獲得できませんので、日々コツコツと積み重ねることによって得られた特殊な能力だといえるでしょう。

実は、水中で抵抗がもっとも少ない美しい姿勢（ストリームライン）をとるには、肩関節の柔軟性が必要になります。肩をよく動かすスポーツなどの経験がない方は、いきなり仰向けのストリームラインをとるのは難しいかもしれません。この姿勢がとりづらい状態でキック動作をはじめると、**ジャックナイフのように腰から折れ曲がり、沈んでいってしまう恐れがあります**（P196の図参照）。

しかし、心配する必要はありません。姿勢のとり方などにはコツがありますので、順を追って上達する方法をご紹介します。まずは、バタ足からはじめましょう。

ビート板を抱えた仰向けキック

はじめに、ビート板をお腹につけた状態で仰向けの姿勢をとります。ビート板を下から手で引っ張ったり、胸の前で抱え込んだりするのではなく、自然に浮いているビート板の側面にそっと横から手を添えるようなイメージで持つようにしましょう。

そして、先ほど述べた耳まで水につけた姿勢をとり、ゆっくりとお腹をビート板に寄せていくようにしましょう。この姿勢がとれれば、リラックスした状態の仰向け姿勢ができています。

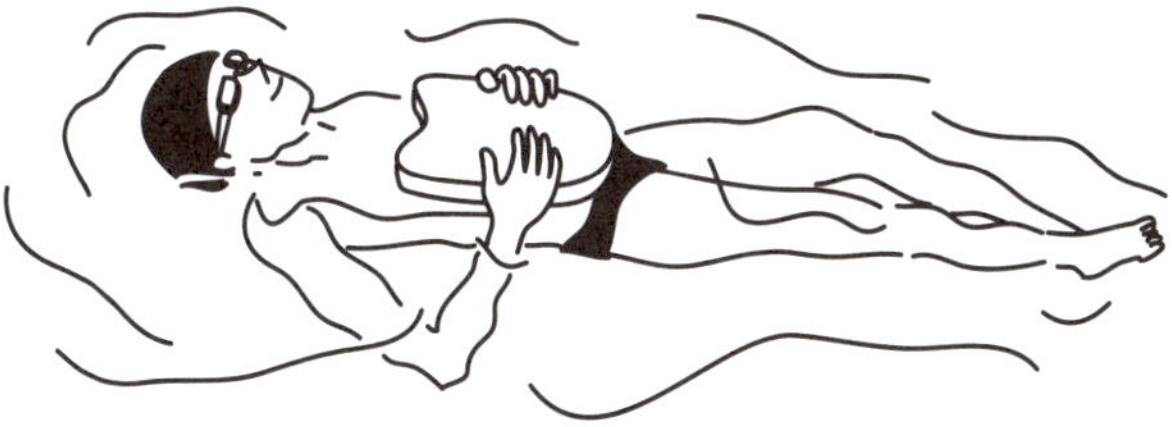

ビート板仰向けキック

この姿勢ができるようになったら、つぎはこのままキックを打ちます。基本的にはクロールのバタ足と同じイメージです。背泳ぎは脚が沈みやすい体勢ですので、テンポよく蹴り上げ（アップキック）の動作を繰り返すようにします。

このときのポイントは、**キックの打つ幅を大きくするというよりも、小さく速いテンポで繰り返し打つ**ようにすることです。クロールと同じく、背泳ぎも推進力の大半は手のかき（ストローク）が担っていますので、キックは沈んでいく力を生まないように心がけることが大切です。

ビート板なしキック

ビート板を抱えた仰向けキックが習得できたら、次はキックで実際に移動しながら、ビート板を持つ手を離し、そして再び持つという動作を短いタイミングで繰り返してみましょう。このとき、**ビート板から手を離しているときと、持っているときの腰の位置（ビート板とおなかがくっついた状態）が変わらないように心がけましょう。**

ビート板を抱えたキックの状態（浮いているビート板にそっと手を添えた状態）を維持

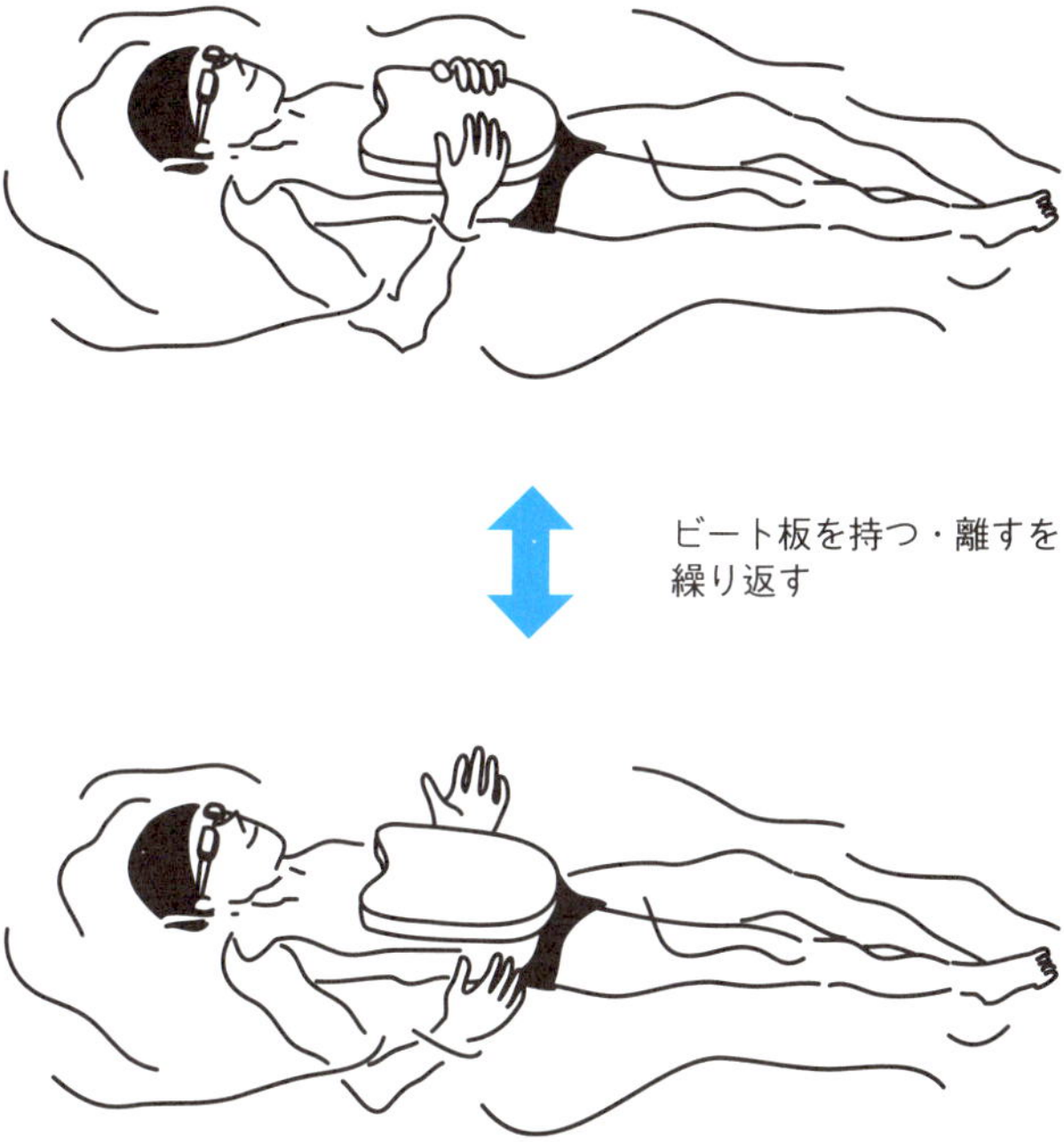

ビート板仰向けキック

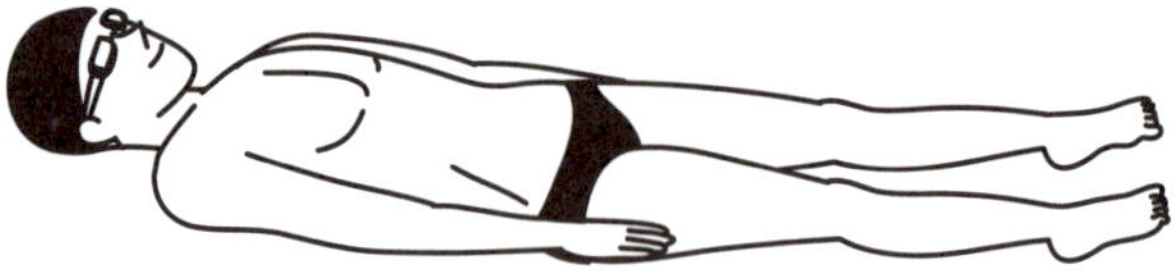

気をつけキック

したままビート板から手を離すことで、自然と仰向けでキックを打つ姿勢が身についていきます。手の動作が難しいと感じるかもしれませんが、手に集中しすぎてキック動作がおろそかにならないように注意しましょう。

これができるようになれば、ビート板の浮力がなくても仰向けキックができるようになります。

気をつけキック

次は、ビート板を抱えていた手をおろし、**気をつけ姿勢をとったままキックしてみましょう。**うまくできないというときは、耳まで水につけて水面に寝るような姿勢と、先ほどのビート板をつかんでいたときの感覚を思いだしてください。自分のおなかの辺りに浮いていたビート板をイメージし、そこにおなかをくっつけるような姿勢をキープしながら泳いでいきます。

背泳ぎの呼吸

背泳ぎは顔が水面上に出ているので、いつでも呼吸ができると思われがちですが、これは正しくはありません。この後、キックにあわせてストロークを加えていきますが、腕の回転に合わせて身体は上下運動をしますので、顔に水がかかり、水を飲みこんでしまう恐れがあります。ですから、早い段階から常に呼吸は一定のリズムで行うようにすることが大切なのです。

背泳ぎでは、呼吸は腕のリカバリー動作の際に行うのが一般的です。通常、1回のストロークに6回のキック（6ビート）を打ちますので、**呼吸は3の倍数のキック数で行う**ようにします。

仰向けとはいえ顔に水がかかりやすい状態ですので、まずは思い切り息を吐き切ってから吸い込むようにすると、水を飲んで苦しくなる心配はありません。

グライドキック

気をつけキックができるようになった方は、両腕を伸ばして上方で組んだグライドキックに挑戦しましょう。気をつけキックは仰向けの状態でのキック動作を習得するためには最適な方法ですが、実際の背泳ぎで気をつけの姿勢をとるのは、大きな減速につながってしまいます。したがって、**グライドキックが背泳ぎキックの基本型**だといえます。

グライドキックは簡単そうに見えますが、きれいにできるようになるには練習が必要です。ここでも、段階を踏んで習得する方法を紹介します。

バンザイキック

まずは、**両手を肩幅で上にあげた、バンザイの状態でキックをしましょう。**キックの動作は気をつけキックと同じイメージです。なるべく速いテンポでアップキックを繰り返します。

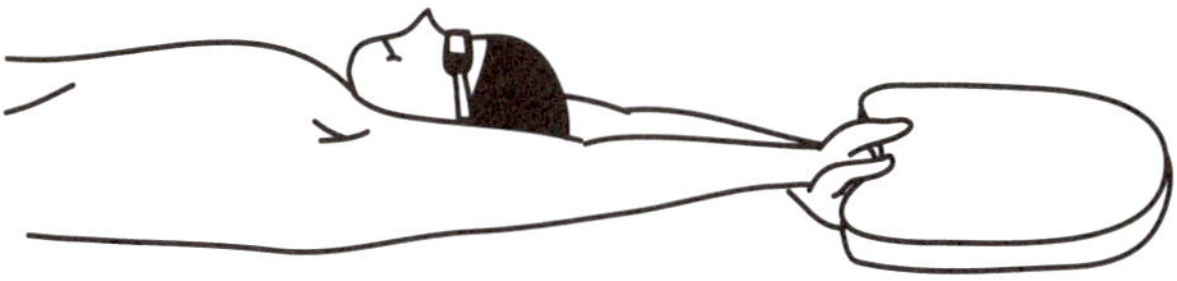

ビート板キック

両腕を上にあげた状態では、下半身が沈みやすいという身体の不安定感を解消する方向に力がかかりますので、気をつけのときよりも脚は沈みにくくなっていると思います。

ただし、顔が水面から出てしまうと一気に脚から沈んでいきますので、バンザイの両腕で耳をはさむように水面にまっすぐ顔を浮かせる姿勢を維持しましょう。


バンザイキックの次は、再びビート板を持ったキックに挑戦です。ビート板には様々な形状がありますが、どの形のビート板でもできる練習ですので、ご安心ください。

両手を上にあげて、人差し指同士がくっつくように合わせます。手のひらにビート板を乗せるようにして、両手の親指ではさめば完成です。あとはバンザイキックと同じ位置まで顔を沈めて、テンポのよいキックを繰り返し打ちましょう。ここでは、ビート板が斜めになって水上に大きく出ないことです。ビート板が常に水面に平行に浮いていている状態を維持しながらキックするようにしましょう。

グライドキック

最後は、グライドキックです。ビート板を持たずにストリームラインをつくって水面に仰向けになります。アップキックが水面のすれすれまで上がってくるように意識しながらテンポよく蹴り上げていきましょう。

このとき、**腕を肩甲骨から頭上に持ち上げ、肩幅を狭くするようなイメージで顔をはさむストリームラインをつくる**ことがポイントです。このようなストリームラインがつくれると、スピード感のあるキックが打てるようになり、楽に速く泳ぐことができます。はじめての方はなかなか難しく感じると思いますが、ぜひ習得できるように練習してみましょう。

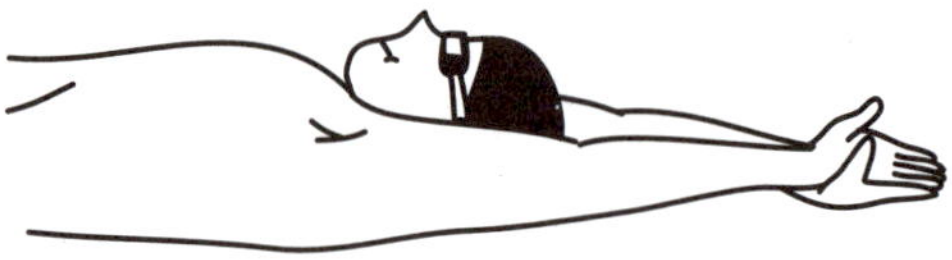

グライドキック

背泳ぎ STEP 3

ストロークをマスターしよう

ここからは、いよいよ推進力の高い腕の動作（ストローク）について解説します。上達してくると、体の軸を中心に左右に傾けるローリング動作ができるようになりますが、これには多くの練習を要しますので、まずは、水面とフラットな仰向け姿勢で泳ぐ方法からはじめていきましょう。

フラット背泳ぎ

はじめに、左右の腕を上と下にそれぞれ位置させます。上側の手は、手のひらが外側を向くようにしてください。この姿勢でキックを打っていきます。一定数（10回程度）キックを打ったら、両方の手を入れ替える（ローティション）ようにします。

上にある手は、手のひらが外を向けた状態から、気をつけの位置まで身体の横をおろしていきます。肘は少し曲げますが、手のひらで水をたくさんかけるように、**肘が先行して**

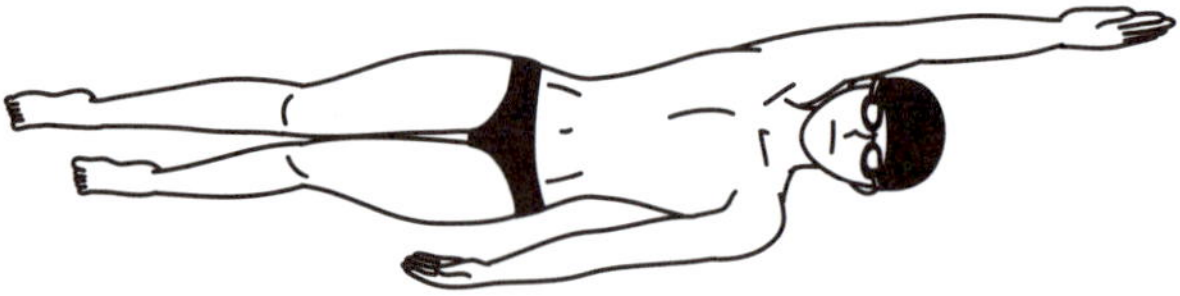

フラット背泳ぎ

動くことのないように注意してください。

一方、下の手は次のストロークのために上に戻す（リカバリー）動作を行います。下に伸ばした状態から、頭上まで速やかに動かします。

どの泳ぎ方にもいえることですが、水の上に体の一部を出すと、その分身体が沈みやすくなってしまいます。リカバリーの際は、決して力むことなく、速やかに上方に腕を動かすことを心がけましょう。**頭上にあげたときは、次のストロークに移りやすいように、手のひらを外に向けて止めます。**

まずは、リカバリー動作で身体が沈まない程度（10回程度）キックを打ちながら行いましょう。

これができれば、次は徐々にキック数を減らしていきます。

背泳ぎでは、**キックによる下半身のひねりと、ストロークによる上半身のひねりが身体の重心部で丁度ねじれるようにする**必要があります。つまり、このねじりをつくるためには、腕が半周するごとに奇数

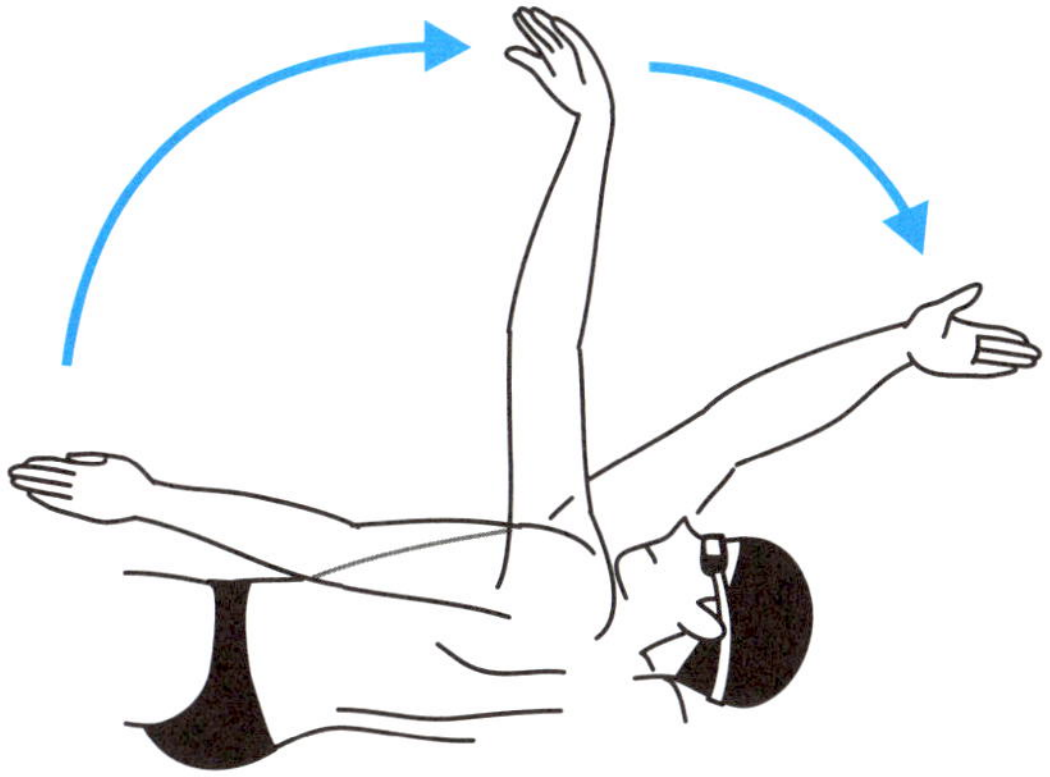

リカバリー

手のひらを外側へ向ける

回のキックを打たなければなりません。

したがって、キックを減らす際は、7回、5回、3回と徐々に減らしていくようにしましょう。腕が半周する間にキック1回というのは実際にはあまり適さないので、3回キックを打ったタイミングで左右の腕がローティションするようにできれば完成です。

このタイミングのとり方もはじめは難しく感じられるかもしれませんが、**右手がリカバリーから水に入る際に右脚のキック、左手が入水するときに左脚のキックを打つ**ように意識するようにすると、意外と簡単にできるようになります。

背泳ぎ STEP 4

ローリングとローティション

フラットな背泳ぎで、6《シックス》ビートスイム（1回のストローク中に6回キックを打つこと）ができるようになれば、いよいよローリングをともなうストロークにチャレンジしてみましょう。

ストローク

背泳ぎのストロークは、はじめに水中に手が入るときの、**手のひらで水をとらえるキャッチを行います。**これを先ほどのフラット背泳ぎのときよりもやや深い位置で行うようにします。そのためには、体軸を中心として身体の**「ひねり」**が必要となりますので、このひねりを利用しながら深めに手を入れ、水をキャッチしてみてください。きれいなローリングを行うためには、この「ひねり」が不可欠です。

キャッチした後のストロークは、図のように体側を進めます。クロールと同じく、それ

キャッチ

身体をひねるようにしてキャッチを行う

それを「プル」と「フィニッシュ（プッシュ）」と呼びます。ここで重要なのは、キャッチした水を離すことなく後方へ進めていくことです。上方で捕まえた水を効果的に下方へ運んで押し出すことができれば、驚くほどスムーズに身体を進めることができます。手のひらだけでなく、**前腕部分で水を運ぶように肘を立てながら腕を動かすようにしましょう。**

そして、左右の手のローテーション（キャッチ→プル→フィニッシュ→リカバリー）をスムーズに繰り返すことで、ローリングをともなったダイナ

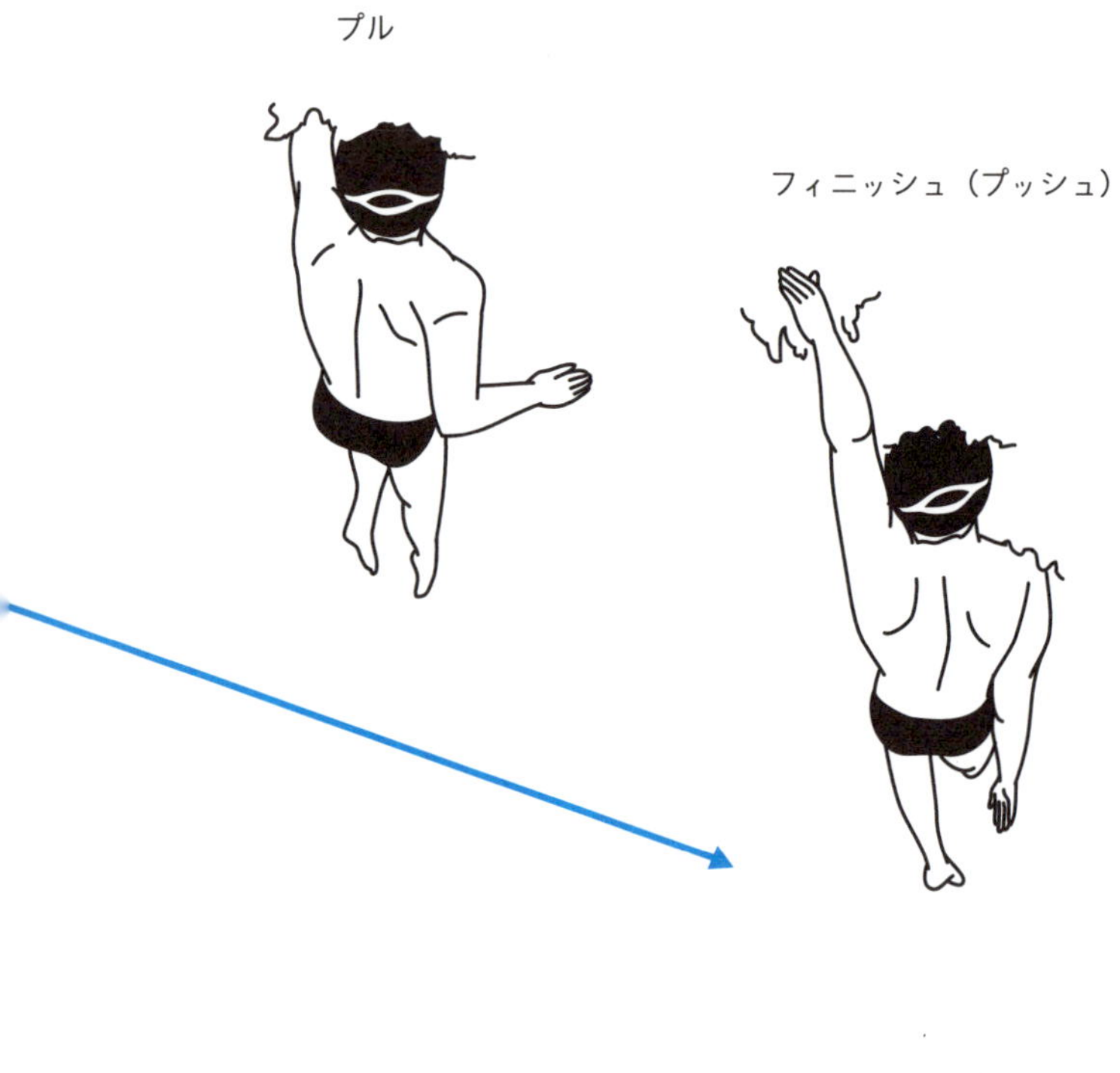
プル
フィニッシュ（プッシュ）

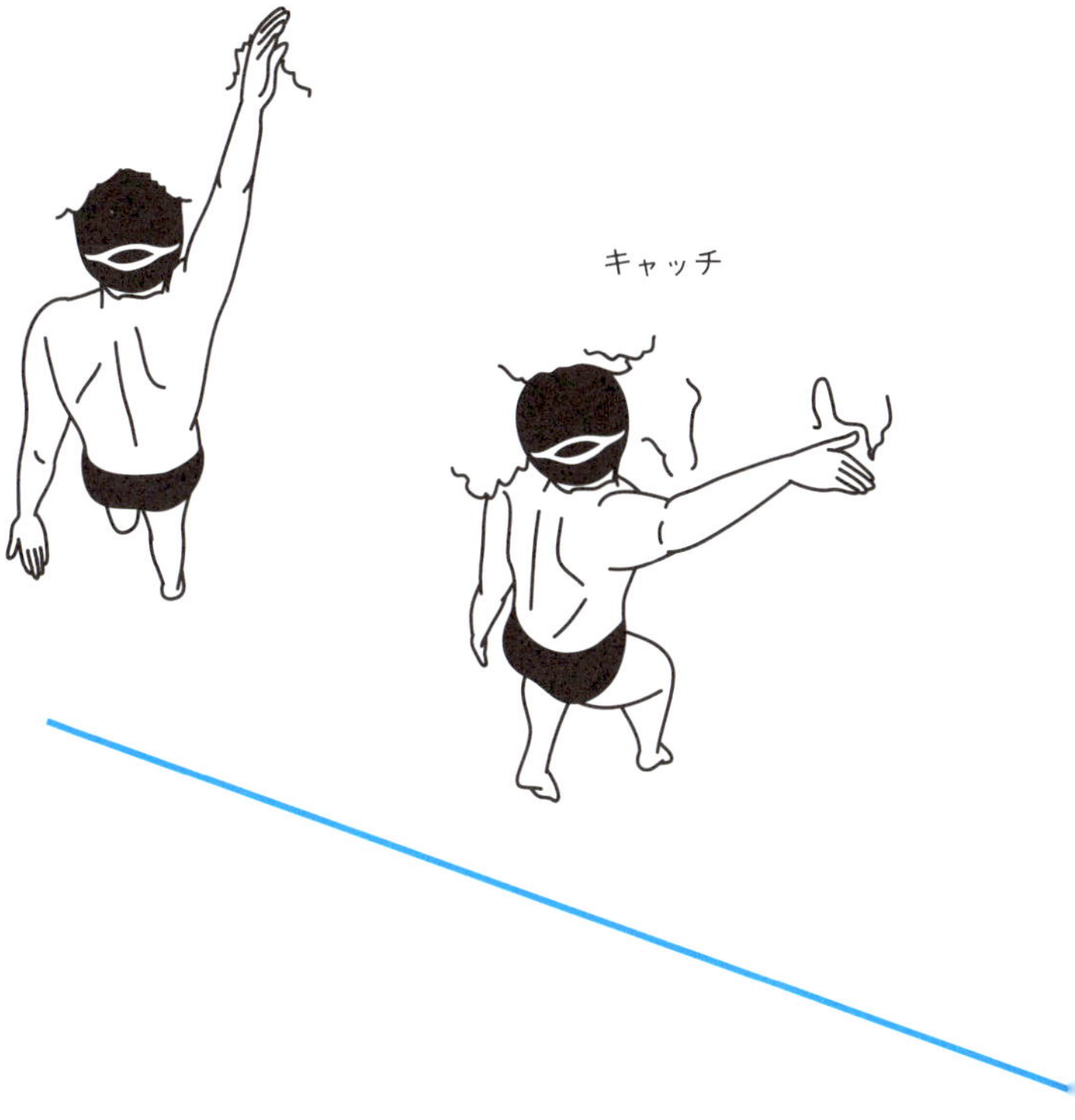
キャッチ

ミックな背泳ぎで速く泳ぐことが可能になるのです。キックとストロークのコンビネーションがうまくいくことで、さらに効率よく進むようになります。

フィニッシュ後はすばやくリカバリー

うまく身体をひねらせ、ローテーションをともなった背泳ぎは多くの水を運ぶことになりますのが、その反面、フィニッシュの後に手が水のなかにとどまりやすくなります。これはストロークのテンポを遅らせ、ローテーションを崩す原因となってしまいます。

フィニッシュ後はできるだけすばやく手を水上にあげてリカバリー動作をはじめるようにしましょう。

また、水から手を抜くときの手は気をつけの状態になっています。そのため、**リカバリーは親指が先行するように空中を動かし、再び入水する前に手のひらをひっくり返して小指から入水するようにしましょう。**

上級者にはそのまま親指から入水し、水中で手のひらを返しながら、たくさんの水をキャッチすることができる選手もいますが、ストロークのテンポがよい背泳ぎをするためには、キャッチの前に手のひらを返し、小指から入水してローリングを利用しながらたくさんの水をキャッチする泳ぎ方がいいでしょう。

背泳ぎ STEP 5

ステップアップのためのドリル

最後に、姿勢やストロークを改善するドリル練習を一部紹介します。背泳ぎは姿勢やストロークに独特のコツがありますので、工夫を凝らしたドリル練習を通してレベルアップしていきましょう。

両手背泳ぎ（ダブルアーム）

本来の背泳ぎは、左右の腕を交互に動かして泳いでいきますが、ここでは両手同時に動かします。

両腕を上にあげて頭上もっとも遠い位置で両手同時にキャッチし、両手同時に水中をフィニッシュまで動かしていきます。両手が同時に動きますので、ローテーション動作は

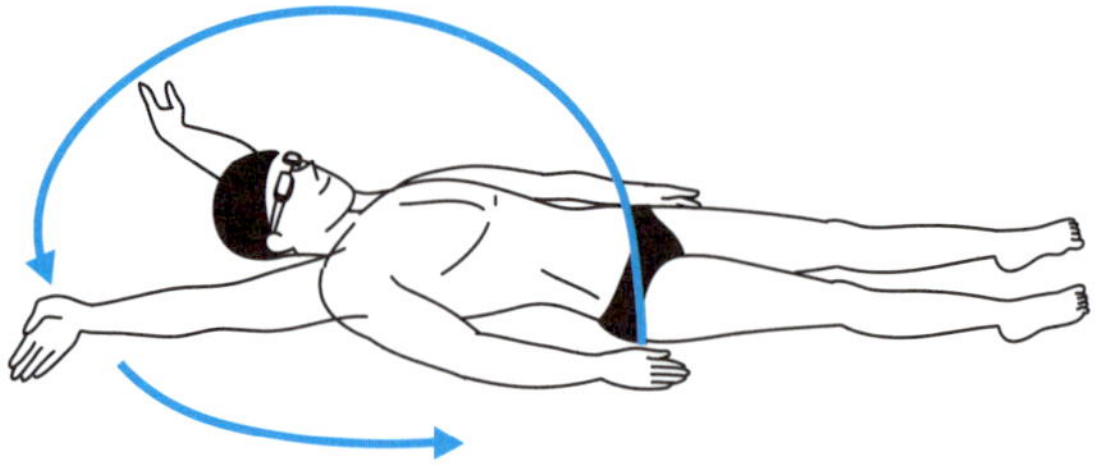

両手背泳ぎ

起こりません。

このドリルは、両手を同時に動かすことで上下に腕をまっすぐ伸ばすことができるようになります。より遠くの水をキャッチする感覚と、より遠くまでフィニッシュで水を押す感覚を養うことができます。さらに、両腕同時に動かすことで、力強い手のかきができ、水のとらえ方を意識した泳ぎが可能になります。

ショルダータッチストローク

クロールでも同じドリルを紹介しましたが、このドリルはその名の通り、**リカバリーのときに指先で一度肩にタッチしてから手を頭上に移動させます。**それ以外の水中での動作や左右の腕のローテーションは通常の背泳ぎのままです。

これは、リカバリーする腕を一度コンパクトにたたむことで、ローリングがしやすくなることから、ローリングの意識やスムーズなローテーションのコツがつかみやすくなるのです。

3ストローク10サイドキック

3ストローク10サイドキックとは、3ストロークの半分（1・5ストローク）ごとにサイドキックを入れるドリルです。例えば、右、左、右とストロークしていき、右手がキャッチポイントに来たところで**ローリングのひねりを利用した斜め方向のキックを入れていきます。**10回ほどサイドキックを打ったら、次は、左、右、左とストロークをし、逆方向でサイドキックを打つという動作の繰り返しです。

このドリルのポイントは、入水からしっかりとキャッチをすることと、ローリング動作の際にキックを止めないことを

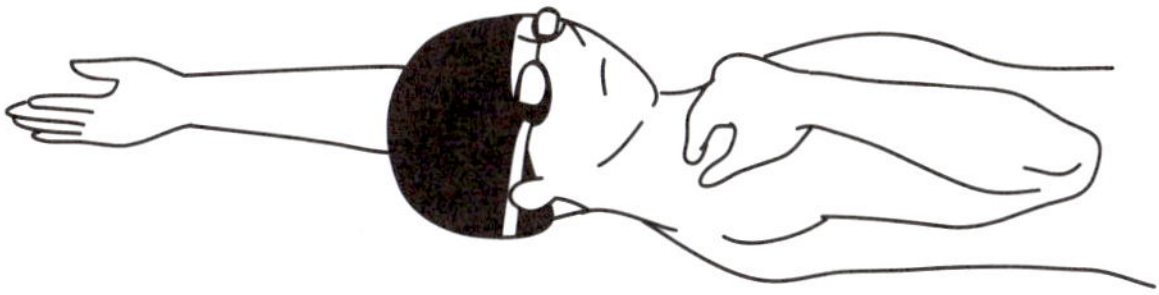

ショルダータッチ

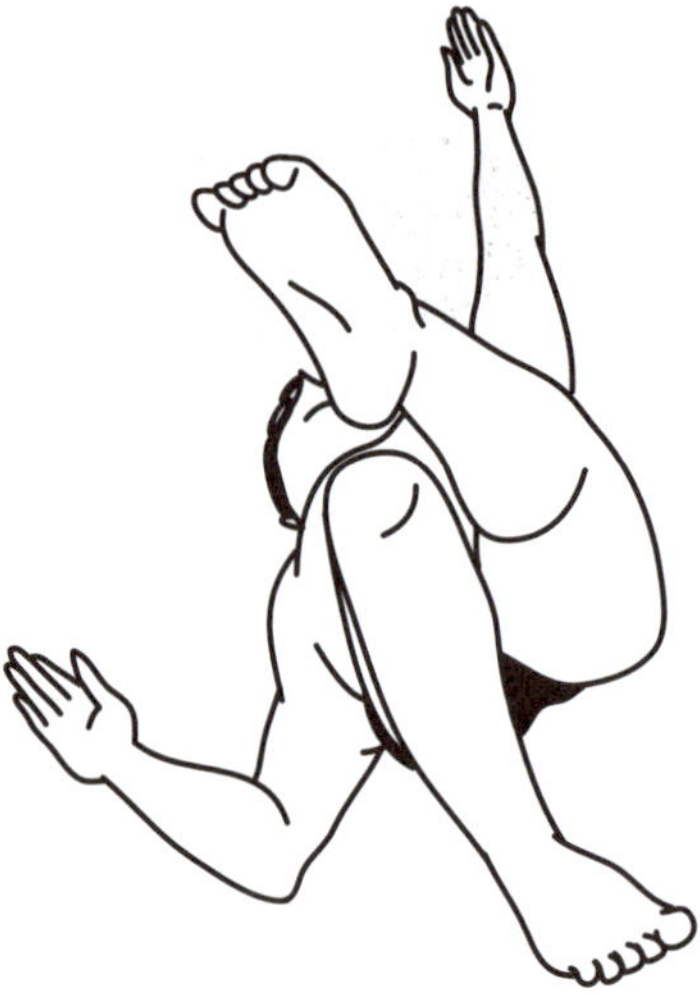

3ストローク10サイドキック

ひねりを利用した斜めのキックを打つ

意識することです。このドリルを行うと通常よりも大きなストロークの獲得が期待できます。

以上、3つのドリルを紹介してきましたが、背泳ぎだけでなく、水泳のドリルはいくらでもアレンジが可能ですので、たくさんの動きを体感してみてください。

COLUMN

日本人は水泳がとくい？

日本とニュージーランドとの大学生の水泳能力を比較した研究結果を紹介します。それによると、300m以上泳げる学生の割合は日本が70％なのに対してニュージーランドの大学生は43％です。日本の大学生の泳力の高さがうかがえますね。

しかしながら、15分以上浮くことができる（日本13.5％：ニュージーランド71％）、水深2mへの飛び込みができる（日本29％、ニュージーランド69％）、背泳ぎで100m泳ぐことができる（日本25％、ニュージーランド44％）、25m潜水ができる（日本11％、ニュージーランド38％）というように、その他の項目では日本の大学生の能力は大きく劣っているのです。

これは、日本は諸外国に比べてプールが浅いこと、垂直方向に泳ぐ指導が行われていないことなどの原因が考えられます。海や川で溺れてしまった際に最も必要とされるのは、あくまでも「浮く」力や「背泳ぎ」なのです。

日本人の多くは、速く泳ぐ能力は高いけれども、いざ水難事故に遭遇した際に身を守る能力は十分ではないといえるかも知れません。

第4章
バタフライ

バタフライを泳ごう

バタフライを格好よくダイナミックに泳ぐことは、すべてのスイマーのあこがれです。

しかし、バタフライというと「難しそう」というイメージが先行してなかなかチャレンジできなかったり、自己流でやってみたけれど、うまくできないという方も多いのではないでしょうか？

バタフライを習得するのは確かに簡単ではありませんが、しっかりと基本を身につけていけば、誰もが必ず泳げるようになるものなのです。

ここでは、バタフライをできるだけ簡単に習得する最新の方法を紹介していきます。

バタフライ STEP 1

ストロークをマスターしよう

通常、バタフライの練習はバタフライキック（ドルフィンキック）から習う、というのが一般的です。ドルフィンキックをはじめに習得し、できるようになったらキックにあわせてストロークを練習するという流れです。

もちろんこの順序でもバタフライは習得できますが、実はこの「キックから」はじめるという方法は、キックとストロークを合わせた際にきれいなコンビネーションを習得しづらくなる要因の1つなのです。ですから、まずはバタフライのキックとストロークを一度切り離した上で、ストロークから練習していきます。そして、**「アクアビクス」の要素を組み込みながら、きれいでダイナミックなバタフライの獲得を目指します。**

あまり聞き慣れない言葉かもしれませんが、アクアビクスとは、アクア（水）とエアロビクスをかけあわせたもので、水中でのウォーキングやジャンプ、スクワッドなどの運動を行うことです。

アクアビクス

ここで行うアクアビクスは、**「水に潜った状態から、ジャンプしながら呼吸する」動きを繰り返す「ボビングジャンプ」という動作です。**ボビングジャンプにはその場ジャンプと前方へ移動しながらのジャンプの2種類がありますので、それぞれ導入段階と発展段階で用います。

みなさん、準備はいいでしょうか？　では、いよいよバタフライへの挑戦をはじめましょう。

ボビングジャンプ

その場ジャンプ＋ストローク

ボビングジャンプは心肺機能のトレーニングに応用されるアクアビクスの動作ですが、この潜ってジャンプを繰り返す動作は、バラフライにはじめて挑戦する方の入門として最適な練習となります。

原則として、**バタフライは1回ストロークする間に2回キックを打ちます。**タイミングは、**腕を前方に伸ばして手で水をとらえるとき（キャッチ）、水中をかいた手が後方に伸びて水から出るとき（フィニッシュ）の2回です。**

ボビングジャンプをする際も、**腕のかきとジャンプの蹴り出しを同時に行うのがポイントです。**このタイミングは、床から足を離してバタフライを泳ぐ際のキックとキャッチ動作のタイミングと同じですから、絶対にずらしてはいけません。

床を蹴りながら両腕を後ろに回すタイミングがつかめたら、次は**ボビングジャンプを続けて行う連続ジャンプにチャレンジしましょう。**これができるようになると、バタフライのタイミングはばっちり習得できたといえるでしょう。

ここで注意したいのは、ジャンプから着地する際、頭が水中に沈むくらい膝を曲げることです。ジャンプのたびに頭を水中に沈めるという練習は、呼吸のタイミングをつかむのに大変役立ちます。手をもっとも後方に伸ばしたタイミングで呼吸をする癖をつけていきましょう。

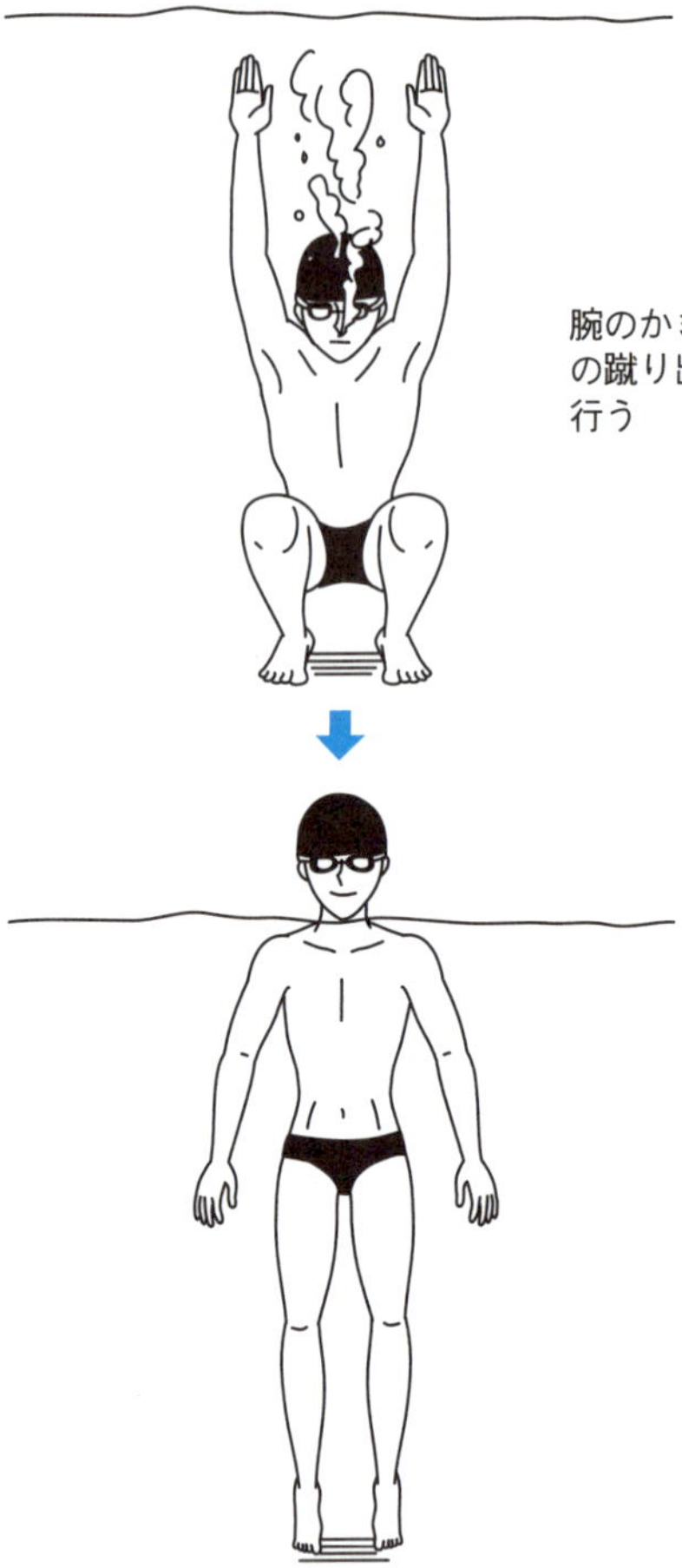
腕のかきとジャンプ
の蹴り出しを同時に
行う

ボビングジャンプ

前方ジャンプ＋ストローク

連続ボビングジャンプでストロークのリズムと呼吸のタイミングがつかめるようになったら、次は前方に思いっきりジャンプしながら同じように跳ぶという動きをしましょう。

ここでのジャンプは、**顔が水面スレスレに出る程度で跳ぶ**のが理想です。実際のバタフライで呼吸時に頭を必要以上にあげると、下半身が沈み込んでしまいます。そのため、このボビングジャンプの練習でも水面ギリギリに顔が出るくらいの高さで前方にジャンプしながら両腕を回していきます。

また、ジャンプをしたあとは、**まっすぐできれいなストリームラインをつくる**ことも重要です。ストリームラインの姿勢でしっかりと伸びることで、ストロークとキックで得られた推進力を使って無駄なく進むことができるのです。両脚で床を力いっぱい蹴りましょう。

ここまでの動きを習得できた方は、次に一連の動作を1つのストロークとして、連続ストロークにチャレンジしましょう。「前方ジャンプ＋ストローク」から「ストリームライン」の姿勢をとり、推進力がなくなるまで伸びたあとは、股関節と膝関節をゆっくりと曲げ、水中にもぐって次のストロークのため再び前方ジャンプを行います。

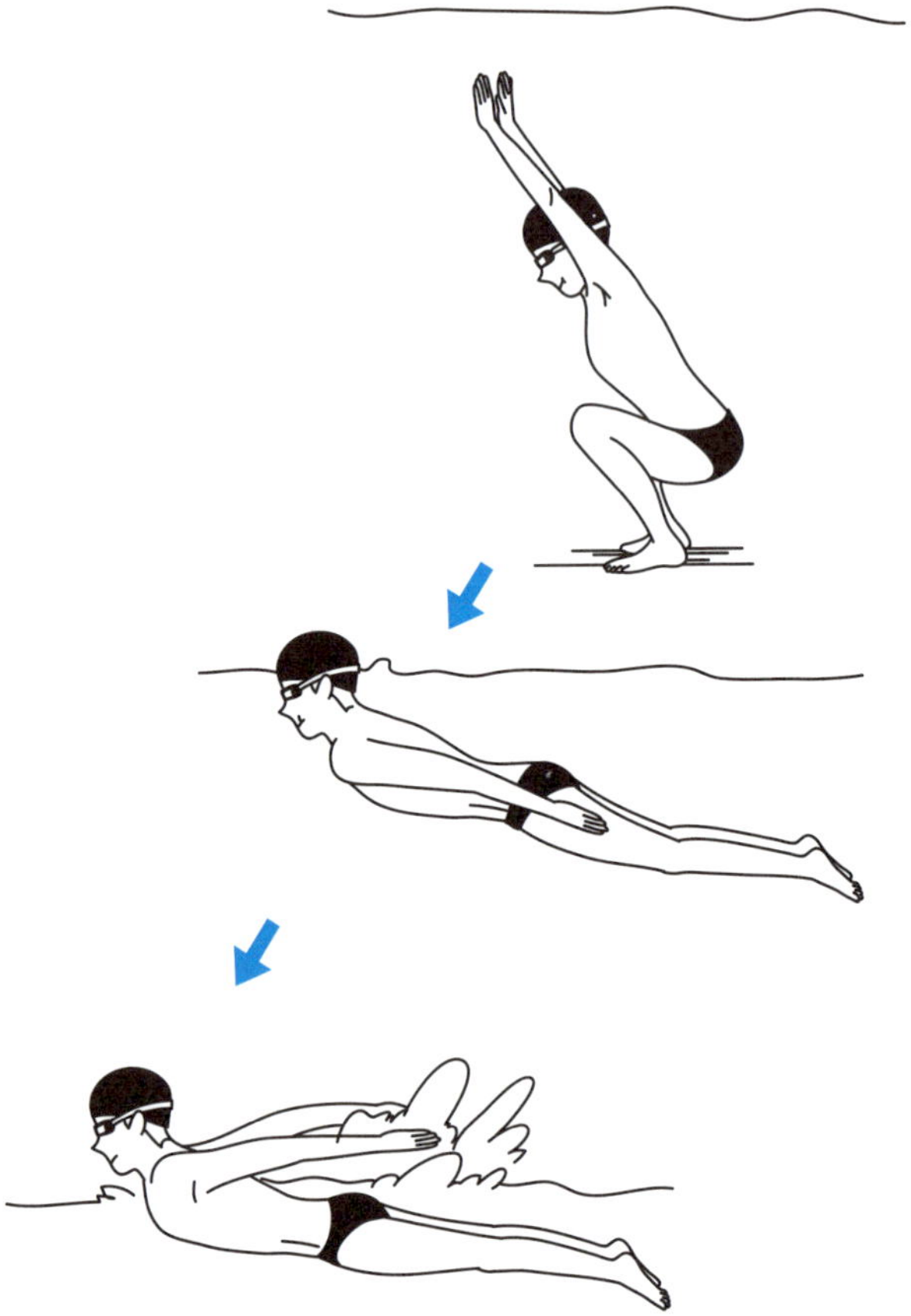

前方ボビングジャンプ

ジャンプとストロークを繰り返し行って、床の蹴りとストロークのタイミングを完璧にマスターするようにしましょう。

ボビングジャンプのストロークドリル

次に、**呼吸動作をともなわない（顔をあげない）ストロークの練習を行います。**

これも、ボビングジャンプを使って練習をすることが効果的です。やり方は先ほどの前方ボビングジャンプと基本的には同じです。顔を水面から出さないようにしながら、前方へ跳びます。ただし、**顔をあげたときよりもより低く（水面すれすれに）より遠くへ飛び出す**ことが必要になります。この感覚はバタフライをきれいに速く泳ぐために重要なものですので、ぜひ繰り返し練習して習得しましょう。

両脚で床を力いっぱい蹴ることはもちろんですが、**両手で水を前方から後方へ水面と平行に力強くかくと低くとび出しやす**

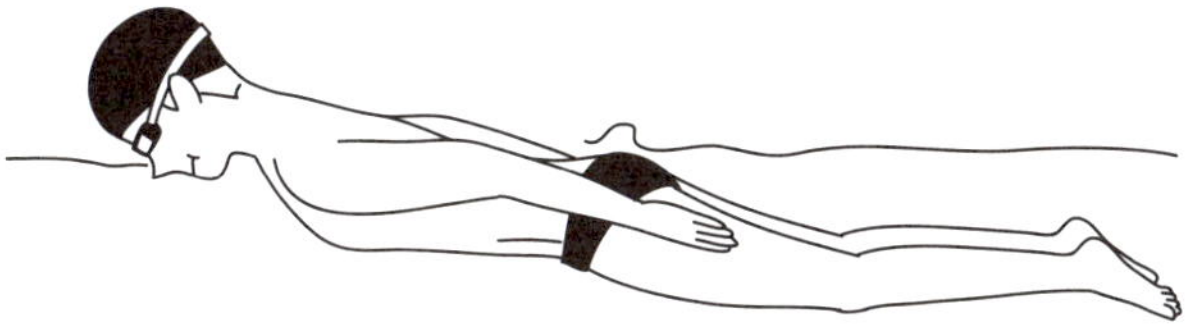

ボビングジャンプのストロークドリル

顔が水面すれすれになるようにする

くなります。この水面と平行の手のかきが、バタフライの手の動きとして非常に重要なポイントです。

呼吸をしないバタフライのストロークができるようになれば、呼吸をするストロークと呼吸をしないストロークを交互に行ってみましょう。これを、2《ツー》ストローク1《ワン》ブレス（2回のストロークで1回呼吸）といい、バタフライを習得する上で大変重要なドリル練習となります。

バタフライ STEP 2 キックをマスターしよう

ボビングジャンプを応用したストロークが習得できたら、いよいよ床から足を離して泳いでみましょう。みなさんはストロークから練習してきましたので、ダイナミックなバタフライを泳ぐ感覚を身体が得ているはずです。

ここからは、キックの練習をしていきます。

バタフライのキックの動き

みなさんは、「バタフライの泳ぎはどういう動きですか？」と聞かれた場合、どのように答えるでしょうか？

「腰をクネクネ動かして泳ぐ」と答える方も少なくないでしょう。確かに、バタフライは全身でウェーブ動作をしますので、腰のうねりも生じます。テレビで見る水泳選手もそのように見えますよね。

しかし、一見クネクネして見えるあの腰の動きは、あくまでもストロークとキックを連続して動かすことで生じるウェーブなのです。そのため、バタフライをするときに**腰を強く意識して動かしてしまうとうまく前進することはできません。**

気をつけキック（うつ伏せ）

バタフライのキックの第一歩としてはじめに「気をつけキック」から練習していきま

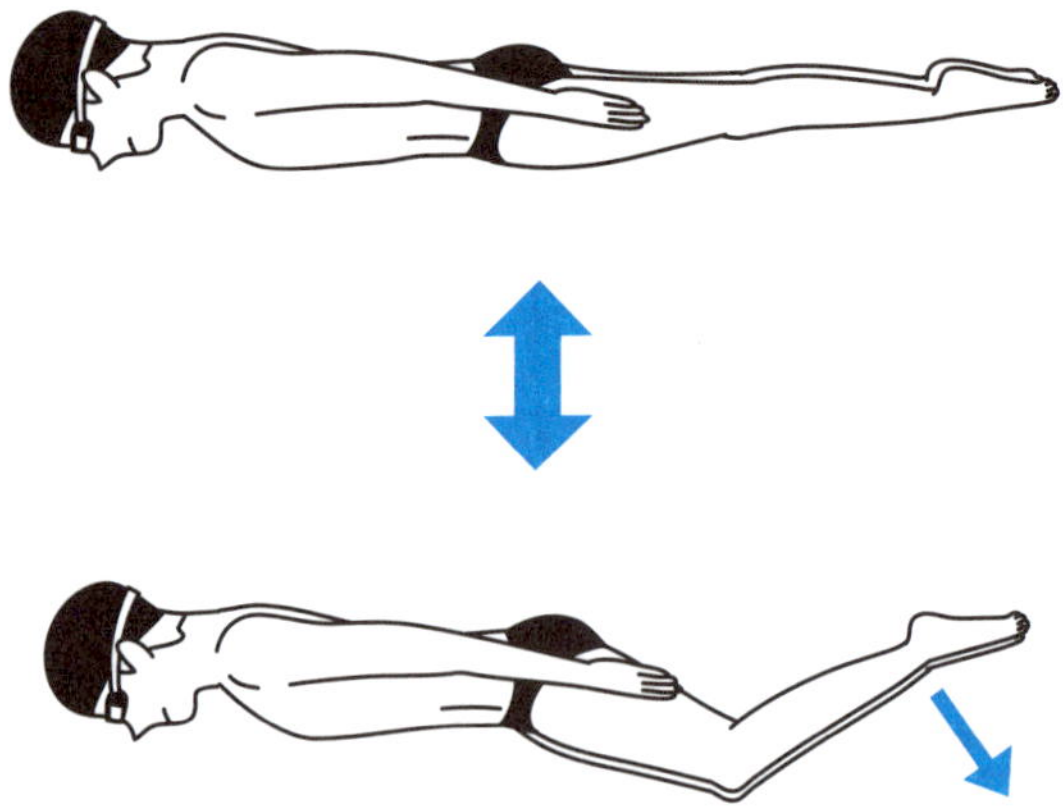

気をつけキック

しょう。

まず、手は体側につけ水中でうつ伏せ状態になります。次に、両足の親指をそろえるようにして軽く膝と股関節を曲げます。こうすることで、親指をそろえた足先で水を押すようにとらえることができます。その状態から、**膝・股関節を伸ばしながら足関節を柔軟に使って、両足の甲にたくさんの水をあてるように動かして蹴り下ろしましょう。**

このとき、膝関節だけ、もしくは股関節だけを大きく曲げるようにならないように注意してください。また、蹴り下ろしたときに背中が丸まってしまうと、先ほど述べた腰の動きが強調された泳ぎになってしまいます。蹴り下ろす際は、上半身を背伸びさせるように前方へ伸びましょう。
気をつけキックでは、身体の先端が頭頂部です。1回の蹴り下ろしで頭がしっかりと前進できるよう、**胸郭から上を背伸びさせるような意識で胸を張って前方に伸び上がりましょう。**

蹴り下ろしたあとは、蹴り上げ動作を行います。はじめの膝関節と股関節を軽く曲げた状態に戻りますが、このときは**足の裏側に水を感じる**ことができます。膝関節と股関節を曲げながら足裏に水をあてる際も、足関節を柔らかく動かすように心がけましょう。

バタフライのキックはこの蹴り下げ（ダウンキック）と蹴り上げ（アップキック）の繰り返しです。繰り返しになりますが、**胸郭から上をしっかり伸ばしてダウンキックとアップキックを繰り返すことができれば、効率よく前方に進むことができるのです。**

このとき、息が苦しくなったらいったん立って呼吸を行い、再び気をつけキックを繰り返すようにしましょう。もしできるようであれば、ダウンキックを打ち終わる際に顎を前方に突き出すように顔をあげると、上手に呼吸をすることができます（呼吸の仕方は次の

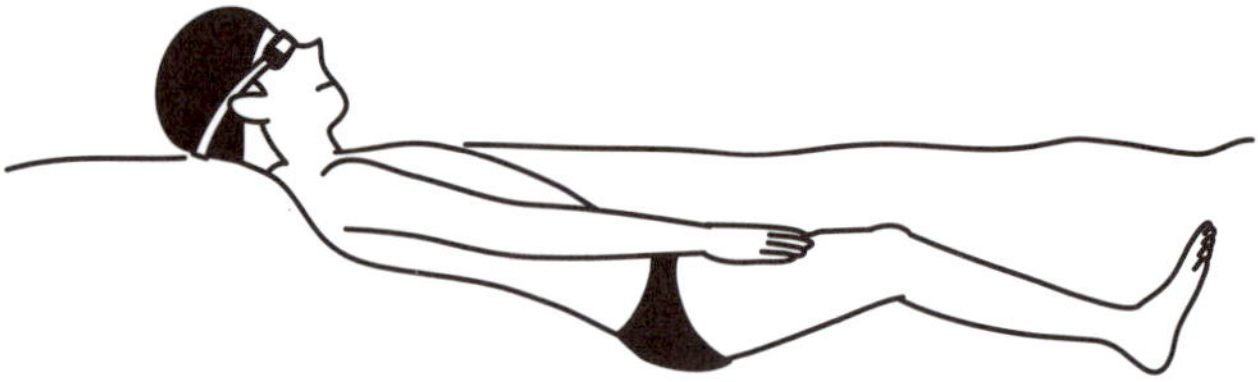

ジャックナイフのように折れた姿勢

グライドキックで説明します）。ただし、これは慣れないうちは難しい方法ですので、あまり無理をしないようにしましょう。

気をつけキック（仰向け）

つぎは、少し難易度をあげて仰向けでの気をつけキックをしてみましょう。基本的にはうつ伏せ状態のキックと同じように動かしますが、**水中で仰向け姿勢をとると、股関節が屈曲しやすくなり、ジャックナイフのようにお尻が沈みやすくなります。**

そうならないために、うつ伏せ以上に胸郭から頭までを前方に伸ばし、キック動作をみぞおち辺りからうねるようなイメージで動かしてみましょう。さらに、アップキックを水面近くまでしっかりとあげるように意識すると、スムーズに進めるようになります。

仰向けの気をつけキックがうまくできるようになれば、キック動作とそれに連動した姿勢のとり方が十分身についているといえるでしょう。

グライドキック

ここからは、腕を前方に伸ばした状態でキックを打つグライドキックを練習しましょう。

一般的に、キックの練習では大きなビート板を使った顔上げキックを行うことが多いです。しかし、この方法では手と脚を使ったコンビネーションスイムに適したキックを習得しづらいという欠点があります。

そこで、ここでは顔を水につけた状態を基本姿勢とし、より小さめのビート板を使用して練習しましょう。小さいビート板が手元にない場合は、通常サイズのビート板でも結構です。

ビート板キック

まず、腕を前方にまっすぐ伸ばし、ビート板を手でつかみます。このとき、顔はまっすす

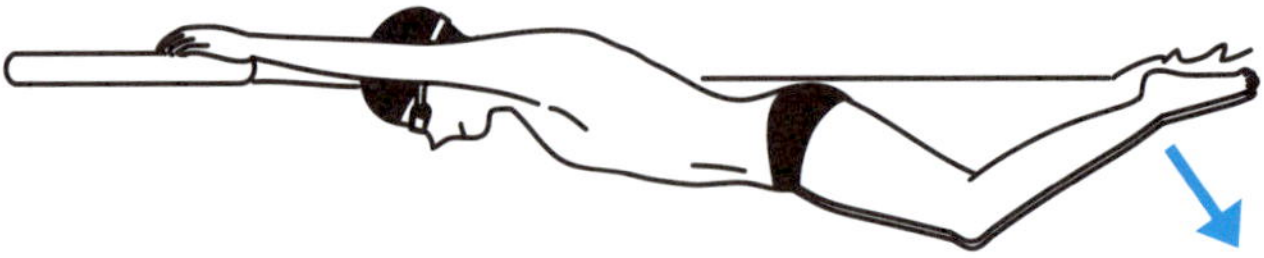

ビート板キック

目線はできるだけ前方に向ける

ぐ下を向くように水につけますが、目線はできるだけ前方を見るようにしましょう。目線をあまり下げると顎を引き過ぎた状態となり、上半身を前方に伸ばそうとする力が弱まってしまいます。

腕と顔の位置が決まったら、これまでと同じように脚を動かしていきましょう。ただし、いまは身体の先頭に腕とビート板がありす。気をつけキックのときは胸郭から頭までを伸ばすようなイメージでしたが、今度は**胸郭からビート板までが1つのブロックになったようなイメージで、ビート板をより前に伸ばすようにキックを打つ**ようにしましょう。

呼吸のポイント

バタフライでは、前方に顔をあげて呼吸を行いますので、グライドキックでもできるだけ前方へ顔をあげながら呼吸をする練習をしましょう。

しかし、キック動作だけで顔をあげるのはなかなか難しいものがあります。難しいという場合はビート板の浮力も使いながらでも構いません。ただし、**ビート板を真下に押さないようにしましょう。**真下に押すと、頭は必要以上に上へあがってしまい、腰から下が沈みやすくなってしまうのです。下半身が沈むとキックの推進力は半減してしまうので、前へビート板を押すことに意識しましょう。

ここでは、4回キックをして1回呼吸をするというリズムで呼吸をしてみましょう。すべての泳ぎで共通することですが、呼吸のための動作は速く泳ぐ上で妨げになる動きです。呼吸のタイミングや回数には注意しましょう。

ストリームラインキック

次のステップは、**ビート板を使わないグライドキック**です。

ビート板を持たずに両手を重ねるように前方に伸ばし、ストリームライン姿勢をとります。ビート板の浮力がないので、キックの力を水に伝えやすくなりますが、安定した水中姿勢をとることは難しくなります。**腹筋群を使い、腹圧を一定に保つように意識して、ストリームライン姿勢が緩まないよう頑張りましょう。**

ストリームラインキック

　このグライドキックができるようになった方は、かなりのスピードを感じながら泳ぐことができたのではないでしょうか。このキックで水中を進むと、４泳法のどの泳ぎよりも速く進むことができる技術ですので、イルカになったつもりでバタフライキックのスピード感を楽しんでください。

呼吸のポイント

　このグライドキックでの呼吸は今までよりもさらに難しくなります。慣れないうちは平泳ぎのように両手のひらで円をかくようにして顔をあげるようにしましょう。ただし、このときも上方ではなく前方に顎を突き出しながら呼吸をすることを意識してください。

　これがうまくできるようになったら、手を前方で組んだ状態のまま顔をあげて呼吸してみてください。これも難易度の高い技術ですが、この呼吸ができるようになれば、水中で姿勢保持に必要な筋群のトレーニングにもなります。ぜひチャレンジしてください。

バタフライ STEP 3

ストロークとキックのコンビネーション

では、いよいよコンビネーションスイムへ移ります。まずは、そのためのドリル練習からはじめましょう。まずは、ボビングジャンプをしながらストローク練習をしたことを思い出してください。バタフライの導入で苦労する動作の1つが両手を同時に回すストロークです。

片手ストローク

いきなり両手同時にかくのではなく、まずは片手ストロークから練習しましょう。ここでは、水の抵抗を最小限に抑えながら行うストロークとキックのタイミングをつかむことがポイントとなります。

はじめは、両手を前方に伸ばした状態から片方の手だけを動かします。

ポイントは、ボビングジャンプと同様に、手を動かしはじめるタイミングとキックを打つタイミングが同じになるようにすることです。**前方に伸ばした手を動かしはじめるときに1回目のキックを打ちます。**（なお、このときのキックを「第1キック」と呼びます。）**水中での手の軌道は、手のひらで前方の水をつかむ（スカーリング）をし、つかんだ水を離さないように肘を立てながら手が体の下を進むように後方にかいていきます。水を後方まで押したとき（手を水中から抜く直前）に2回目のキック（第2キック）を打ち、大腿部（太もも）あたりから手を水から出していきます。**

水から手を抜くときは、気をつけキックと同じように「胸郭から頭部を前方に伸ばす動き」をしましょう。これをすることで、手を前方に戻すリカバリー動作が行いやすくなります。

手を水から抜いたあとは、腕を前方に戻し、再び入水からキャッチ動作を繰り返します。このリカバリー動作は推進力を生みませんので、力まず、速やかに手を戻すように心がけましょう。

この片手ストローク練習は、まずは動かしやすい方の手（利き手）で行いましょう。あ

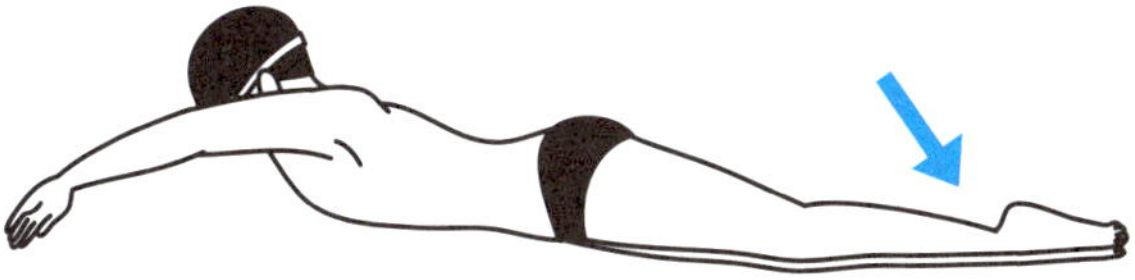

前方の手を動かし始めるときに第１キック

水を後方まで押したときに第２キック

片手ストロークとキックのタイミング

前方の水をつかむ

肘を立てて後方へかく

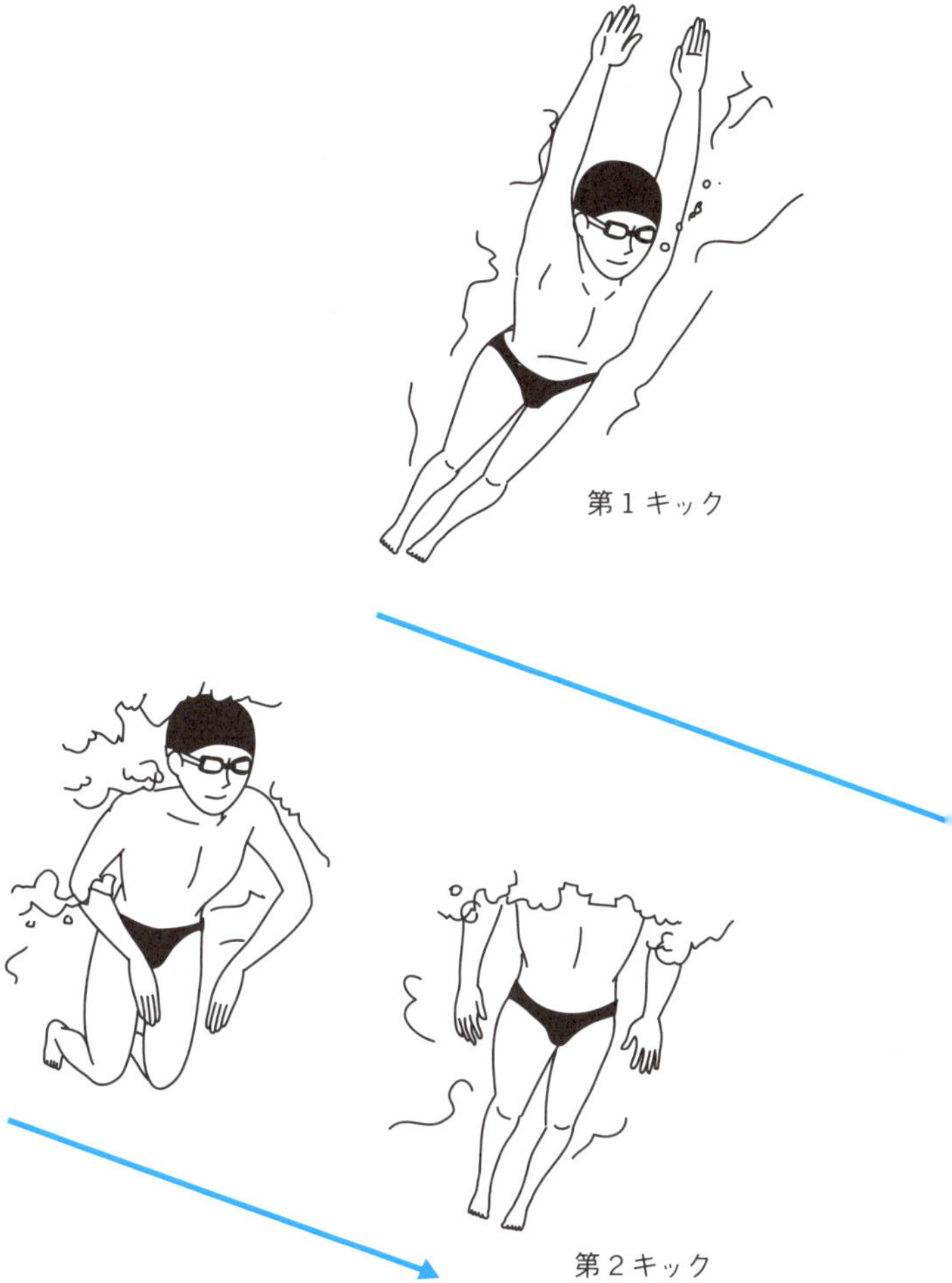

バタフライのコンビネーション

る程度できるようになれば、反対の手でも同じように行います。このときも、呼吸を2回のストロークで1回するようにすれば、先ほど練習した4回のキックで1回の呼吸と同じタイミングにすることができます。

このドリルの応用として、1本目が右手のみ、2本目が左手のみ、3本目が右手と左手を交互にストローク…のように段階を経て行うと効果が高いです。片腕を動かす回数、交互に動かす回数を増やすことで、コンビネーションスイムのイメージがよりつかみやすくなるのです。

呼吸

呼吸はここでも顎を出して顔を前に突き出すように行います。**ポイントは、水中をかき終わった手を水から出すとき（第2キックを打ったとき）に顔が出るようにすることです。**これで、ストロークやキックの妨げになることなく呼吸をすることができます。顔を動かすタイミングが早いと脚が沈んでしまうので、水中をかく手が顔の前を通過するタイミングで、顎を突き出すように顔を前方に向けはじめましょう。

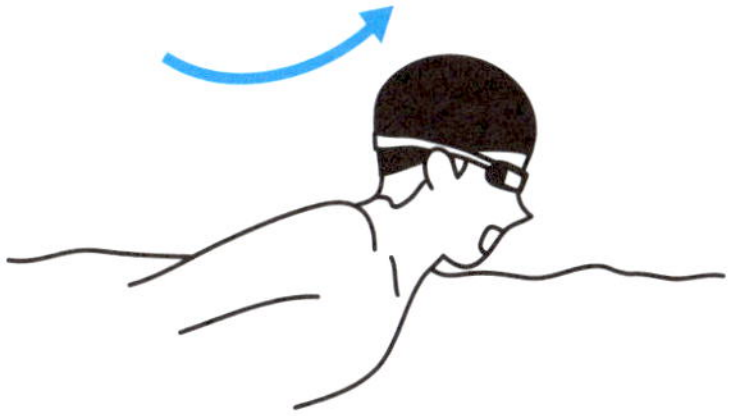

呼吸

呼吸のときは「頭を上に」ではなく、「顔を前に」動かす意識を忘れないでください。後ろの手と顔で前後にストレッチをするようなイメージです。

両手バタフライ

では、いよいよ両手を動かすバタフライに進みましょう。これまで紹介してきたすべての動きを取り入れたものですので、これまで学んだことを思い出しながらバタフライのイメージをつくっていきましょう。

ボビングジャンプから2キックバタフライへ

バタフライのストロークには大きなパワーが必要になるため、ボビングジャンプからはじめ、1ストローク2キックのストロークを学んできました。ここからは、これまで学んだボビ

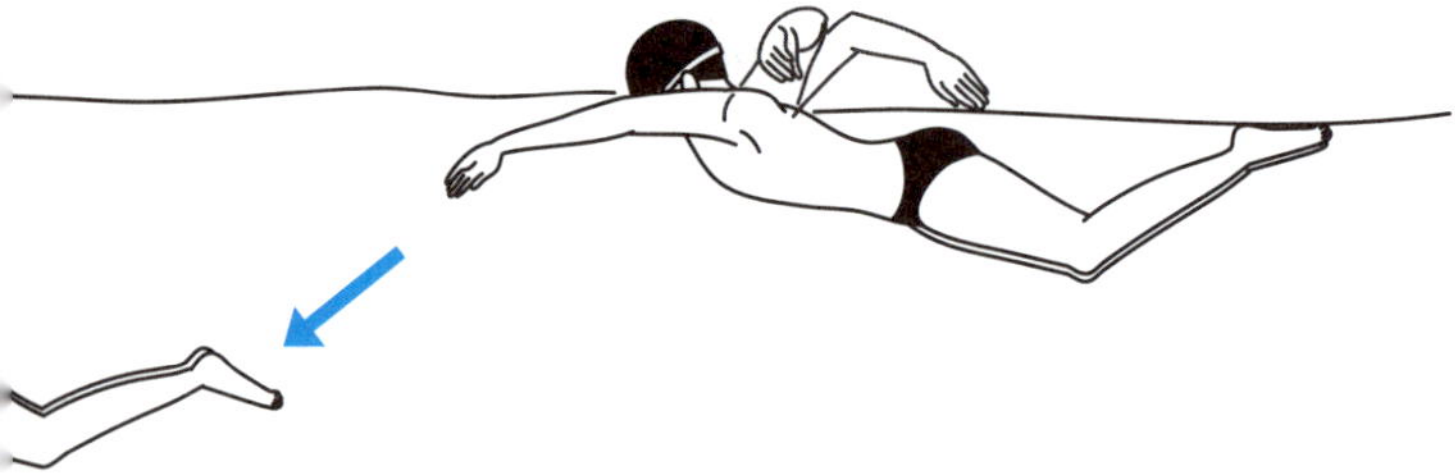

ングジャンプから2キックのバタフライのコンビネーションスイムをつくりましょう。

ウェーブバタフライ

はじめは、イルカのように大きなウェーブを描くバタフライを目指しましょう。決して恐れる必要はありません。ボビングジャンプと同じタイミングで、**キックを打つときに腕を一気にかく**練習をしてください。タイミングがぴったりと合えば、身体が水中から水面へ浮き上がり、きれいなウェーブを描くことができるでしょう。はじめのうちはこのキック以外にも何回キックを打っても構いません。

呼吸もこれまで学んできたこととまったく同じ方法で行います。**顔が最低限水面に出るように顎を前に突き出しながら、**ストロークのフィニッシュ動作と連動してストレッ

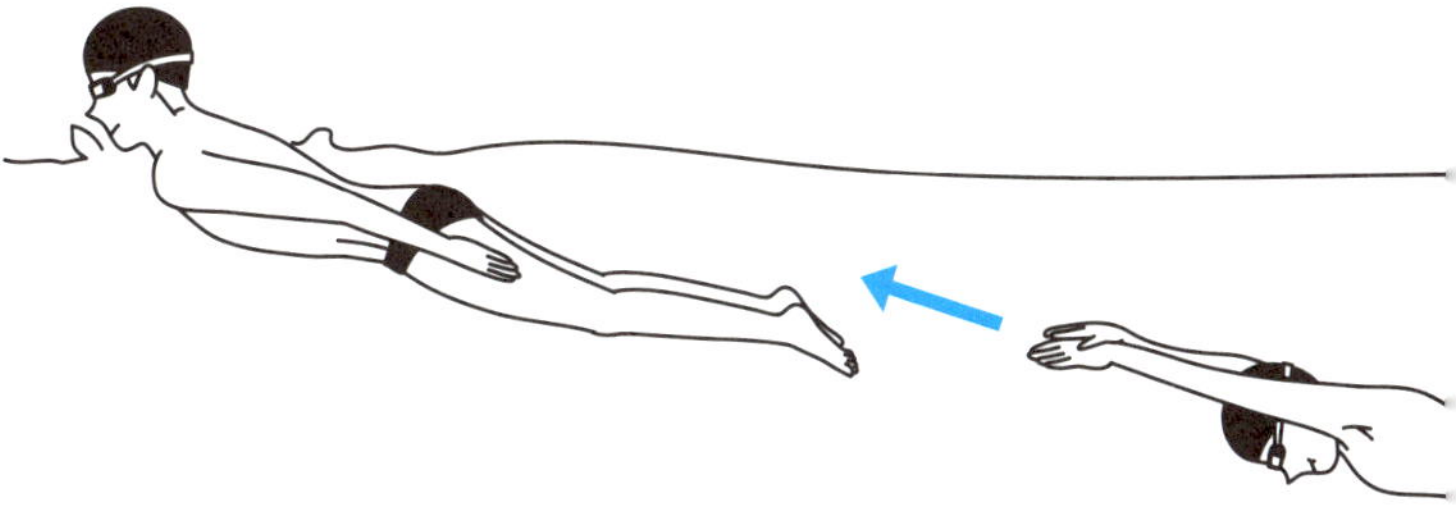
ウェーブバタフライ

チングするようなイメージで呼吸しましょう。
この一連の動きができるようになったら、水中でのキック数を減らしていきながら、ウェーブの波の大きさを小さくしていきます。**バタフライは、水面すれすれでウェーブ動作を繰り返すことができるようになれば完成形です。**2回のキックで1回のストロークができるまでキック数を減らし、キックとストロークのタイミングを合わせていきましょう。
最終的には、1回のストロークで2回キックが入るコンビネーションスイムができるようになることが目標です。
ここで、よりバタフライが速くなるためのドリルを紹介します。

バタ足バタフライ（コンビネーションスイム応用ドリル）

バタフライのウェーブはできるだけ小さい（水平に近い）方が速く進むことができますが、いきなりそのような泳ぎができることはありません。そこで、より水面に対して平行にバタフライを泳げるようになるドリル練習をしてみましょう。

バタフライはキックがつくり出すウェーブの影響を受けやすいので、そのウェーブが大きくなると身体も大きくうねるバタフライになってしまいます。そこで、ストロークを水面すれすれにキープするために、バタフライのキックをいったんやめて、クロールと同じバタ足（フラッターキック）を行いながらバタフライのストロークをやってみましょう。

バタフライの手にクロールの脚というのは、難易度も高く、とても苦しいドリルです。しかし、バタ足は脚を交互に動かすため、上下方向に動きにくいという特徴があります。この特徴を利用して、バタ足を打ち続けられる範囲に顔をあげながらバタフライを泳ぐ感覚を身につけ、水面すれすれの姿勢で小さなウェーブのバタフライを泳げるように練習してみましょう。

バタフライの完成形

バタフライの最終形とは、**水面すれすれに動くバタフライ**です。推進力を考えたとき、大きなウェーブの泳ぎでは上下方向の力が強すぎて、前方にうまく進むことができません。ウェーブが大きくなる動作（「呼吸で顔を上方にあげる」「キャッチポイントが水中に下がる」「キック動作が大きくテンポが遅い」）が入ってしまうと、速いバタフライを泳ぐことが難しくなってしまします。

物体の移動を物理的に考えてみると、できるだけフラットに動いた方が速いということは想像に難くないと思います。もちろん、そのような研究結果はすでにたくさんあります。バタフライのコンビネーションにもこの理論を当てはめて、フラットで、テンポの速い、スムーズな動きのバタフライを習得しましょう。

COLUMN

水中運動が身体に与える影響

水中で運動することで、体に与える影響としては次のようなことが挙げられます。

呼吸機能の向上

水圧に対抗して呼吸をするため、呼吸に必要な筋肉が鍛えられ、呼吸機能を高めることができます。

心拍数の減少

水圧の影響で全身から心臓に戻る血液量が増え、加えて水平状態では心臓が大きく動くため、結果として心拍数が減少します。この現象は水に入ってから数十秒で生じ、ぬるま湯に肩まで浸かった場合に影響が大きく、10 拍／分程度になることがわかっています。

1 つ注意しなければならないのは、水中に潜ると水圧の影響により血圧が上がります。血圧が急上昇することは心筋梗塞やくも膜下出血などの危険を高めることにもなるので、準備運動をしっかりとして、泳ぐ前に血圧を調整しておくことが必要です。

また、水の中で休息するだけでもよい効果が期待できます。

運動後に水中で肩まで水に浸かると交感神経が低下し、副交感神経が増大します。副交感神経は血管を拡張させる効果がありますので、体の隅々まで血液が行き渡り、リラックスできるのです。しかも、水温も 30 ℃のときが最も効果が高いことがわかっており、これはまさに通常の温水プールの温度と同じ程度です。

これまで、水泳は速く泳ぐことが目的となっていましたが、水に入ること自体で得られる利点を考えることも大切です。神経、関節、内臓など、目に見えない部分に影響を与えることを認識した水泳を取り入れてはいかがでしょうか。

第5章

水中ウォーキング

水中ウォーキングのすすめ

日本は高齢社会を迎え、生活習慣病などの病気が社会問題となっています。普段はあまり健康に気にしていなくても、健康診断の前などにあわてて食事に気をつけるなんて方もいるのではないでしょうか？　もしくは、自分や身近な人が体調を崩したときに、「やっぱり健康で元気に過ごすことが一番」と実感される方もいるでしょう。

そこで、おすすめしたいのが**水中ウォーキング**です。温水プールは当然、一定の室温、水温が維持されています。真夏でも水は適度に冷たくて気持ちよく、真冬でも暖房が効いていて、快適なコンディションで運動ができるのです。

水中ウォーキングのメリットは、まだまだたくさんあります。

POINT 1 ケガをしない

年齢とともに不都合が出てきやすいのが膝・腰です。陸上で歩いているとき、膝には体重の約90％、股関節には約80％の負荷がかかっています。ジョギングでは、その負荷が約

4倍に増えるといわれています。ですから、無理にすれば逆に痛みが増してしまうなんてことも…。

そこで、水中ウォーキングの出番です。水中では身体に浮力がかかるので、膝や腰への負担は軽減されます。**腰より深い水深での荷重負荷は、体重の半分程度まで減る**のです。つまり、誰でも膝や腰に負担をかけずにウォーキングができます。

POINT 2 身体が柔らかくなる

年齢とともに体が硬くなったと実感されている方も多いですよね。とはいえ、特に生活に支障はないし、日ごろは柔軟性なんて気にしていないかもしれません。ところが、股関節周りの柔軟性は意外にも日常生活に影響しているのです。

たとえば、加齢とともに歩幅がせまくなり、すり足歩きになる方がいます。そういう歩き方は、膝に負担がかかり痛みの原因にもなります。また、股関節周辺には下半身へつながる血管があるので、筋肉が硬くなると血行が悪くなり、冷えやむくみを起こしやすいともいわれています。

やはり、ここでも水中ウォーキングの出番です。**股関節のストレッチには、ゆっくりと**

した大股歩きやがに股歩きがおすすめです。また、水中では股関節に限らず抗重力筋（姿勢を保持するために働く筋肉）が緩むため、ストレッチ効果も上がります。大股ならふくらはぎを、膝を胸に抱えてから前に出せば腰を伸ばすこともできます。

POINT 3 バランス感覚が向上する

高齢になると心配になるのが転倒です。転んで大腿骨を骨折して寝たきりになり、活動量が減って認知症などの一因になってしまう…という話をみなさんも聞いたことがあるのではないでしょうか。転倒を予防するためには筋力の低下を防ぐとともに、バランス能力も維持しなければなりません。

水中ウォーキングでは、浮力で身体が軽くなって不安定なうえに、水中で姿勢を保って動くには、バランスをとらなくてはなりません。そのため、**姿勢を保持する筋肉を無理なく鍛えられる**のです。大きな動作をすればするほど身体の不安定感は増すので、バランス能力が養われます。

POINT 4
癒される

これこそが最も重要なポイントでしょう。

働き方改革が提唱されて久しいですが、働きすぎであってもなくても、ちょっとギスギスした今の世の中、どなたも何かとストレスを感じていることでしょう。温泉でリラックスというのもよいですが、実は水中ウォーキングでも同じような効果が期待できるのです。

プール内では温泉と同様に、水圧によって毛細血管が刺激されます。水中では水深が深いところ、つまり足元の水圧がほかの部位より高いため、**脚に溜まりがちな血液の還流が促され、血液循環がよくなる効果があります。**血行がよくなれば、新陳代謝も高まり、老廃物が排出されてすっきりします。また、水中での浮遊感にもリラックス効果があるといわれています。このように、温泉と同じようなリラックス効果がプールでも得られるのです。

水中ウォーキングの種類

基本的な水中ウォーキングの種類には次のようなものがあります。

どれもストレッチも兼ねていますので、ストレッチしたい部位を意識して動作を行うことがおすすめです。手の動きと合わせることで上半身の筋力強化もできます。無理のない範囲で、自分の体と対話しながら行ってください。

ダイナミック・ウォーク

前歩き

ナチュラル・ウォーク

水中で普通に歩く方法です。かかと着地を意識することで、すねの前の筋肉を鍛えることができます。水中では、すべてかかと着地を意識することが重要です。高齢者特有のすり足歩きの予防になります。

ダイナミック・ウォーク

手を振りながら大きな歩幅で歩きます。股関節のストレッチを意識します。

アンバランス・ウォーク

右足と右手、左足と左手を同時に前に出して歩きます。

ボースハンド・スウィング・ウォーク

ノーハンド・ウォーク

手を振らないで歩きます。

ボースハンド・スウィング・ウォーク

両手同時に前後に大きく振りながら歩きます。掌の向きをいろいろ工夫すると、上半身の筋肉強化にもなります。

ニーアップ・ウォーク

膝を高く上げて歩きます。いろいろな手の振りを組み合わせることが可能です。

フロントキック・ウォーク

膝を高く上げ、さらに足の甲まで高く持ち上げてから着地します。

スケーター・ウォーク

スケートのように、右足は右斜め前に、左足は左斜め前に足を踏み出して歩きま

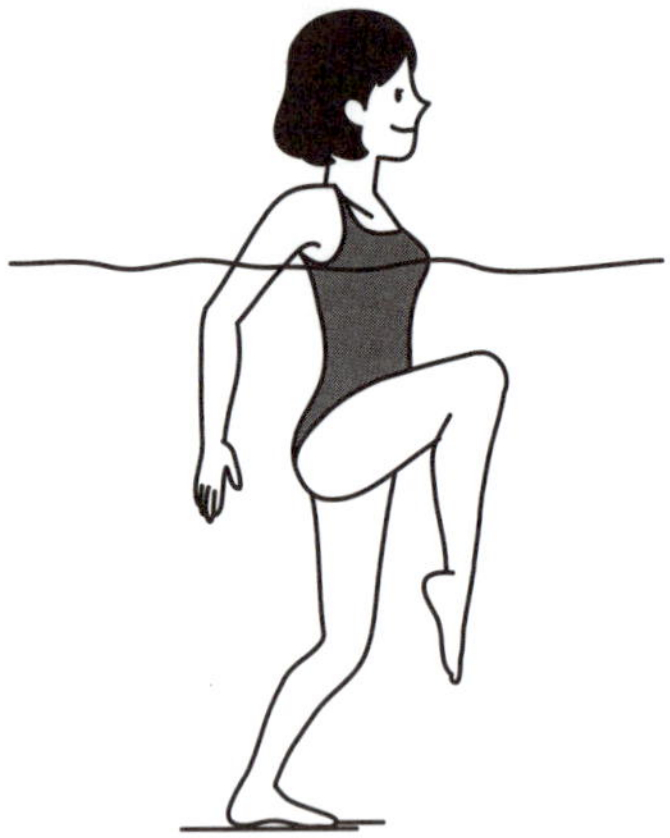

ニーアップ・ウォーク

す。踏み出す足と逆の手を前に出すパターンと、同じ側の手足を前に出すパターンがあります。

ニーアップ・スケーター・ウォーク

膝を高く上げながらスケーター・ウォークを行います。

レッグクロス・ウォーク

スケーター・ウォークとは逆に、右足は左斜め前に、左足は右斜め前に足を踏み出して歩きます。上半身でバランスをとってください。

ツイスト・ウォーク

歩きながら上半身をひねります。上半身はまっすぐ進行方向に向いたまま下半身をひねって歩くパターンもあります。

フロントキック・ウォーク

横歩き

サイド・ウォーク

いわゆるカニ歩きですが、すり足にならないようにします。股関節がストレッチされるのが実感できるでしょう。

レッグクロス・ウォーク

足を交差しながら歩きます。

ニーアップ・ウォーク

膝を高く上げながらサイド・ウォークを行います。

レッグクロス・ウォーク

後ろ歩き

バック・ウォーク
後ろ歩きに歩きます。
バッククロス・ウォーク
足を後ろで交差しながら歩きます。
ツイスト・ウォーク
前歩きのツイスト・ウォークを後ろ歩きで行います。
ニーアップ・ウォーク
一度膝を高く上げてから後ろに足を運びます。
レッグカール・ウォーク
膝を曲げ足の裏で水を押し上げてから後

ツイスト・ウォーク

ろに足を運びます。

多くのプールでは、水中ウォーキング用のレーンが分けて用意されていると思います。水中ウォーキングをはじめてみると、隣にスイスイ泳ぐ人がいるかもしれません。あなたも、せっかくプールに入っているのですから、ちょっと浮いてみませんか？　水中ウォーキングをやってみると、水との付き合い方はわかってきたと思います。

いきなり泳法を練習するのとは違い、水中の浮遊感や抵抗を知っているのはとても有利です。ぜひ、水中ウォーキングでプールデビューを済まされたあとは、新たなチャレンジとして水泳をはじめてみてはいかがでしょうか。泳げるようになるとまた別の世界が広がっていきますよ。

第6章

マスターズ水泳

マスターズ水泳のすすめ

水中ウォーキングと同様、水泳はケガが少なく子どもから高齢者までマイペースで楽しめるスポーツです。もちろんストレス解消にもなります。水泳というと子どものスポーツというイメージがあるかもしれませんが、まったくそんなことはありません。**オトナにはオトナの水泳の楽しみ方**があるのです。泳ぎたいけどなかなか踏み出せないという方はぜひ水泳をはじめてみませんか？

どうしたら水泳をはじめられるのでしょう？

水泳の初め方に決まりはありません。近所のスポーツクラブに入会するもよし、地元のプールに通うもよし、自治体が運営する水泳教室というものもあります。はじめるのに遅すぎることはありません。何といっても水泳は生涯スポーツなのですから。

オトナの水泳はのんびり水泳。ゆったり優雅に泳ぎたいものです。まずはプールの水に体をあずけて漂い、水に浮く感覚、浮遊感を楽しみつつ、ゆったりとした泳ぎを心がけ、水の流れを感じて癒しの時間をもってみて下さい。

水を感じてのんびり泳いでいれば、泳ぎ始めにその日の体調がわかるようになります。そのためには、**あまり真面目に取り組まないことが重要**です。身体を気持ちよくストレッチしてあげる、くらいの気分で泳ぐことをおすすめします。

また、プールに通ううちに仲間ができるというのもよくあることです。水につかったまま世間話ばかりで終わることもありますが、それもまたストレス解消です。**仲間ができてくると、忘年会、お花見…、を開いて盛り上がる**というのもよくある話です。職場の友人やママ友とはちょっと違う、年齢、性別に関係ない友達ができます。趣味を同じくする人たちとの交流は楽しいものです。

一方で、泳げるようになると、競泳4種目をきれいに泳げるようになりたい、もっと長く泳げるようになりたい…と、欲が出るらしく、体力が有り余っている方、水泳にハマってしまった方には、競泳大会（マスターズ大会）に出たり、長距離泳に目覚めてオープンウォータースイミングに挑戦する人もいます。水泳は奥も深いけれど、幅も広いのです。

泳げるようになったら、そんな挑戦もできるのです。さあ、プールへいきましょう！

マスターズ大会ってなんだろう

競泳の大会というと、オリンピックのような若いスイマーが活躍するものを想像する方がほとんどでしょう。しかし、そんな**競泳の世界の中高年版**があるのです。それが、マスターズ水泳です。

マスターズ水泳とは、一般的に日本マスターズ水泳協会の主催または公認する大会を指します。協会設立時（１９８４年）に開催された大会は数えるほどでしたが、30年以上の時間を経て、２０１７年には主催大会が５大会、公認大会が60大会近く開催されました。今では年間約１００大会が開催されていて、毎週のように日本のどこかでマスターズの水泳大会が行われています。

マスターズ大会では、**5歳刻みの区分**で順位を争います。同年代の中で競うので年齢を言い訳にすることはできません。ですが、同世代のライバルは同志ともなる大切な存在です。大会では、ほかのチームのうまい人の泳ぎが見られるのも刺激になります。

マスターズ大会に出場しよう

さて、近所で行われている大会を見つけたら、ぜひエントリーをしてみましょう。インターネットから申し込みができる大会もありますので、インターネットで調べてみて下さい。そして、大会にエントリーしてしまったら後へは引けません。大会を目標に練習することになります。でもそれが水泳を続けるモチベーションにもなります。普通に暮らしていたら味わえないドキドキ感が楽しめますよね。

スタート前の紹介や、「take your mark（用意）」の声、スタートの合図は、緊張しつつも、トップスイマーになったようで、ちょっといい気分です。スタートをすれば、あとは泳ぐだけです。うまく泳げても泳げなくても迷惑をかけるわけでもありません。つらかったら途中で棄権すればいいのです。そうやって次こそ、次こそと思ってやっているうち、やめられなくなっていくのでしょう。

大会にはリレーもあるので、チームの仲間で出場するのも楽しみです。混合リレーがありますので、夫婦や親子でリレーチームを組んでワイワイ楽しむこともできます。マスターズ大会は速い人ばかりではないので、遠慮は必要ありません。

出場者がみなキラキラ輝いているのが、マスターズ水泳の魅力を表していますね。

マスターズの最高峰は、**日本マスターズ水泳選手権大会（ジャパンマスターズ）**です。4～5日間にわたり開催される大きな大会ですが、県予選などもなく、50m、100m種目であれば参加制限もありません。**50m泳げれば、いきなり全国大会に出場できる**のです。8位までの入賞者へメダルが授与されますが、10年、20年、30年連続出場者を表彰するという制度もあります。マスターズスイマーには嬉しい制度ですね。

また、ウーマンズアクアフェスティバルという女性だけの大会もあります。これは参加者だけでなく競技役員も女性が務めています。和やかで温かい大会になっていて、有名選手の模範泳法や水泳教室などが実施されます。女性はデビュー戦にもってこいでしょう。

マスターズ大会に参加していると、いろいろな方と知り合いになります。近くの大会では常連さんと顔なじみになり、ジャパンマスターズでは遠方の知り合いができます。チームを超えた仲間ができるのも大会での交流があればこそです。ますます水泳仲間の輪が広がっていきます。

水泳は生涯スポーツといわれますが、マスターズ大会には18歳から100歳超（！）のスイマーが出場います。80歳以上のスイマーも山ほどいます。60歳、70歳などひよっ子ですね。

レジェンドスイマーには「喝」を入れてもらい、同世代には励まされ、若い人たちには羨ましさを感じると同時に元気をもらえます。やはり健康でなければ大会には出場できませんので、日ごろから体調に気をつけるようになります。家族が応援してくれなければ大会参加どころか水泳することもままなりません。そのことにも感謝しつつ、ぜひ、マスターズ大会に参加してみましょう。

歳をとっても若々しい方に元気の秘訣を尋ねると、**「好奇心をもつこと」「チャレンジすること」**という答えが返ってきます。新たに泳ぎに挑戦することも、刺激的な日々をもたらしてくれるでしょう。水泳仲間との交流も、日々を豊かなものにしてくれます。

「若いうちはお金を増やせ。歳をとったら友人を増やせ」という言葉を聞いたことがありますが、まさにそのとおり。そのためにも、ケガが少なく体に無理なく続けられるスポーツとして水泳はうってつけなのです。

第7章
オープンウォータースイミング

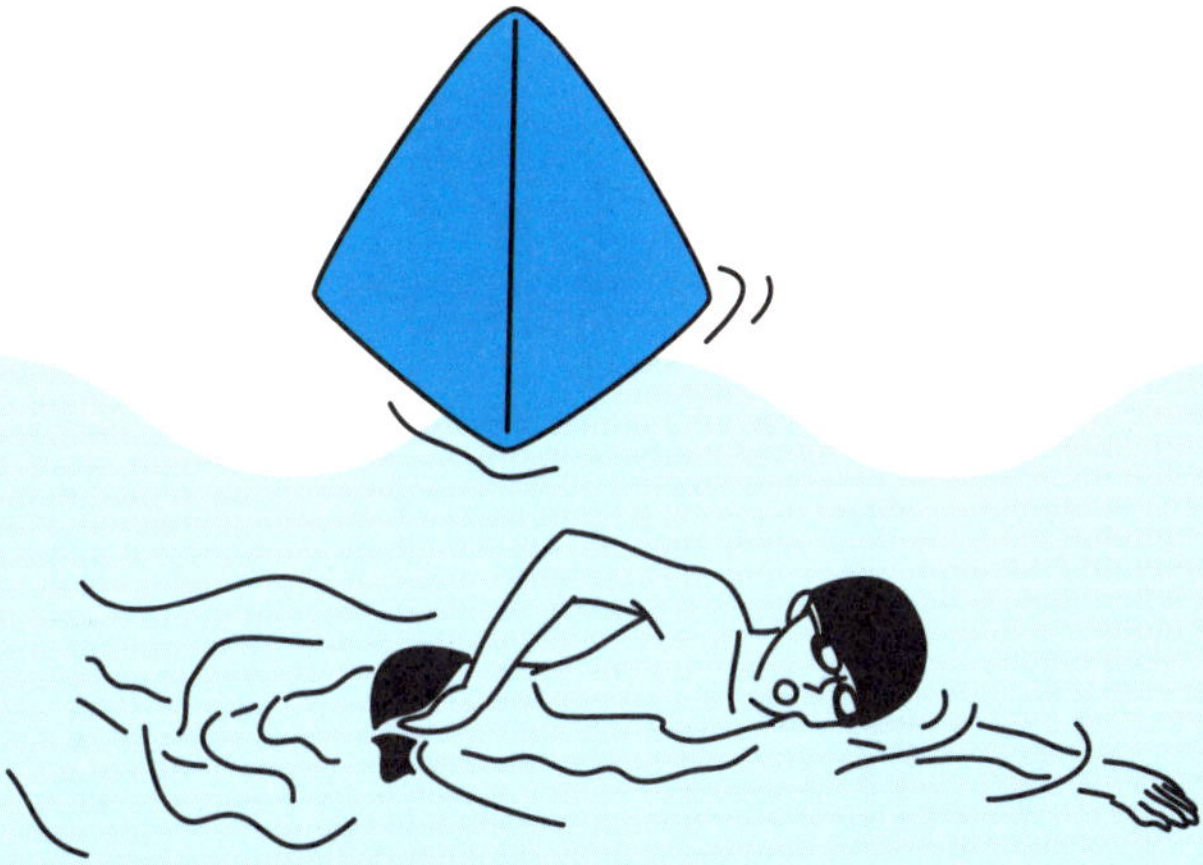

オープンウォータースイミングのすすめ

海やプールで泳ぎ慣れた人にぜひおすすめしたいのが、**オープンウォータースイミング（OWS）**です。オープンウォータースイミングとは、海・河川・湖沼などで、決められたコースを泳ぎながら順位を競う競技です。

競技中の泳ぎ方は自由ですが、多くの選手がクロールで泳ぎます。地上のマラソンと同様に一斉マススタートではじまり、先頭集団が自然とできあがります。そこから力のある選手が抜け出し、デッドヒートを繰り広げながら、10㎞で2時間強のレースが終わります。最後はビデオ判定に持ち込まれることが多いほど白熱した戦いが起きます。五輪におけるOWS競技10㎞は、地上のフルマラソンに近い記録時間であることから**マラソンスイミング**といわれています。

一般の愛好家は、国内各地の大会にエントリーしてOWS競技を楽しんでいます。海での自分の力を試してみたいと思う方は、OWS大会にエントリーしてみてください。一般向けには1㎞以下の小学生も出場できるような枠から、2㎞、3㎞、5㎞など、その土地の特性に合わせた個性豊かなコースと規模で大会が開かれています。興味のある方は、日本水泳連盟のホームページから案内をご覧ください。年齢年代別の年間ポイントランキング制度もあり、シーズン終了時には表彰もあります。老若男女を問わず腕に自信のある方はぜひチャレンジしてみてください。

OWSのはじまり

水泳の歴史というのは実に古いもので、およそ9000年前のエジプトの壁画には人が泳ぐ姿が描かれています。日本でも5000年ほど前の縄文時代に海女の痕跡があり、その舞台は湖沼や河川、海など自然環境そのものでした。水泳で競争するようになったのはほんの数百年前からです。

では、OWSがはじまったのはいつからでしょうか。

1838年、ロンドンでの競技会が近代水泳の起源といわれています。その後、1896年の第1回近代五輪で水泳（競泳）は正式種目となりました。OWSが五輪種目になったのが2008年ですから、**もともと自然のなかで泳ぐことからはじまった水泳**

が、五輪種目として改めて自然環境下で泳ぐようになるまで100年の年月を要したことになります。

ルールの統一と競技の高速化

世界では、以前からさまざまな形で海や湖などを泳ぐ競技会が行われていましたが、国際水泳連盟（FINA）によってOWSのルールが策定されたのが1980年代です。この後、欧米やオーストラリアなどで人気種目にまで発展し、1991年には世界水泳、2008年にはようやく北京五輪で正式種目となっています。特にオリンピックの正式種目化によって長距離の競泳選手の流入がおこり、競技の高速化がみられ、世界的な注目を浴びるようになりました。

日本のOWS

日本国内で初のFINAルールに則った大会は1996年の福岡国際OWS競技大会で

す。その翌年にはパンパシフィック選手権（福岡）も開催されました。2000年以降になると「OWSジャパンオープン館山」が開催され、いまは場所をお台場海浜公園や館山（千葉）で、「日本選手権水泳競技大会OWS競技」として行われています。

また、日本水泳連盟「認定OWSサーキットシリーズ」もあり、一般愛好者が年間ポイント表彰制度などを楽しみながら競い合う土壌も形成されてきています。

OWSには魅力がたくさん

では、OWSの魅力とはいったい何でしょうか？

ほかの競技と大きく違う点は、地球そのものを会場としていることです。コースはその競技ごとに設定され、2つと同じコースはありません。海であればなおさら、潮流・波・風・水温・水中生物…など、挙げきれないほどの違いがあり、これらはレース中にも変化し続けます。

コースには、ブイを周回するコースもあれば、「あの島まで」というような片道コースもあり、大会ごとに千差万別です。ヨットなど自然環境に左右される競技は多くありますが、ＯＷＳは水着1枚で生身の人間が地球と一体となって、その日そのときの状況に合わせて競技が行われるというのが大きな特徴です。**地球を肌で感じ、戯れながら戦いを繰り広げる競技**はほかにないでしょう。これがＯＷＳの最大の魅力ではないでしょうか。

また、もう1つの特徴として「タイム」に世界記録という意識がありません。コースも違えば、海の状況も違うため、タイムはその大会のみで通用する参考値のようなものです。1位か2位か…というゴール順位を純粋に競う競技であり、過去の記録を横並びに比較することはできないのです。

ＯＷＳをはじめてみよう

ＯＷＳはトップスイマーにとっては五輪競技ですが、ほとんどの方には心身の向上、健康維持ためのレクリエーションであり、これが水泳ニッポンの根幹になればいいと思います。国民皆泳をスローガンに、もっと自然環境を生活に取り込み、泳ぐことを健康増進に役立ててほしいと日本水泳連盟では考えています。ＯＷＳの普及は、国民の健康維持につながるのです。

ここでは、一般愛好者の方がすぐに参加できるプログラムや、ＯＷＳ競技の基本を知るための情報をいくつかご紹介します。

ＯＷＳスイムクリニック

自然環境下で泳ぐために必要なノウハウを認定ＯＷＳ指導員がわかりやすく教えてくれる練習会です。日本水泳連盟のホームページに詳細が掲載されています。

ＯＷＳ検定制度

クリニックで練習した成果を検定という形で確認できる検定制度です。５～１級まであり、ＯＷＳのスキルを上げることによって、安全性の向上につなげることが狙いです。

日本水泳連盟ＯＷＳ競技規則

ＦＩＮＡのＯＷＳ競技規則に沿って、日本水泳連盟がまとめたルールブックです。日本水泳連盟ホームページからダウンロードできます。

ＯＷＳ競技に関する安全対策ガイドライン

ＯＷＳにおける溺水事故の防止を目的として策定されたガイドラインです。自然環境に飛び出す前にぜひ一読しておきたい内容です。日本水泳連盟ホームページからダウンロードできます。

認定ＯＷＳ競技会と認定ＯＷＳサーキットシリーズ

所定の条件をみたした競技会を「認定ＯＷＳ競技会」として、全国の認定大会でポイントを獲得しながら年間ランキングを競う「認定ＯＷＳサーキットシリーズ」です。一般愛好者が挑戦できるこれらの各地認定大会は、ＯＷＳの普及にとって大きな柱となっています。

認定ＯＷＳ指導員制度

ＯＷＳ指導者の養成を目的として策定されました。学科、実技、検定を受講し、合格した者に与えられる指導員資格です。

ＯＷＳ競技公認審判員資格制度

日本水泳連盟の競技役員である者が、所定の学科、実技、試験を受講し、合格した者に与えられる審判員の資格です。Ｃ～Ａ級があります。

ＯＷＳの競技

競技も多種多様

競技会の距離はさまざまです。サーキットシリーズで最も多い距離は５㎞ですが、２㎞、３㎞などもあります。また、５００ｍ、１㎞のようなジュニアの部を設けている大会もあります。オリンピックは10㎞のみで、この10㎞の競技だけは、「マラソンスイミング（ＭＳＷ）」という名称で呼びます。海外にはより長い距離もあり、25㎞などになると、１人の選手に1隻の動力船が伴走することが義務づけられるなど、安全対策の規定も大きく異なります。

主なルール

スタートとゴールは地上のマラソンをイメージするとわかりやすいでしょう。横1列に整列してスタートする場合もあれば、出場者が多くマススタートとなると、前と後ろで10秒以上スタートに差が出る場合もあります。水に浮かんだ壇上（ポンツーン）から飛び込むスタートもあれば、水中で浮きながら待機して合図とともに泳ぎ始めるスタートもあります。

決められたコースには、目標となる大きいターンブイが浮かんでいて、第1ブイ、第2ブイと回りながらコースを進んでいきます。ターンブイの間に、方向を示すための小さなガイドブイが設置されていることもあります。

FINAルールに則った認定大会では年齢制限があり、その年の年末時点（満年齢）で14歳以上であることが条件です。水深は常に1・4m以上、水温は16~31度と決められており、水温が低い場合はウエットスーツを着なければなりません。ゴールには5m幅以上のタッチ板が水面上に垂直に設置されており、手首や腕で確実にタッチした順位が有効な記録とされます。

泳ぎ方はフリースタイルです。途中で泳法を変えても、途中で立っても問題ありませんが、再び泳ぎ始めるときは、海底を蹴る、物をつかむなどの推進力を得てスタートしてはいけません。違反行為があると審判艇からイエローカードやレッドカードが出され、レッドカードは失格です。

10㎞以上の競技では給水エリアが設けられています。選手は竿の先に取り付けられた飲み物等を泳ぎながらつかみ取り、摂取します。

決められた制限時間を超えてしまった場合はその場で競技終了となり、船に上げられてしまうか、ゴールまで泳いでも記録にはなりません。

OWSの泳ぎ方のコツ

POINT 1 ドルフィニング

OWSでは波の影響を体で受けることが多々ありますが、その波をかわすために有効となるのがドルフィニングです。クロールなどで泳いだまま波にぶつかると、波に乗り上げてしまって押し返されることもあります。

そこで、**波の力が最も弱い、波の付け根付近をめがけてバタフライのイルカ飛び動作**を行います。指先から水面に突き刺すようにエントリーして一瞬潜水すると、波の影響を受けずに大きな波でも簡単にかわすことができます。自然に逆らわずにスムーズに沖に出るための覚えておきたいテクニックです。

POINT 2 ヘッドアップクロール

クロールのリズムを崩すことなく、ブイを視認しながら、コースを最短距離で泳ぐために必須となるのが**ヘッドアップクロール（顔上げクロール）**です。海にはプールのような水底のラインやコースロープがありませんので、通常のクロールではまっすぐに泳ぐことはできません。

そのため、一瞬顔を上げて（ヘッドアップ）、ブイなどの目標物を確認するという動作を繰り返して泳ぐ必要があります。

顔を上げる目安は6～10回のストロークにつき1回です。ＯＷＳは非常に長丁場ですから、レース後半の疲労が溜まってきたときに、正確なヘッドアップクロールができるかどうかが勝負の分かれ道にもなってきます。コツは、ヘッドアップと呼吸を同時にするのではなく、「ヘッドアップは視認」「呼吸動作は呼吸」と、それぞれの動作を分けて行うことです。おすすめの方法は、**通常の呼吸はいつもどおりに行い、呼吸と反対側の腕をかくタイミングでヘッドアップを行う**というものです。こうすれば呼吸もヘッドアップのどちらも余裕をもってできるでしょう。

POINT 3 左右呼吸クロール

OWSでは視野を広く保つことが重要です。周りの選手との位置関係を把握することで、ほかの選手との接触を避け、レースを有利に展開させることにもつながります。そのために有効なのが**左右呼吸クロール**です。右か左一方ではなく両方で呼吸できるようにすることで、視野を保ちながら、波や風の裏側で呼吸を確保することもできます。普段プールで泳ぐ際も、得意な側だけではなく、逆側でも無理なくできるようにトレーニングしておくようにしましょう。

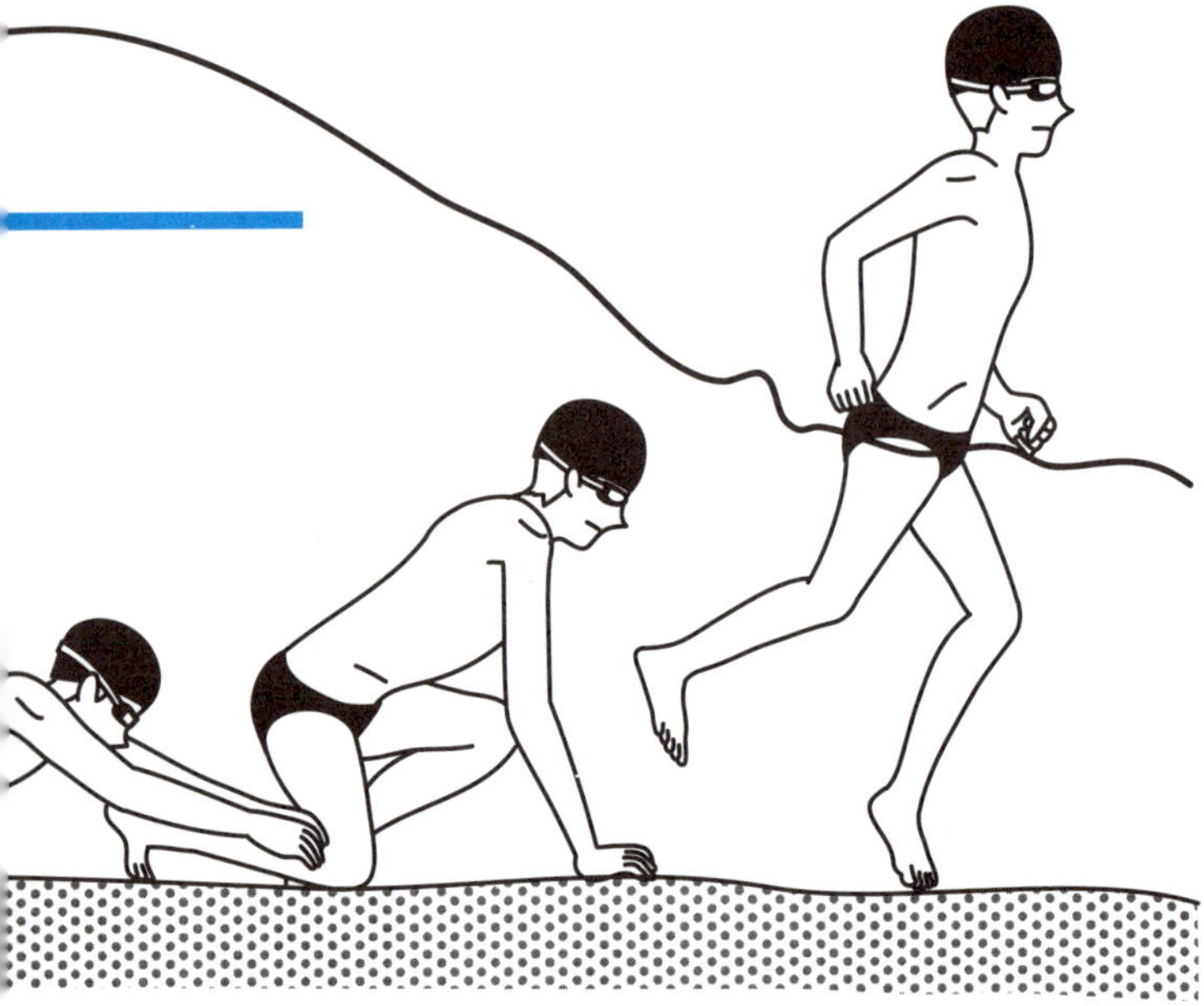

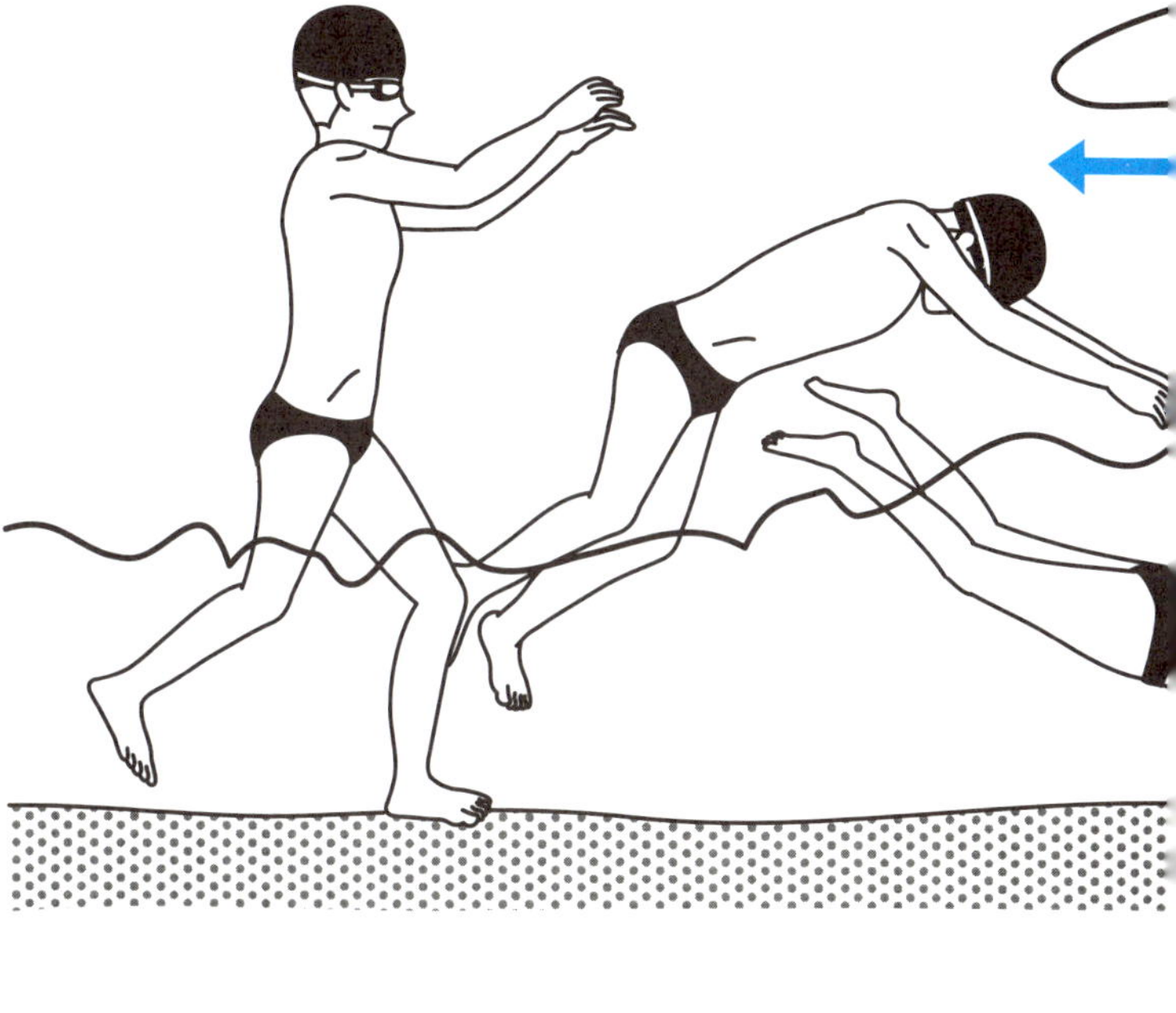

ドルフィニング

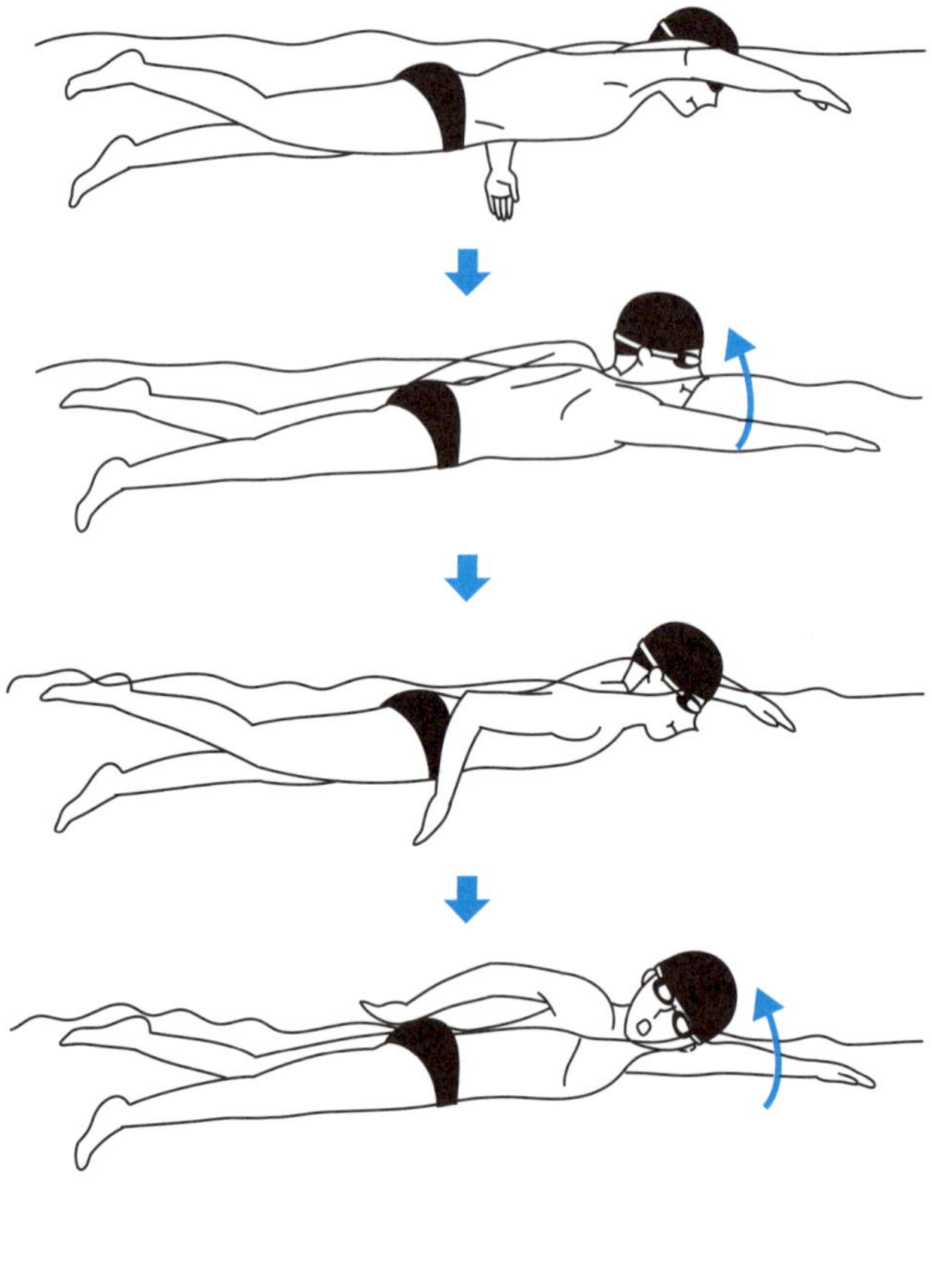

ヘッドアップ・クロール

POINT 4
ブイ周り

ブイをすばやくターンすることはOWSにおいて非常に大切です。しかし、クロールはまっすぐ泳ぐ泳法なので、普通に回ろうとすると大回りになってしまいます。

そんなときに有効なのは、**片手クロール**です。ブイに近づいたら、**曲がる方向と反対側の腕のみストロークし、ブイに背中を向けるくらい体を傾けます。外側の腕は、手漕ぎボートで片方だけパドルするようなイメージで外側をかき、内側の腕は曲がる方向へ向くようにしましょう。**

ただし、ブイ周りは同レベルの選手が一気に集まるため、選手たち同士で渋滞が発生しやすい場所でもあります。その結果、スピードを落とすために平泳ぎをする選手が多くなってしまい、接触などの危険も高まります。そのため、ヘッドアップクロールなどで事前にブイの周りの状況を把握して、場合によっては大きく迂回することも1つの選択肢だといえるでしょう。

また、ブイをクリアしたからといって安心してはいけません。ブイ周りは方向感覚を見失いがちですから、次のブイをヘッドアップで確認することも忘れないようにしましょ

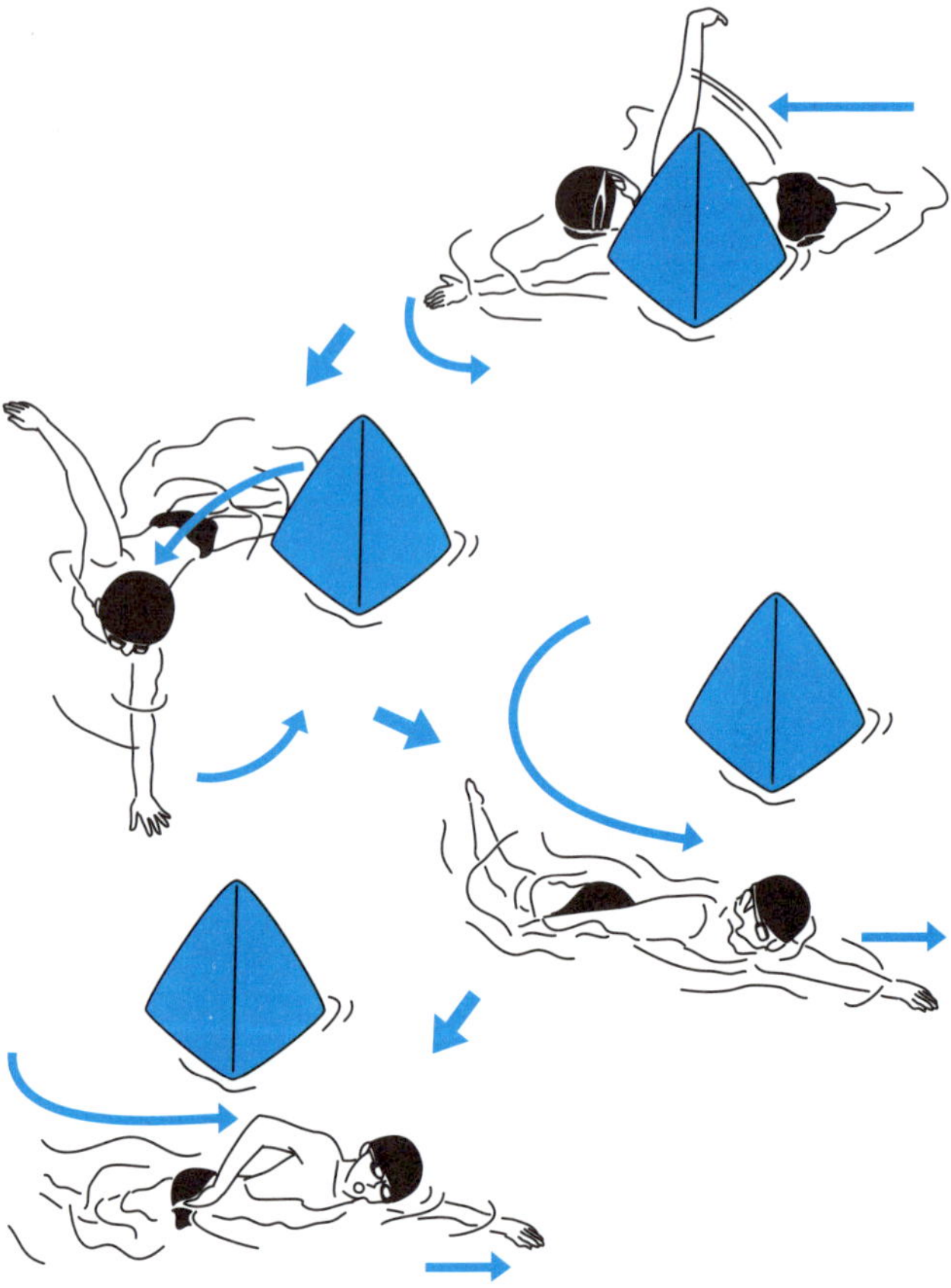

ブイ周り

う。

POINT 5 自己保全浮き（背浮き・立ち泳ぎ）

水温や水深の急激な変化、ほかの選手やクラゲとの接触など、想像もしていなかったことがＯＷＳではしばしばおこり、動揺してしまうこともあるでしょう。そのような、いつもより息苦しさを感じたり、体調不良で体に異変を感じた場合などに役立つのが**自己保全浮き（背浮き・立ち泳ぎ）**です。

自己保全浮きは安全水泳の章で説明した「浮き身」と同じです。体がもともともつ浮力を生かして、顔を上に向けて呼吸をしっかり確保します。体の動きを最小限にして呼吸に集中し、体はリラックスしましょう。しばらく深呼吸を続けるとしだいに心拍も落ち着いてきます。呼吸が回復したら体を起こし立ち泳ぎに変えましょう。まさに安全水泳ですね。この動作を覚えておくことでパニックを起こさずに安全にＯＷＳを楽しむことができるようになります。

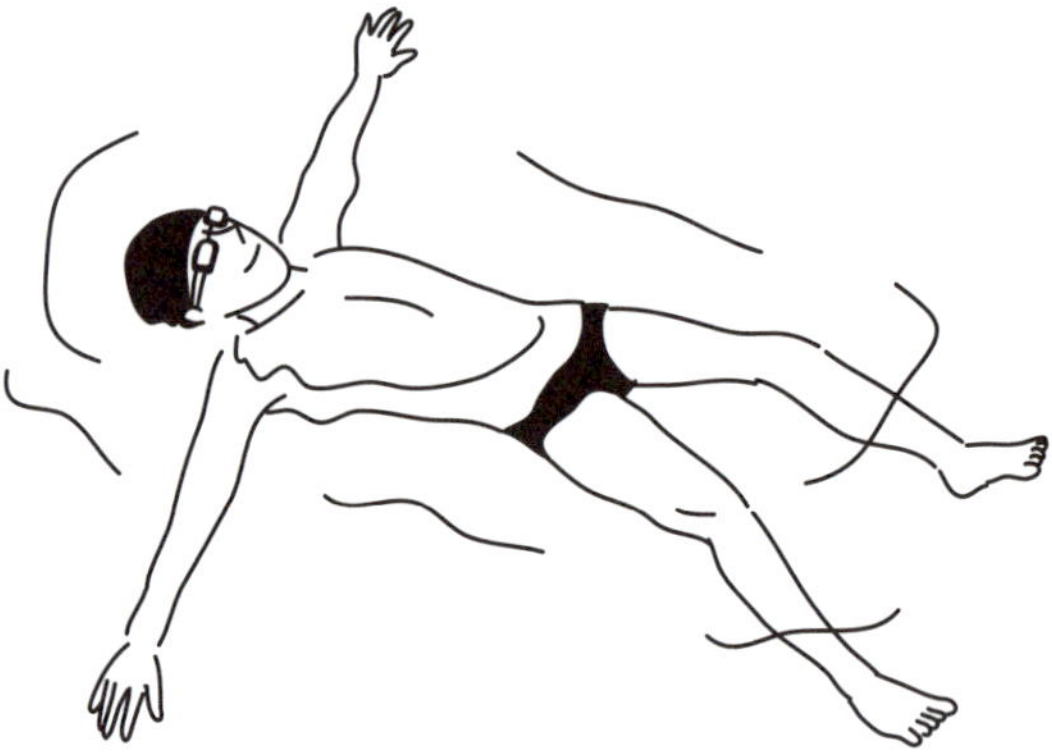

立ち泳ぎ・自己保全浮き

OWSの心がまえ

みなさんもOWSに出場したくなったら、ぜひエントリーしてみましょう。

しかし、「せっかく海で泳ぐから」「のんびり泳ぐから大丈夫」…と、つい背伸びをして、無理をするのは禁物です。プールでも経験したことのない長距離にエントリーすることは避け、経験や泳力に合った距離を選択するようにしましょう。

目安は、**プールでの泳力の3割減程度**で考えてください。例えば、OWSで1500mにエントリーするのであれば、プールでは2000m程度を連続で泳げるようになっておくようにしましょう。実際にOWS相当の距離をプールで泳いでみると、疲労感や空腹感、筋肉の痛み、関節の違和感など、これまで感じたことのないような異変に気づくこともあると思います。楽しむためのOWSで辛い思いしないためにも、距離は慎重に選びましょう。

出場種目が決まったら、プールでトレーニングを十分に行い、レース前には実際に海でも泳ぎ、プールと海との感覚の違いを体に覚え込ませておくことが重要です。もちろん、海では1人で泳がないこと、ライフガードなどが監視している遊泳区域内でルールを守って泳がなければなりません。

自己責任による安全管理

自然環境下で行われるＯＷＳでは、自分の身は自分で守ることが大前提です。レース中は何があっても対処ができるように、気持ちに余裕をもって泳ぐことが大切です。ほかの選手に行く手を阻まれ思うように泳げなかったり、接触したりといった状況でも、平常心を保ち、いつでも冷静な判断ができるペースで泳ぐことがよい結果につながります。

また、自分に振りかかるリスクもしっかりと頭に入れて、何か体に異変を感じた場合には、無理はせずに勇気をもってリタイアを選択することも、選手の心得として大切です。

レース当日に関して特に注意すべき点をいくつか挙げてみます。

- スタート前は、体力の消耗を防ぐため直射日光や気温が高い場所を避けましょう。
- パフォーマンスを十分に発揮するため、水分不足には気をつけましょう。

・スタート直後、周りにのまれてオーバーペースになり、それによって心拍が急上昇して起こる、浅く速い呼吸には注意しましょう。
・ほかの選手との接触を避け、混み合っている集団では平泳ぎのキックに注意しましょう。
・脚のけいれんや低水温による我慢できない寒さを感じたときは無理をしないようにしましょう。
・一般的なレースでは、ビーチに上がりゲートを通過したときに着順が決まるレースも多いです。ゴール手前で立ち上がり、泳いでいた状態から一気に陸に上がることで、体は重く感じ、加えてレースの疲労から足がふらつき転倒する選手も多くみられます。ゆっくり歩いて余裕のゴールを決めましょう。

そのほかにも、睡眠不足での参加は控えること、毒性のある水中生物との遭遇する場合もあるなど、海で泳ぐことは楽しい反面、さまざまなリスクがあります。それらを理解したうえでレースに望むことが大切です。

世界のOWS

OWSは世界中で親しまれており、各地でさまざまなレース形態がとられています。オーストラリアでは、夏になると毎週末にレースが行われるほどOWSがなじみ深いスポーツとなっています。沖から浜においてある賞金をめがけて泳ぐ「Dash to Cash」など、ルールにも趣向が凝らされたレースも数多くあります。また、選手の強化にも力を入れていて、競泳の選手は強化の一環として子どものころからOWSにも出場しているようです。

先に述べたとおり、OWSは2008年の北京五輪から正式種目となり、競泳選手の参入も増えて競技の高速化が進んでいます。実際、リオ五輪の競泳1500m自由形金メダリスト、グレゴリオ・パルトリニエリ選手は2017年のユニバーシアード大会で競泳1500m自由形とOWS10㎞の両方で優勝を果たしました。

パルトリニエリ選手は、インタビューで「OWS10㎞と競泳1500mのトレーニング方法に大きな違いはない」と述べています。ＯＷＳが速くなるには、まずは泳力をつけることが重要です。競泳に比べるとＯＷＳの方が距離が長いですから、レース中の身体的・精神的負荷は大きいですが、競泳選手がＯＷＳに挑戦することで競泳にも得られるものがあるのではないでしょうか。

現在の五輪種目は10㎞のみですが、世界選手権では４名×１・25㎞のリレーが導入されています。今後はリレーが五輪種目として導入される可能性もあり、レースの高速化はより一層進むと思われます。

何よりＯＷＳは自然のなかで泳ぐスポーツです。そこには競泳とは異なる楽しさがあります。みなさんも、泳ぐということを大きくとらえ、ＯＷＳなどにも積極的にチャレンジし、ご自身の楽しみ方を探してほしいと思います。

本章ではＯＷＳの世界を少しだけかいつまんでご紹介しました。これからＯＷＳの世界に挑戦してみようと思った方は、より詳しく書かれている『オープンウォータースイミング教本』（大修館書店）をぜひご一読ください。しかし、くれぐれも自分の体調をよく考えて、万全なコンディションのときだけ海に入るようにしましょう。**自身の安全管理が最も重要**であることを忘れずに、ＯＷＳを楽しんでほしいと思います。

COLUMN

初心者向け OWS メニュー

40 分～ 1 時間程度のプールでの練習メニューをご紹介します。以下のメニューを日毎に変えながら行うと効果的です。①と②をはじめに行い、その後は A ～ D の中から 2～4 つのメニューを組み合わせて練習してみましょう。

①ウォーミングアップ（10 分程度）

ストレッチ、水中ウォーキング、けのび、面かぶりキックなど、自由に身体を動かしながら水に体を慣らす。

②ゆっくりクロール（15～30 分間泳）

できるだけゆっくり泳ぐ。苦しいときや途中休みをする場合は、立ち止まらずに歩いたりして体を動かし続ける。

A 顔上げ平泳ぎ（ばた足キック）

顔上げ平泳ぎ（ばた足キック）ができれば、クロール→顔上げ平泳ぎ→クロールを練習する（25m を 2 ～ 4 回）。

B 背浮き

安全水泳で学んだ「浮き身」をします。身体が沈む場合は浮かせるためのキックを軽く打ちます。クロール→背浮き→クロールをスムーズにできるように練習します（25m を 2 ～ 4 回）。

C 両側呼吸クロール

腕を 1 回まわしたら「1」、反対を回したら「2」、その次が「3」と頭の中でカウントしながら泳ぎ、「3」にあわせて呼吸をするようにすると、交互に両側呼吸ができます（25m を 4 ～ 8 回）。

D 顔上げクロール

前方に顔を上げてクロールで泳ぎます。呼吸は通常のクロールのように横に顔を寝かせて行い、呼吸が終えたら前方へ顔上げをします。はじめはリズムが早くなりがちですが、顔上げと呼吸を正確にゆっくりとできるようにします。クロール 25m の中で 3 回程度、顔上げ動作を入れるなどしながら練習します（25m を 4 ～ 6 回）。

第8章
水球

水球ってどんなスポーツだろう

みなさんは**ポセイドンジャパン**という言葉を聞いたことがあるでしょうか？聞いたことがないという方はぜひ覚えてくださいね。水球日本代表チームの呼び名です。リオ五輪に32年ぶりに日本代表が出場したことで一躍脚光を浴びました。しかし、水球という競技の存在は知っているけれどもルールはよく知らないという方がほとんどではないでしょうか。

水球は足が床につかないプールで行われます。浮いて泳ぐだけでも大変ですが、そこに**パスやシュートといった球技の要素**が加わり、厳しい中で的確な状況判断が要求される激しいスポーツなのです。

水球の公式ルールでは、常に浮いていなければなりませんが（水深1・8m以上のプールを使用）、いきなりそんなことをするのは難しいので、さまざまな国で初心者向けの簡易型ルールが開発されています。ヨーロッパなどの国民的スポーツとして水球が盛んな国では、小さい頃は簡易型ゲームに親しみ、徐々に水球にはまり込んでいくのです。

ここでは、水球の醍醐味を感じられるように日本水泳連盟によって開発された「アクアゲーム（簡易型水球）」を中心に水球の魅力を紹介します。

アクアゲームをやってみよう

文部科学省の「スポーツ立国戦略」を受け、日本水泳連盟では国民一人一人の生き方やライフステージに応じた水中スポーツの機会提供を目指しています。そして、その一環として開発されたのが「アクアゲーム」です。子どもから高齢者まで無理なく始められ、安全に水中でボールゲームを楽しむための簡易的水球のゲームです。

アクアゲームは、「友達を信頼するチームビルディング」「自分たちで考える力の養成」「アクアゲームの先の目標設定」「チーム意識を高める対外試合」の4つの方針から構成されています。技術練習のバリエーションも豊富で、小学校低学年・高学年向けといった指導プログラムのほか、インストラクター派遣も行うなどの手厚いサポート体制が敷かれています。

日本の場合、高校には水球部を有する学校も多数ありますが、中学校や小学校にはほと

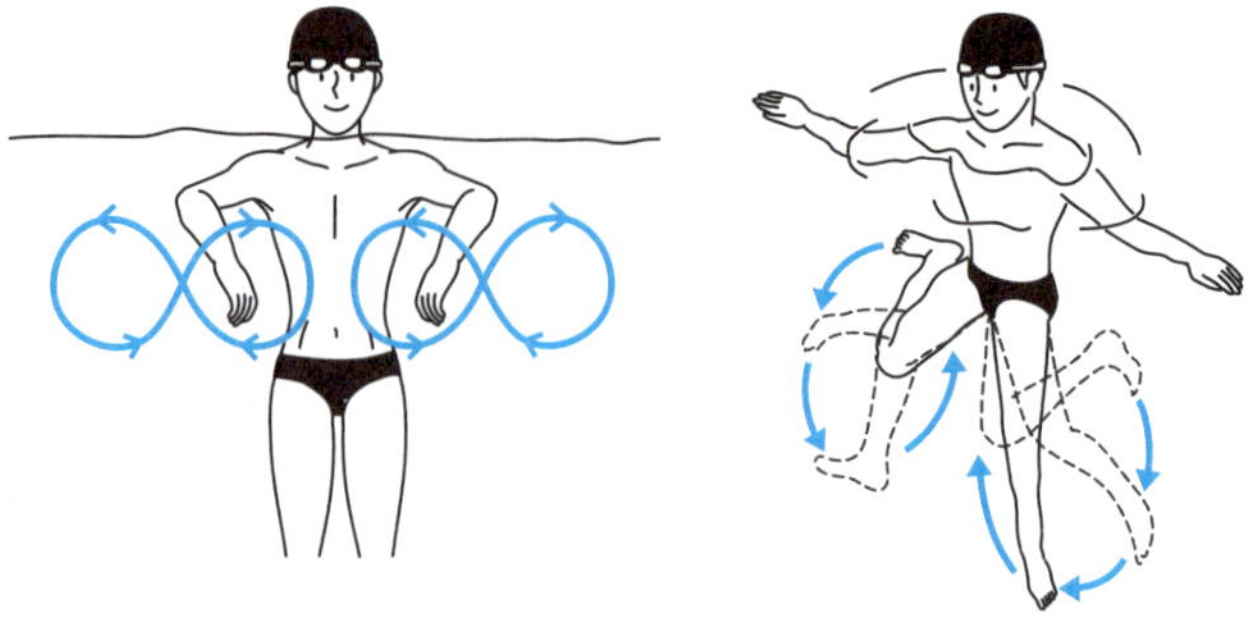

スカーリングと巻き足

んどないのが現状です。日本はスポーツと学校教育の結びつきが強いので、学校にアクアゲームを広げることによって水球を身近に感じる子どもが増えてくれれば、それほど嬉しいことはありません。

ゲームをより面白くするテクニック

POINT 1 スカーリングと巻き足

ボールを投げるなどの球技動作をするためには、体を立てる技術が必要です。「安全水泳」の章で解説した**巻き足**と**スカーリング**ができるようになりましょう。

POINT 2 ヘッドアップスイム

ヘッドアップスイムとは、その名のとおり顔をあげて

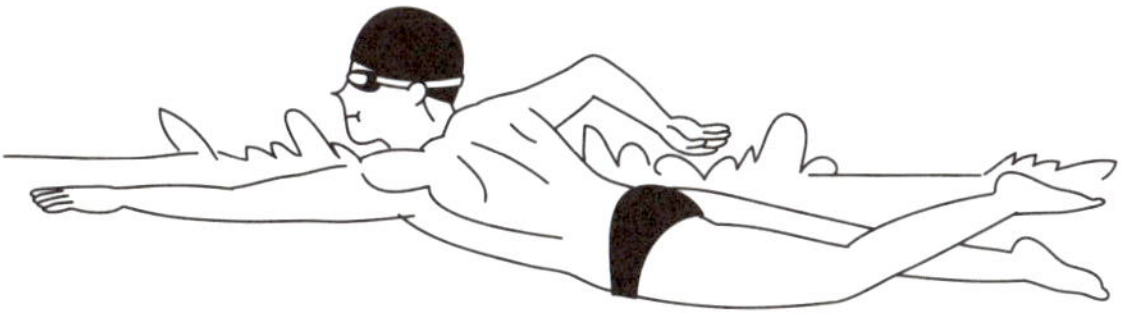

ヘッドアップスイム

泳ぐ方法です。周りを見て状況を判断しながら進む際に必要となります。まずはゴーグルを水上に出して目の前にあるボールを見て泳いでみましょう。そこから徐々に顔の高さをあげて、イルカのように鼻先でボールを押すようにして泳ぐことができるようになればOKです。グライド（手を前方へ伸ばすこと）を短くして、エントリーした手ですぐにキャッチポジションまで動かすことがポイントです。

次のページに水球が上手になるための練習メニューを紹介しています。ぜひやってみて下さい。

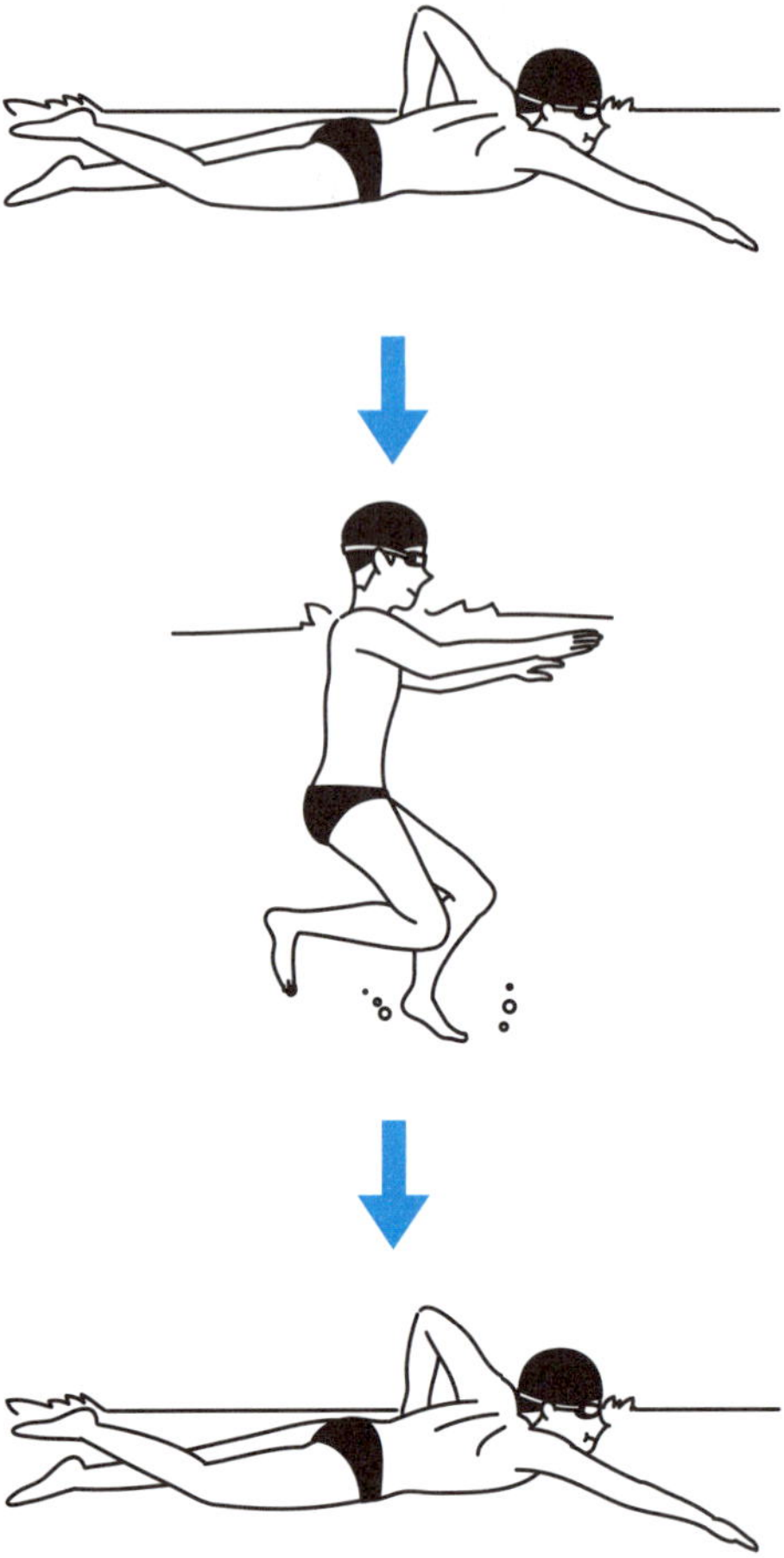

練習メニュー：ストップ&ゴー

泳ぐ→立ち止まる→泳ぐという動きを素早く行う

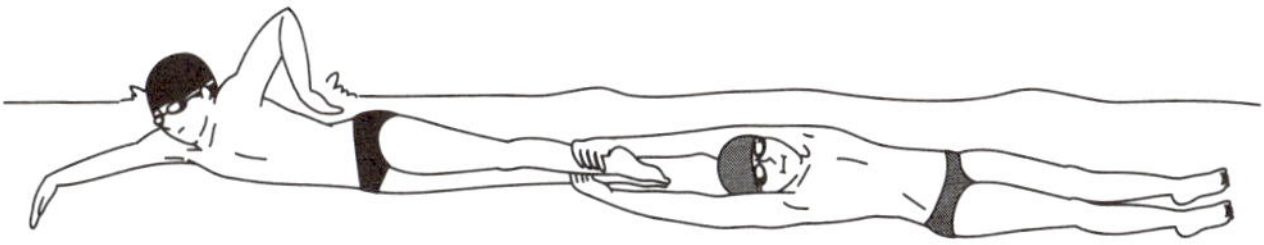

練習メニュー：パートナーを引っ張る

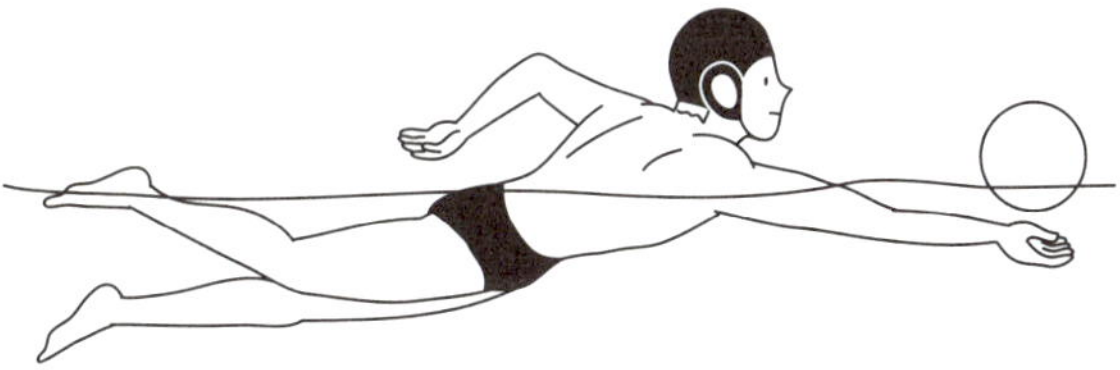

練習メニュー：ドリブル

POINT 3

パス

パスはあらゆる球技において重要となる技術です。よいパスはよいシュートにつながりますが、パスのミスは相手のチャンスにもつながってしまいます。だからこそ、パス練習はしっかりと時間をかけて行いましょう。

公式ルールでは、ゴールキーパー以外の選手がボールを両手で持つのは反則です。しかし、いきなり片手ですべてのプレーを行うのは難しいので、「ボールを両手で持ってもいい」というルールから始め、できるようになってきたら「ボールキャッチは両手でもいいが、投げるときは片手」のように、段階的にルールを調節するといいでしょう。

ボールを投げる経験があまりない方は、楽しみながらボールに慣れることから始めましょう。狙った場所にボールが届く楽しさを味わってみてください。水中は水の抵抗があるため、野球のピッチャーのような体のひねりを利用した投球を行うのが難しいです。3～5m程度の短い距離から、**手首のスナップを使って**正確なパスが投げられるように練習しましょう。「身体の大きなひねりを使わずに」パスができるようになればバッチリです。また、**ボールが最後に中指から離れる**ように投げられれば、適度なバックスピンがか

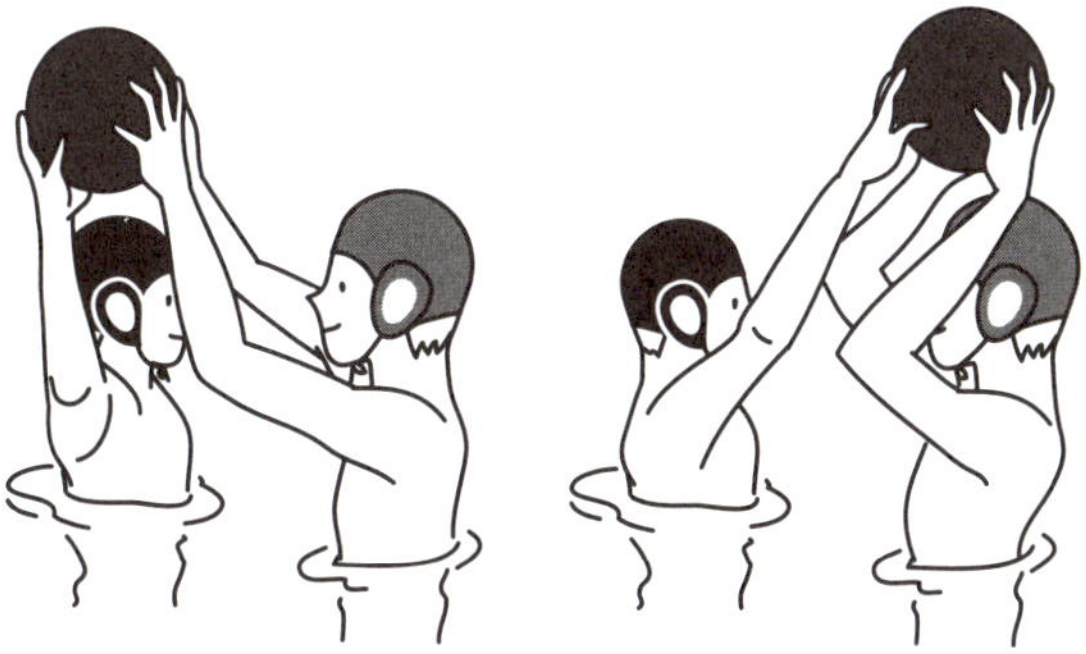

練習メニュー：ボールに慣れるための押し引き

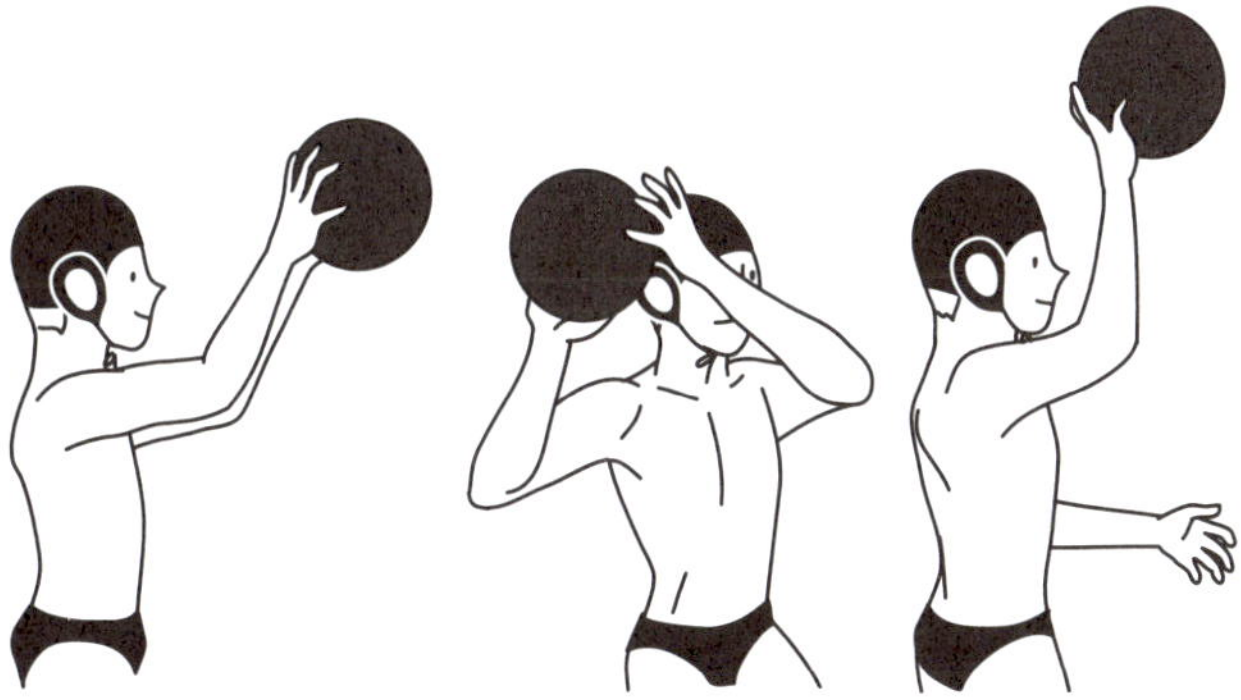

練習メニュー：両手で取ってすぐに片手で投げる

かるため、軌道が横にぶれることもなく味方の選手が受け取りやすいパスになります。ボールもさまざまな大きさ・重さのボールを使用して練習することで、ボールを正確に投げる感覚が研ぎ澄まされていくので、いろいろなボールで投げてみましょう。

POINT 4 ボールキャッチ

ボールキャッチは、飛んでくるボールに手のひらを向けて、**ボールの勢いを吸収するように腕を後方に引きながらキャッチ**するのがポイントです。この動作がテイクバック（投げるために腕を後ろへ引くこと）となり、次のパスやシュートを素早くできるようになります。

また、ボールが水面でバウンドすると、水が跳ねて一緒に顔に飛んでくることがあります。水しぶきが苦手な方もいるかもしれませんが、ボールに夢中になるうちに、いつしか気にならなくなると思います。

POINT 5 シュート

子どもも大人もシュートが大好きです。ゴールキーパーの腕をボールが抜けてシュートが決まり、観客が歓声をあげる瞬間は、誰もが夢見る最高の瞬間でしょう。

シュートがうまくなるコツは、**スピードよりも精度をあげる**ことです。速いシュートに憧れる気持ちはわかりますが、まずは狙ったところに正確に投げられるように練習するようにしましょう。

シュートには、手首、肘、体幹など、注意すべきポイントがいくつかあります。はじめのうちは体の使い方を意識するように練習をして、ある程度できるようになったらゴールキーパーなどターゲットに意識を向けて練習することが大切です。

また、パスと同じくシュートでも手首のスナップが極めて重要になってきます。より力強く正確にスナップがつけられるようになるようにしましょう。手首の使い方が上達するとボールを早くリリースできるようになります。肘はなるべく高い位置に保ち、体幹の回転が肘から手首にスムーズに伝わることで、正確で早いシュートを打てるようになります。

練習メニュー：スタンディングシュート

立ち泳ぎの状態からボールを持ってシュートをうつ

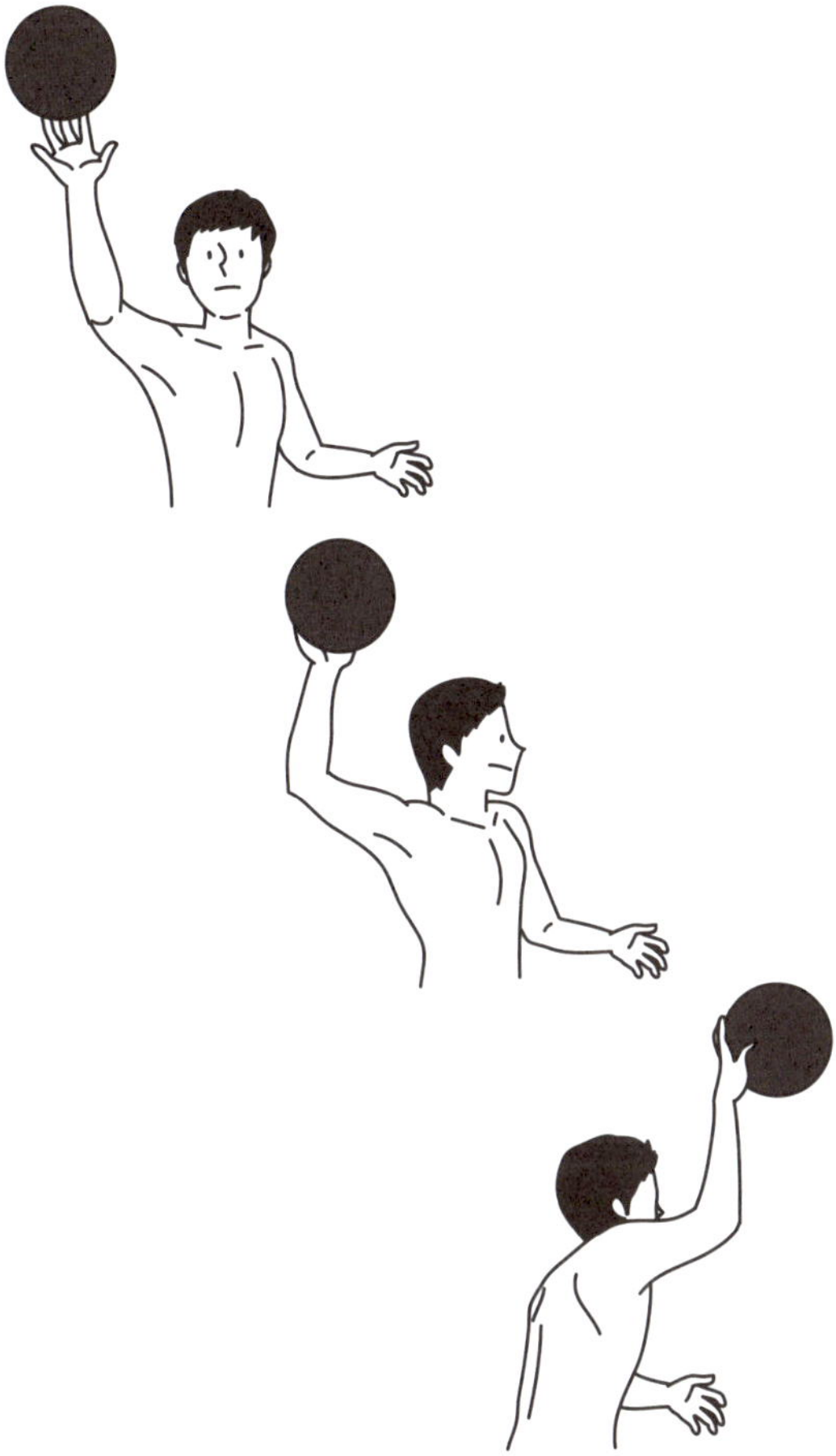

練習メニュー：キャッチ＆シュート（ワンタイミングシュート）

ボールをキャッチしてそのままの流れで投げる

練習&指導のポイント

癖か？　持ち味か？

悪い癖は初心者の頃につきやすく、一度ついた癖はなかなかなおらないものです。指導者が放置すれば、今後のスポーツキャリアを悪い癖とともに歩んでいくことになります。技術をよくみて、「持ち味」か「悪い癖」なのかを早めに見極めましょう。

スキル練習は飽きないように！

スキル練習は、同じ動作を反復することで精度を高めていくものです。一方で、興味と集中力を保つために練習の難度を適切に調整していくことが大切です。ですから、練習課題は30秒程度で必ず1回休憩を入れるようにしましょう。1つの練習メニューは5～8分ほどにして、バリエーション豊富な練習をしましょう。

ゴールキーパーは全員交代制

水球の本場ヨーロッパでは、ゴールキーパーはスタープレーヤーです。指導者は交代でゴールキーパーを経験させ、ゴールキーパーに強い興味を示す選手を見つけておきましょう。

休憩を兼ねて交代しよう

いつまでも同じ選手だけが活躍しないよう、適切なメンバーチェンジを心がけましょう。プールサイドか

COLUMN

水球ヒストリー① イギリスから世界標準へ

1800 年代中期のイギリスでは、海辺のリゾートや公衆浴場に現在の水球の萌芽《ほうが》を見ることができます。当時流行していた上流階級のスポーツであるポロのまねをして、木製の馬を浮かべてマレット（木づち）でボールを打って興じたり、水中でサッカーのようなゲームをしたりと、さまざまな水中競技に観衆が湧いていたという記録が残っています。

そんな中、ASA（アマチュア水泳連盟）は水球の統一ルールを制定し、Water Polo の呼称が確定しました。このルールによって、プレー中の危険行為を許した見世物的な要素が排除され、ラグビーのようにボールを集団で持ち運ぶことによって戦われていた水球が、パスを主体としたボールゲーム本来の面白さを追求するようになったのです。

この傾向はさらに進み、1896 年からは両手でボールを扱うことが禁止され、水中での肉弾戦がますます減少しました。この流れは各国に波及し、1891 年からはケンブリッジ大学とオックスフォード大学の対抗戦（バーシティ・マッチ）の種目にも採用されました。1908 年に設立された国際水泳連盟（FINA）が 1911 年、ASA の競技規則を国際ルールとして制定し、水球が世界標準のスポーツとして確立することになったのです。

らプレーをみることも、応援することも、水球を楽しむための大切な時間なのです。ゴールキーパーを含め、いろいろなポジションを経験してプレーを学んでいきましょう。

初心者ルールからはじめてみよう

水球はハードな競技でもあるので、はじめは初心者が安心して取り組めるルール設定が大切です。以下に、代表的なルールを紹介します。

①水中を歩いてよい。ボールを両手で持ってよい。

ただし、ボールを持って歩いてはならず、泳ぐか、パスか、シュートを選択しなければならない（アクアゲームでは、１人の選手がボールを3秒以上保持してはいけません）。

②相手選手がボールを所持・不所持にかかわらず、タックルやコンタクトしてはならない。

たまたまそうしたことが起きるかもしれないが、故意的なコンタクトは行わない。

③反則が起きたときは、その場で敵チームのフリースローとする

そのとき、反則を犯したチームの選手はフリースローをする選手から１ｍ以上離れなければならない。フリースローから直接シュートしてはならない。

世界の簡易型水球

水球の国際大会では、昔からヨーロッパの国々が活躍しています。ハンガリーでは水球は国技であり、週末には数多くのリーグ戦が国内各地で開催され、お気に入りのチームを応援するファンでスタンドがいっぱいになります。また、イタリア、スペイン、ギリシャでも毎年プロリーグが行われています。近年これらヨーロッパ諸国に迫る実力をつけてきているのがアメリカやオーストラリアですが、日本も２０１７年の世界選手権では10位と大健闘をしています。

このような国では、10~12歳で水球を始め、キャリアを重ねトップ選手になるまでの一貫した指導システムが以前から整備されていましたが、従来は、より低年齢を対象とした指導システムは用意されていませんでした。しかし、さきほど説明したように、近年は世界各国で10歳以下を対象とした簡易型のルールが活発になっています。ここでは、そんな世界各地の簡易型水球をご紹介します。

MINIPOLO（オランダ）

オランダ水泳連盟が主導するMinipolo（ミニポロ）は、若手水球選手の激減への対処として、6～11歳の若い年代から水球に親しませることを狙いとして開発されました。ミニポロの特徴は、一言でいえば「ゲーム中心主義」です。プレーによる学びを基本として、技術はプレーを通じて自然と学ばせるという考え方に基づいています。

また、水球選手の長期一貫指導の第一段階としても位置づけられており、ミニポロから徐々に水球

COLUMN

水球ヒストリー②
ボールゲームか？ 格闘技か？ ヨーロッパとアメリカでの違い

ほかの国々と同じく、アメリカにも水球は伝えられました。ところが、**当時のアメリカ水球は、ヨーロッパ各国とは異なり格闘性が高かったといいます**。例えば、ボールにもその性格を垣間見ることができます。当時、ヨーロッパの各国では現在のような大きなボールが用いられていましたが、アメリカでは、片手で握ることができて水に沈められる小さく柔らかいボールが採用されていました。

ボールを片手で握りしめたまま、敵と格闘するシーンが見られたことは容易に想像できるでしょう。この「アメリカンスタイル」の水球は人気を博し、1890年代後半にはマジソンスクエアガーデンに1万5千人以上の観衆を集めて行われていました。ボールを両手で抱えた選手が、敵味方の入り混じった集団の後方から空中に飛び上がってボールをゴールする様は「ダイビングサーモン」と称され、**乱暴極まりないプレーこそ水球の醍醐味**とされていたのです。

の基礎を学べるようになっています。

SPLASHBALL（アメリカ）

競泳王国として有名なアメリカでも、西海岸を中心に水球が盛んに行われています。カリフォルニア州の高校プールには必ずというほど水球ゴールがあるくらいです。

このSPLASHBALL（スプラッシュボール）は、アメリカ水球協会が「水球は10歳以下で始める子どもがわずか5％」という調査結果に強い危機感を抱き、低年齢への導入プログラムとして開発したものです。

スプラッシュボールの特徴は、はじめに伏し浮きやボビングといった水泳初心者レベルの練習を多く取り入れている点です。練習は、技術習得を中心とするものと、ゲーム中心のものがそれぞれ1回程度、これを8～10週間行うようになっています。ミニポロがゲームを中心としているのに対し、個人技術の習得を重視しているところは、いかにもアメリカらしいといえるでしょう。

FLIPPA BALL（オーストラリア）

オーストラリアは、男女ともに水球のナショナルリーグが活発です。シドニーでは海でも公式戦を行っているほどです。そのオーストラリアのFlippa Ball（フリッパボール）は、オーストラリア水球協会によるパッケージプログラムが一番の特徴です。プログラムの総体をFlippa Familyと名づけ、その中に基本となるフリッパボール、初心者の段階的練習をまとめたFlipa Skill、フリッパボールを小学校で行うプログラム（Flippa School）など、非常に精巧なつくり込みだといえるでしょう。

オーストラリアの隣国ニュージーランドでもフリッパボールを導入し、全国10か所で展開しています。また、ニュージーランドにおける「water competency（水環境でのサバイバル能力）」の低下を危惧し、安全水泳教育へのつながりを強調している点も、フリッパボールの幅広い教材価値を示すものとして注目です。

HaBaWaBa（国際組織）

HaBaWaBaとは、2008年から毎年規模を拡大して開催されている3カテゴリー（U9、U11、U13）の国際トーナメントです。ラトゥコ・ルディッチ（クロアチア）、マニュエル・エスティアルテ（スペイン）といった超ビッグスターから構成されているWater Polo Developmentという組織が主体となっています。簡易ルールによる国際大会は初ですが、参加者は2008年の579人（8か国30チーム）から2017年には3611人（14か国132チーム）と、年々盛んになっています。HaBaWaBaとはHappy Baby Water Ballの略であり、水中でボールに親しむ子どもの気分を表しています。

また、この大会は水球選手のキャリア形成という点でも有用性が高いものとなっています。国際水泳連盟ではU20とU18の世界選手権を実施していますが、それよりも早くHa

COLUMN

水球ヒストリー③　チームスポーツ初の五輪競技

水球は、チームスポーツとしては初めての五輪種目です。まず、1900年の第２回パリ大会に男子水球がエキシビションとして採用されました。セーヌ川に設《しつら》えられたフィールドで、イギリス、ベルギー、フランス、ドイツから参加した７チームが覇権を競い、イギリスのオズボーン・スイミングクラブが記念すべき初優勝に輝きました。

しかし、次の1904年第３回大会では「アメリカスタイル」のルールを各国が嫌ってボイコットするという事態が起きました。これは水球が五輪競技から早々に除外される危機を招きましたが、IOCはこれを黙認し、競技は実施されたのです。これにはアメリカのクラブチームのみが出場したのでした。

ＢａＷａＢａで国際大会に参加することは、ジュニア選手にとっては貴重な経験となります。２０１３年のＨａＢａＷａＢａに出場したトーマス・ベルノー選手は、２０１８年に15歳でフランス代表チームに選ばれましたが、「ＨａＢａＷａＢａで世界中の選手と戦うことができた。プレーを楽しむことがいかに大切かを知り、同時に自分の水球選手としての将来に向けて何をすべきか見定めることができた」と、振り返っています。

ルールの比較

これまで紹介した簡易型水球の競技ルールを表に整理しました。公式競技規則との大きな違いは、ボールを保持している選手へのタックルを禁止している点ですが、そのほかにも国によって違いがみられます。

水球競技と、各国における簡易型水球のルール比較

	水球競技	アクアゲーム（日本）	FlippaBall（豪州、NZ）	Minipolo（オランダ）	SPLASH-BALL（アメリカ）	HaBa-WaBa（国際）
対象年齢	世界選手権はU18、U20、フル代表の3カテゴリー	主に小学生、それ以外も可	12歳以下	6〜11歳（オランダ）	5〜12歳	9、11、13歳以下
コートサイズ	20〜30m（女子は20〜25m）×10〜20m	20〜25m×10〜12m程度を推奨	15m×10mを推奨	水球コートの半分サイズ	20×15yards以内（18.3×13.7m）	25×15m〜20m×10m
ゴールサイズ	3m×0.9m	1.8〜2m×0.5〜0.7mを推奨	2m×0.7m	1.2m×0.9m（オランダ）	横84インチ以下（2.13m）	2.15m×0.75m
ボールサイズ	男子5号（周囲68〜71cm）女子4号（周囲65〜67cm）	ライトドッジボール1号（周囲57〜59cm）	2号（周囲58〜60cm）	3号（周囲65〜67cm）	1号（周囲57〜59cm）	3号（周囲65〜67cm）
試合時間	8分×4	5分×4	10分×2、または4分×4	7分×2	10分×2、または5分×4	10分×2
チーム人数	6人＋GK（サブ6人）	5-6人＋GK	6人＋GK（サブ6人）	4-6人	6人＋GK	5人＋GK（サブ9人）
その他	水深1.8m以上	ゴールはプールフロアでも代替可能	得点後の再開では、3人以上のパスの後、シュート可能	参加者の親もレフェリーの担当可能	プールが深い場合には、浮具を使用してのプレー可能	リゾート地で1週間の滞在型トーナメント開催

第9章

パラ水泳

パラ水泳を知ろう

障がい者スポーツとは？

障がい者には、生まれて間もなく障がいを有する先天的な障がい者と、事故や病気などによる後天的な障がい者がいます。障がいの受け止め方は人によってさまざまあり、スポーツは健康によいからといって、「障がい者もスポーツを楽しみなさい」と、**一概にスポーツを推し進めるのは難しい**ものがあります。

先天的な障がい者は、障がいに対して「どうにもならないもの」とある意味で開き直り、水泳などスポーツを通して社会進出へのきっかけを得る場合もあります。

例えば、先天的な視覚障がい者は健常者に比べて運動のイメージがつくりづらく、複雑な動作を伴うスポーツ（球技やダンスなど）は、その楽しさを理解するのが難しいことがあります。しかし、水泳であれば、はじめは移動や更衣で介助が必要なものの、ある程度泳げるようになると介助なしで**自らの意志でプールへ通い、自由に泳いだり歩いたりすることができる**のです。

先天的な障がいをもつ子どもの場合、過保護な環境におかれやすく、集団行動が苦手で、運動経験が乏しいことが多いといわれています。そのため、けがや事故を恐れてスポーツの機会を逃しているケースもあります。ですので、障がい者の両親や友人が水泳に接する機会をつくってあげることが大切だといえるでしょう。

一方、事故や病気などによる後天的な障がい者は、スポーツを行うことで「受傷側がちゃんと動けば…」「昔はこんな動作、なんでもなかったのに…」と動くはずの身体を思って悲観的になることがあるようです。

障がい者アスリートの多くは、期間の差はあれど、こういった葛藤を乗り越えて障がいを受容するメンタルをつくっていくのです。

泳ぐことの意義

「泳ぐ」ことは身体にとって非常に有意義なことです。これは、障がいによって変わるものではありません。水の冷感刺激や密度、水流が織りなす身体へのさまざまな影響は、循環器機能、脳機能・呼吸機能改善、自律神経への影響など、その効果は挙げればきりがありません。

また、水泳はリコンディショニングにも有用です。ナショナルトレーニングセンター（日本トップクラスの競技者用施設）では、競泳等のプールと別に、コンディショニング用の25ｍプールが併設されており、重量挙げやバドミントンなどの選手もプールを競技力向上に役立てています。このような水泳の有用性や権利は、医学的理由により入水ができない障がい者以外は、**すべての人が共有できるもの**だといえるでしょう。

脊椎損傷の障がい者のスポーツ習慣と酸素摂取量の比較をした研究によると、車椅子系スポーツに参加する脊椎損傷者は、スポーツに参加していない脊椎損傷者よりも最大酸素摂取量が高いという結果があります。また、車椅子フルマラソンに参加した選手の20年後の最大酸素摂取量は20年前より増加または維持していたのに対し、スポーツをやめた選手は半分以下に低下していたという追跡調査もあります。これらは脊椎損傷者の事例ですが、多くの障がい者も、健常者と同様、スポーツをすることには価値があるといえるでしょう。

障がい者が泳ぐことの意味

障がい者が泳ぐということは、重力負荷が少ない空間で、**自身の機能や身体的特徴に応じて自由に運動ができる**ということです。陸上ではできないような動きをしたり、水の流れを負荷として利用したり、水の流れにアシストされて関節可動域を大きくすることは、身体機能の維持向上や機能改善に役立ちます。

また、陸上運動では制限を受けるように動きでも、水中では運動の自由度が高いため、陸上に比べて「開放感」を感じるスイマーも多いようです。

障がい者が泳げるの？　と思う方もいるかも知れませんが、両脚もしくは片脚欠損者の場合、**重力と浮力の関係でいえば、欠損があることでかえって浮きやすくなります。**例えば、片脚の欠損者の場合、陸上運動では義足が必要となりますが、義足に慣れるまでは片脚に大きな負担がかかってしまいます。しかし、水中では片脚でも楽に歩くことができますし、浮いてしまえば、下半身の重さが少ないことで重心と浮心の距離が縮まることになります。そのため、健常者よりも浮きやすいともいえるのです。これは、両脚欠損者の場合でも同じことがいえます。

両腕欠損者の場合は沈みやすい身体となってしまいますが、水中ウォーキングは健常者と同様に可能です。また、バタ足など簡単な泳法を習得できれば、泳ぐこともできます。

ロンドンパラリンピックの銀メダリスト、中村智太郎選手は両肩から先の欠損者です。しかし、彼は脚の機能を鍛え、頭でタッチ板を押してターン動作を行い、キック動作のみで１００ｍ平泳ぎを泳ぎます。彼の練習を見ていると、プール内での休息時や、プールから上がる際に困難はあるものの、プールサイドに壁のないプールであれば、入退水も容易にできているようです。**障がい者が水泳や水中運動を行うことは、彼らのＱＯＬ向上も期

待できる上に、障がい者の成長と社会活動の促進にもつながります。

また、長期的に続けていれば、**損なわれていた機能の改善や、代償機能の獲得**につながる場合もあります。実際、成長期のパラスイマーがトレーニングによって機能が改善し、競技会前のクラス分け（障がいの度合いを計測し、クラスを決める）テストで上のクラス（より障がいが軽いクラス）へ移行したというケースもあります。もちろん、障がいの軽いクラスほど泳ぎは速くなるため、その大会での順位は下がってしまいます。しかし、障がいの機能改善という意味では、水泳に効果があることの客観的証拠だといえるでしょう。

また、水泳は自閉的になりがちな障がい者の思考・生活の改善にも役立ちます。例えば、身体の障がいから活動性が低下して寝たきりになってしまうと、さらに認知機能低下や自閉傾向に陥るなどの二次的な障がいを発症し、重複障がいとなってしまうことがあります。それらを食い止めるためにも有効な手段だと考えられます。

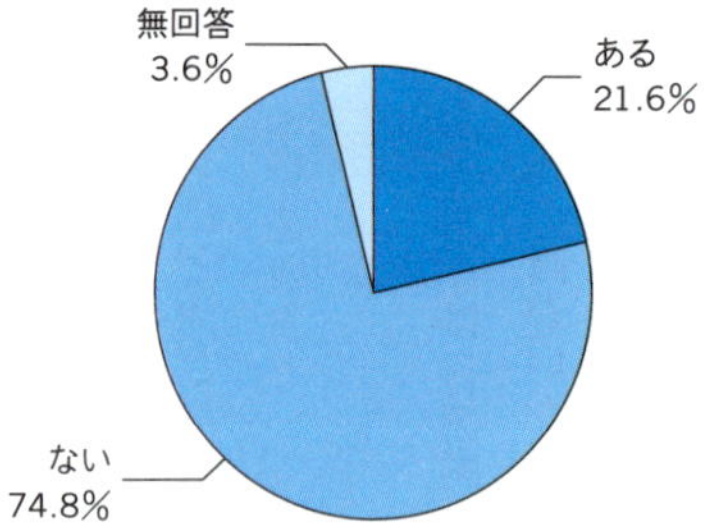

全：n=111（リオ大会：n=97、ソチ大会：n=14）

障がいを理由に施設利用を断られたり条件付きで認められた経験の有無

障がい者の水泳環境の課題

残念ながら、障がいを理由に「クラブへ入会できない」「運動施設の利用を断られた」という場合もあります。日本パラリンピアンズ協会によると、リオ・パラリンピックおよびソチ・パラリンピック大会の日本代表計111名を対象とした調査で、**21・6%の選手がスポーツ施設利用を断られたり、条件付きで認められた経験があるのです。**

なかには、安全管理などの面からやむをえず断るケースもあるようです。「スポーツ施設における障害者の利用促進・安全確保に関する調査研究」（STAND）によると、障がい者がプール利用時に起きた事故例として、脳性麻痺者のてんかん発作、高血圧の既往歴がある肢体不自由者の脳梗塞、知的障がい者による追い抜き時の接触（程度の差はありますが、知的障がい者は細かい動作のコントロールや、力加減の調節が難しい）などが挙げられています。すべての施設でこのような事故に対する配慮を行うには、管理者・監視者ともに熟練が求められるため、**現実的に困難**だといえるでしょう。そういった場合、介助者が実施者の健康状態を把握し、個人の特性や、例えば同じレーンで泳いでいる人の人数や泳力を理解し、さまざまな措置がとれるように準備をしておかねばなりません。

しかしながら、障がいを理由にスポーツの意義を共有できないことがないよう、施設管理者は努力する必要があると思います。特に重度障がい者については、介助者の同行や施設までの送迎などのケア、実施中の環境（特に他者の動向）に気を配りながら、実施者への指示やコントロールを行うことは不可欠だといえます。障がい者の家族や地域ボランティアなどの協力関係を構築できるような援助や、そういった周辺の人たちの障がい者理解の促進が必要なのです。

パラスイマーになるまでの道

ここでは、1人の障がい児が障がい者アスリートとして育つ可能性について考えてみたいと思います。そもそも、障がい者はどの程度スポーツを行っているのでしょうか？

まずは、スポーツ庁による20歳以上を対象とした「過去1年間にスポーツ・レクリエーションを行った日数」の調査結果をみてみましょう。これによると、週3日以上スポーツをした者は、健常者19・7％に対し、障がい者は9・3％、週1回以上では健常者22・8％に対し、障がい者は9・9％でした。そしてスポーツを「行っていない」比率は、健常者が32・9％であったのに対し、障がい者は60・2％に達していたのです。7歳から19歳を対象とした調査でも同様で、**障がい者の50・9％はスポーツを行っていない**ことがわかります。

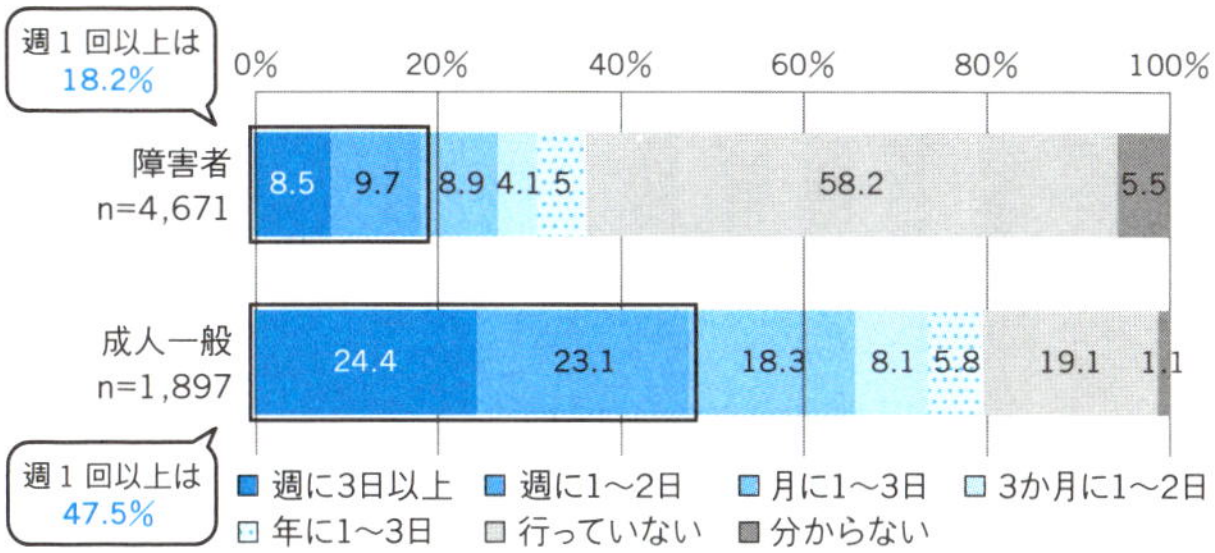

過去１年間にスポーツ・レクリエーションを行った日数

なぜこのような結果になるのでしょうか？

文部科学省の「障がい者スポーツ普及事業報告書」によると、障がい者によるスポーツ・レクリエーションの障壁として、「収入に余裕がない」という回答が、実施群で22・3％、非実施群でも21・4％となっています。また、「体力がない」という理由は非実施群で25・3％にも達し、実施群では21・2％となっています。これらも障がい者がスポーツ活動に参加しづらい理由の1つでしょう。

また、健常者であっても遠征や練習場の費用、交通費など経済的な負担は大きいものです。障がい者スポーツの場合はそれに加えて、車椅子や義足などの頑丈で操作性の高い器具が求められますから、より莫大な費用負担

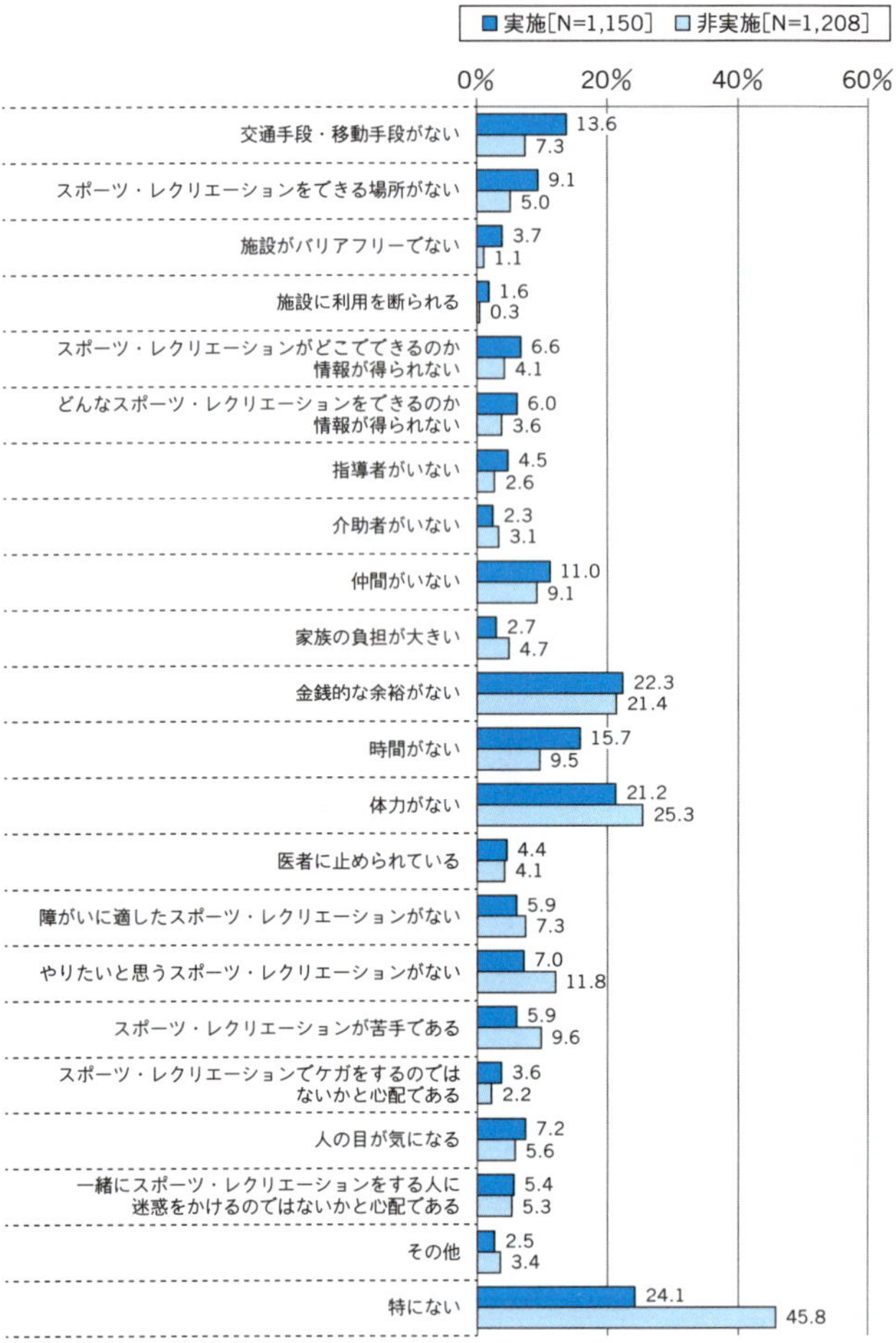

スポーツ・レクリエーションの実施の障壁（複数回答）

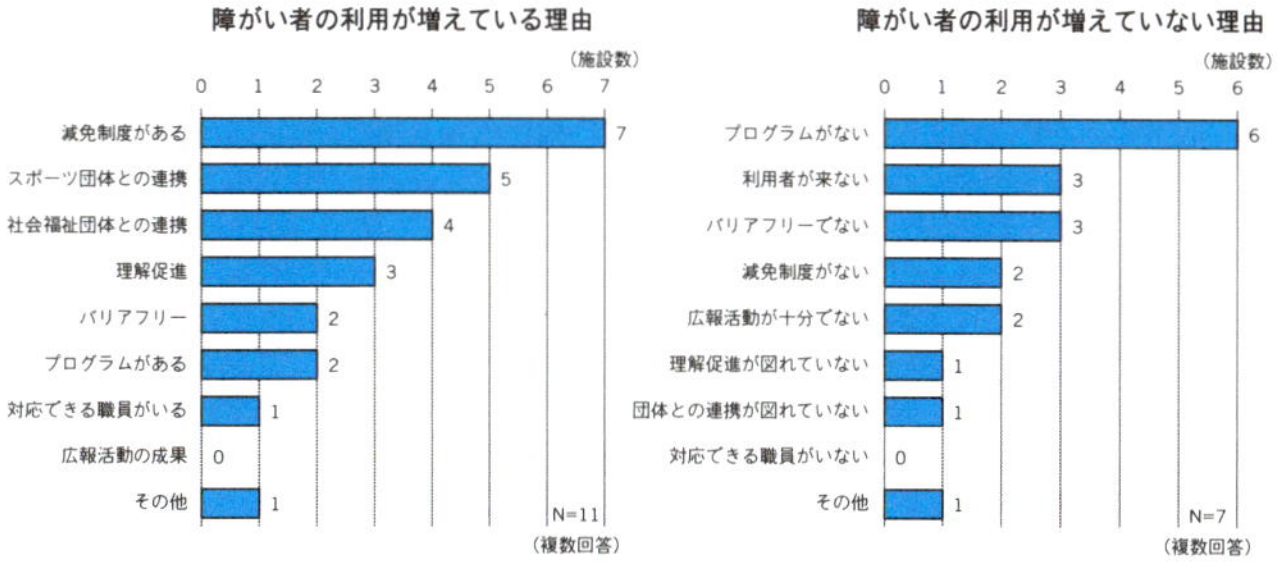

障がい者の利用が増えているスポーツ施設と増えていないスポーツ施設のそれぞれの理由

が生じるということは想像に難くありません。

　また、地域スポーツ施設7か所における調査によると、障がい者の利用が増えない理由として、「プログラムがない」が6施設、「利用者が来ない」が3施設となっています。逆に、利用者数が増加した施設に対して増えた理由を調査したところ、**「減免制度がある」「プログラムがある」**が最も多く、「スポーツ団体との連携」「社会福祉団体との連携」も、利用者の増加につながるということがわかります。

　また、**「バリアフリーである」**ことが、「プログラムがある」、「減免措置がある」に並んで利用者増加の理由として挙げられています。お金（利用料）やプログラム、集客方法は、障がい者スポーツ促進のための大きな課題であると考えられます。

水泳の場合、基本的に水着一式あれば障がいをカバーするような器具を必要としません。トレーニング用の義手・義足などを作成する場合もありますが、競技や水中での練習において使う用具は健常者とほぼ変わらないため、取り組みやすく、継続しやすいスポーツだと言えるでしょう。ただし、プールがなければ練習できないので、その分の利用料金がかかってしまいます。しかし、先に述べたように減免措置がある施設もあります。

また、公共のプールはもちろんのこと、民間のスポーツクラブでも障がい者を通常の会員として受け入れているところは多くありますので、近年のパラスイマーには、通常のスポーツクラブで定期的に練習し、空いた日にはそのプールの遊泳時間や公共プールで自主練習する選手もいます。2019年には障がい者アスリート専用の強化拠点施設が完成する予定ですので、今後どんどん練習場所やサポート体制が整えられていくことでしょう。

これからの問題は、**「そこを利用する選手がどれくらい増えるか」**に尽きるのです。

日本のパラスイマー

現状、パラスイマーは全国にどのくらいいるのでしょうか？　日本障がい者水泳連盟

国内の障害者スポーツセンター（「障害者スポーツに関する基礎データ集」（2015）より引用）

No	団体名
1	ふれあいランド岩手
2	群馬県立ふれあいスポーツプラザ
3	群馬県立ゆうあいピック記念温水プール
4	埼玉県障害者交流センター
5	東京都障害者総合スポーツセンター
6	東京都多摩障害者スポーツセンター
7	新潟県障害者交流センター
8	長野県障がい者福祉センター
9	滋賀県立障害者福祉センター
10	広島県立障害者リハビリテーションセンタースポーツ交流センター
11	高知県立障害者スポーツセンター
12	障害者スポーツ文化センター横浜ラポール
13	名古屋市障害者スポーツセンター
14	京都市障害者スポーツセンター
15	大阪市長居障がい者スポーツセンター
16	大阪市舞洲障がい者スポーツセンター
17	神戸市立市民福祉スポーツセンター
18	広島市心身障害者福祉センター
19	福岡市立障がい者スポーツセンター
20	西宮市総合福祉センター
21	大阪府立障がい者交流促進センター
22	鹿児島県障害者自立交流センター
23	かがわ総合リハビリテーション福祉センター
24	堺市立健康福祉プラザスポーツセンター
25	北九州市障害者スポーツセンターアレアス

パラ水泳競技会参加会員数の推移（単位：人）

区分		2013年	2014年	2015年	2016年	2017年
競技会参加会員数	女子	208	216	206	214	217
	男子	390	428	439	448	465
	計	598	644	645	662	682
技術支援会員数		35	43	58	66	67

「パラ水泳PI／VI中・長期計画」（2017）によると、上の表のようになっています。

　このように、競技者は男子が圧倒的に多く、女子のほぼ倍であることがわかります。また、年ごとの登録者数はそれほど増えていません。その理由としては、日本には障がい者がそれほど多くないことが挙げられます。

　内閣府によると、日本の障がい者数は人口の約6％であるとされています。しかし、海外では、イギリスは18・2％、アメリカは10・5％、他ヨーロッパを中心に10％以上の国が多いと言われています。ここからも、**日本の障がい者は少ない**ことがわかるでしょう。

　どうして日本には障がい者が少ないのでしょうか？

　この理由として最も大きいのは、戦争に参加しているかどうかです。

スポーツ大国アメリカでは、戦争による負傷兵の問題が長い間叫ばれていて、負傷兵たちの健全な社会復帰を促すために年間1兆4700億円もの援助が行われています。その中に**リハビリを経てパラアスリートになるという道**が開かれており、そのためのトレーニング施設が常時稼動されているのです。

例えば、コロラド州の高地にあるUSOTC（アメリカオリンピックトレーニングセンター）という専門的な強化施設も、健常者と同様に障がい者も利用することができます。このような施設では、健常者と障がい者アスリートが一緒にトレーニングをしている光景が広がっているのです。さまざまな点において、アメリカは障がい者アスリートを多く輩出できる体制がそろっているといえるでしょう。ただし、アメリカやイギリスのように国策として戦場へ兵士を送り出している国にとっては、国を守るために障がい者となった方に社会的なケアを施すのは、大切な義務なのかもしれません。

しかし、日本人の場合、そのほとんどが遺伝的要因や突発性の病気、交通事故などによるものです。そのような障がい者が、水泳に出会ってスイマーとして競技に取り組むようになるには、どのようなケースが考えられるでしょうか？

パラスイマーへの過程

日本人の障がい者がパラスイマーになる過程は大きく分けて3つあると考えられます。

1つ目は、成長過程で突然病気を発症して障がい者となった人が、友人などのすすめで水泳を始め、やがて競技を志向したというケースです。パラリンピック5大会出場、15個の金メダルを獲得した成田真由美選手はこのケースです。

2つ目は、幼少時から水泳をしていた人が、何らかの要因で後天的な障がい者となり、パラスイマーとして競泳競技の道へ戻ってくるケースです。日本障がい者水泳連盟会長の河合純一氏（視覚障がい者。パラリンピックに6大会出場、5個の金メダルを獲得）はこちらのケースです。

3つ目は、先天的な障がいをもちながらも、健常者と共に水泳部などで競技を続けているケースです。リオ・パラリンピック銅メダリストの山田拓朗選手はこのケースに当てはまります。特に、障がいの程度が比較的軽い知的障がいのスイマーは、幼少時には障がいに気づかず、スイミングクラブ等の選手として強化されるケースが多いようです。

大会に参加する

クラス分け

パラスイマーになるには、大会に参加して競技経験を積むことが不可欠です。障がいをもつ前から競技経験がある選手と、障がい者になってから競技を始める選手が混在していますが、大会に出るためには、出場区分を決める「クラス分けテスト」を受けることが義務づけられています。

クラス分けテストは、国際パラリンピック連盟（IPC）指定大会で、国際審判員によって大会前に行われています。日本国内の大会では、日本障がい者水泳連盟主催大会や指定大会でテストが行われます。

テスト内容は「ウォーターテスト」「フィジカルテスト」「競技観察」の3つで構成されています。競技観察は、実際に競技会でS種目（クロール、背泳ぎ、バタフライ）とSB

障がい者水泳のクラスの種類と概要

クラス表記	障害の概要
1～10	肢体不自由のクラス。SBでは1～9まで。数字が小さいほうが障害は重度。
11～13	視覚障害のクラス。数字が小さいほうが障害は重度。
14	知的障害
15	聴覚障害
21	肢体不自由、視覚障害で、S1～13（SB1～13、SM1～13）に該当しない場合。該当しない場合とは、障害が軽度である、医学的情報が提示されない、テストが完了しない、医学的情報が不明確である、WPSクラス分けの適格障害に該当しない等の場合である。このクラスは日本独自のクラスである。
クラスなし＊	日本選手権大会等のクラス分け評価にてベンチテストとウォーターテストあるいはテストと競技観察に大きな差異がみられるなど、整合性が得られない場合やパフォーマンスが一定しない場合。それ以後日本選手権大会等上位大会には出場できなくなる。

日本障がい者水泳連盟による（SBは平泳ぎ、SMは個人メドレーでのクラスを指す）。

種目（平泳ぎ）の両方を泳がなければいけません。これらの複数の試験の総合得点によって、自分が泳ぐクラスが決められるのです。

この制度は、障がいの程度が近い選手で競技ができるように配慮されたものですが、数年に一度はＩＰＣのクラス分け基準も改定されるので、それに伴い各国の基準も改定されていくことになります。改定によってクラス変更のない障がいもあれば、クラスが変わる選手もいることになります。

例えば、リオ・パラリンピックで4個のメダルを獲得した先天性の全盲である木村敬一選手は、視覚の回復が困難であるため、視覚障がいの3クラス（11、12、13）の中で最も重度の11クラスで固定されています。ところが、2018年度に11クラスの自由形長距離で世界記録を樹立した富田宇宙選手は、2016年度までは最も軽度の13（弱視）クラスでした。しかし、病気が進行性だったため、2017年春のクラス分けテストの結果、病気の進行が認められて11クラスに変更されたのです。

このように、選手の障がいによっては、固定されているケースと、年度ごと、あるいは数年ごとに、基準の改定や障がいの進行、機能改善によってクラスが変わることがあります。

障がい者の大会

パラスイマーが出場する大会としては、いまのところ、**「日本選手権」「ジャパンパラリンピック水泳競技大会」**が主要な全国大会です。知的障がい者には、**「知的障がい者日本選手権」**という大会もあります。

基本的に、肢体不自由者は「日本障がい者水泳連盟」、知的障がい者は「日本知的障害者水泳連盟」が大会の統括をしていますが、パラリンピックにはS14という「知的障がいクラス」がありますので、両団体が協力して選手を派遣しています。

なお、聴覚障がいは今のところパラリンピックへの参加できる障がいとして含まれていませんが、同障がいの世界最高の大会として**「デフリンピック」**というものがあります。これは4年に1度オリンピックの翌年に開催されているものです。

しかし、日本では多くの大会で聴覚障がい選手も出場できますので、この点においては日本は柔軟に対応されているといえるでしょう。

また、もう一つの大きな全国大会として、健常者の国体にあたる「全国障がい者スポーツ大会」が国体後に同じ会場で開催されています。この大会は、競技会というよりも、より多くの障がい者にチャンスを与えるという意味合いが強く、連続出場をある程度制限するなどの配慮がなされています。なお、全国大会だけでなく、地域の協会が開催する大会も日本中で行われています。

また、多くのパラスイマーは、**健常者に混ざって「マスターズ大会」にも出場しています。**健常者のマスターズ大会は開催回数も多いため、パラスイマーが競技経験を積む場として大変有用なのです。マスターズ大会には健常者の元トップスイマーなどの参加してくるため、そういった選手との力比べも可能となります。

日本マスターズ水泳協会は以前からパラスイマーへの門戸を開けていて、場合によっては障がいに応じたルール（例えば、全盲の選手はターンとゴールタッチでのタッピングが許可される）の適用もなされているようです。ただし、あくまでもマスターズの大会ですので、ＩＰＣでは記録は公認されません。

２０１７年時点でのパラスイマーの公認大会は、日本身体障がい者水泳連盟の年間３回と、地域連盟による2回しかありません。神戸市民選手権のように独自にＩＰＣ公認を得ている大会もありますが、それを加えても**公式記録を残すことができる大会は現状かなり少ない**のが現状です。

パラスイマーの競技機会を増やすためにも、マスターズ大会への参加や地域大会のＩＰＣ公認化は効率的な方策です。今後そのような大会が各地に波及していくことが、パラスイマーの競技力向上につながることは間違いありません。これは同時に障がいをもつ子どもたちがパラスイマーを見る機会の増加にもつながるので、障がい児のスポーツ参加動機をつくる機会としても有効だといえます。

日本代表選手たちの歩み

ここでは、筆者自身が指導した2人の障がい者の強化事例を紹介します。

これらの事例はすべての障がいに当てはまるものではありません。しかし、競泳というのは泳速度の2～2・8乗に比例してかかる水の抵抗に逆らいながら、その時間を競う競技です。その物理的原則は、魚であろうと船であろうと人間であろうと変わらないのです。

したがって、障がいの程度や種類は異なっても、まずはこの公式に則り、各選手に理想となる水泳技術の習得を目標にします。そして、障がいの程度に見合った泳ぎのバランス・リズムを考慮し、その泳型によって起こりうるスポーツ障がいを予防するためのトレーニング方略などを考える必要があります。

視覚障がい者（先天性全盲者）のケース

泳方向の不安定性の克服

ここでは、先天性の全盲の選手（11クラス）を例に挙げます。

先天性の全盲選手は、ものの形や色がイメージできず、三次元的に物体の動きを把握しづらいという特徴があります。中心軸を使った運動も難しく、クロールや背泳ぎはローリング角度が小さくなり、左右に蛇行しやすくなります。泳いでいる方向も認識しづらいので、何もないところでまっすぐに泳ぐことが難しくなります。

健常者でさえ、プール底のラインがなければまっすぐ泳ぐのは難しいですよね。普段はあまり意識しませんが、視覚の情報は非常に重要で、健常者もそれに頼りながら進む方向を定めているのです。

先天性全盲の選手には、**まずコースロープではさまれたコースで泳ぐ**ことをおすすめします。左右のコースロープをガイドにして、手や肩、腕で触りながらまっすぐ泳ぐようにしましょう。クロールであれば、リカバリー時に右手の指先でコースロープに触れながら泳ぎます。背泳ぎであれば、左手指先で水中でロープを触れるようにするか、肩でロープを触りながら泳ぐという選手もいます。ただし、ロープに指を引っかけて推進力を得ると反則となるので、注意が必要です。

平泳ぎやバタフライ（先天性全盲でバタフライができる選手は極めて少ない）は、左右の手足が対称に動くので、バランスが取りやすく、ゆっくりであればまっすぐ泳げることも多いです。鼻の横から左右の頬に流れている水の流れを均等に保つようにすると、進行方向を定めやすいともいわれています。

泳技術の指導法

まずは手取り足取りで暫定的な動きのイメージをつくることが大切です。プールの中では、できる限り動きを単純化し、**動いた結果きちんと前へ進んでいるかどうかフィードバックしながら練習**させるとよいでしょう。

また、先天性全盲の選手は、指導によって身体の内部感覚が鋭敏になるため、目標とする動きに必要な筋運動感覚を明確に指示することができます。しかし、動作の習得は可能となりますが、身体の中に注意が集中するInternal Focus（内的集中）となり、高強度でのパフォーマンス向上にはつながりにくいといわれています。指導者はこれを認識した上で、速さを求めない練習の際に筋運動感覚を意識させ、各関節の動きが選手に理解できるような動作指導をするようにしましょう。

また、近年の脳機能研究によると、脳の視覚野へ情報入力のない視覚障がい者は、触覚や聴覚をより強く発達させることで、健常者と比べ発達しづらい視覚野の機能を補わせているといわれています。視覚障がい者スイマーでいうと、触覚は身体の周りの水流、水をかく・蹴る感触といった感覚刺激を指し、聴覚は泳ぐときの水中の音、キックが水面を叩く音などの刺激を指します。つまり、発達した触覚や聴覚と身体内部の動感を用いて、視覚障がい者スイマーは泳ぎの技術を磨いているのです。

このような視覚障がい者スイマーには、チューブやパラシュートのような抵抗器具を用いた牽引泳などが効果的です。これらの練習は、より正確に水を捉え、理想的な方向へ水を押さなければスムーズに進めません。そのため、視覚のない選手にとっては運動の可否がすぐにフィードバックされる、優れた練習法だといえます。加えて、健常者が行うような低強度のドリルワークよりも、高強度下で技術練習を行う方がより早く技術の習得に結びつくと考えられます。

ペーシング

全盲の選手はペースクロック（時計）を確認することができません。そのため、タイムを確認して泳ぎの感覚とマッチさせたり、長い距離を泳いだりするようなインターバルトレーニングを行うのは難しいといえます。そのため、指導者からの**タイムのフィードバックは、全盲の選手が泳いだ感覚と進み具合を照合させるためにも必要不可欠**です。また、泳いでいるときにコースロープや床などからスピード感を把握するということもできないため、ストローク数のカウントも、練習中に泳ぐ技術がどの程度変化したか知る上で重要な情報となります。

なお、ディセンディング（タイムを徐々に上げていくインターバルトレーニング）を重ねると、先天性全盲者でも身体周りの水流などから、泳速度の違いをだんだんと把握できるようになります。ですが、健常者のように２００ｍを50ｍずつに区切り、パワーを調整しながらペースワークをするといったことは難しいでしょう。特に先天的な全盲の選手の場合、意図的に泳ぐペースを操るというのは極めて困難だといえます。

タッピング

視覚障がい者は、壁が近づいてももちろん壁を見ることができません。そのため、ターンやゴール時に「タッピング」という行為が許されています。これは、タッピングバーと呼ばれる釣り竿の先端にスチロール状の球体を接着したもので、泳いでくる選手の頭部や背中をタップ（叩く）して、ターンやゴールタッチのタイミングを知らせることです。IPCのルールでは、ターンやゴール前に1回のみタップが認められています。タッパー（タッピングを行うスタッフ）は、まさに選手の「目」となりますので、泳者とタッパーの信頼関係は、試合でのパフォーマンスを大きく左右する要素です。

タッピングの種類

タッピングは国によって違いがあります。海外では、長めのタッピングバーを使って壁の3m前あたりで選手をタップし、そこから2ストロークほど泳いでターン動作に入るという選手が多いです。もちろん、タップの標的が遠くなりますので、選手に的確にタップする技術が必要となります。

日本の場合、選手のストロークリズムと壁までの距離を見定めつつ、壁の直前でタップを行い、その直後にターンやゴールタッチを行うという選手が多いです。目が見えないため、どうしても壁を怖がって壁付近で減速する選手もいますが、国際舞台で勝ち上がるような選手は、壁に向かって突っ込んでくることが多いです。こういった「思い切りのよさ」が、先天性全盲の選手が勝ち上がるには必要なのかもしれません。

知的障がい者のケース

なぜ、知的障がい者の世界記録は健常者より速くないのでしょうか?

一言で知的障がいといっても、軽度から重度な障がいまで幅広く、症状も多岐にわたります。しかし、身体障がいとは異なり、障がいの重さによるクラス分けはなく、パラリンピックでは14クラスとして1つのクラスに集約されています。

知的障がい者は身体的特徴があまりないため、健常者と一見変わりありません。しかし、長期間指導していると、その障がいの特徴である「表情の変化が乏しい」「話し言葉が短い」などから、障がいの有無を推察できるようになってきます。けれども、身体障がいと違い、腕や脚の機能は健常者と全く変わりません。

しかし、知的障がいクラスの世界新記録や日本新記録は、健常者の記録より速くないですよね。なぜ、同じ体型をしていてもそうなってしまうのでしょうか？

競泳は、水という流体をあつかう競技のため、速く泳ぐには複雑な技術が必要となります。少しでも効率的に泳ぐために関節の動きを微妙に調整したり、主動筋（収縮する筋肉）と拮抗筋（伸長する筋肉）を同時に収縮させたり、疲労した筋肉の代わりに別の筋肉を使ったり、といった細かい調整がされて成り立っているのです。当然、**より速く泳ぐためには、脳をフル活用させる**必要があります。動きの記憶を司る小脳の働きなども、技術の向上には深く関係するといわれています。

例えば、ドルフィンキックにおける筋電図の分析によると、熟練者はアップキック（蹴り上げ）からダウンキック（蹴り下ろし）に切り替わる瞬間、足関節に関与する筋群が共同収縮を起こしていることがわかっています。ダウンキックでは、足の裏のアーチの部分に水を流すことでより大きい推進力が得られますが、その角度に保つために主動筋と拮抗筋が共同収縮するのです。そして、こういった運動のコツやカンといわれる「巧みさ」を習得するのは、健常者であっても決して簡単ではないというのはみなさんもご存知のとおりです。

知的障がい者は、脳の指令系やさまざまなシグナル伝達が先天的な障がいによって損なわれている場合が多いです。そのため、ただでさえ力の調整や動きの記憶・保持が難しい上に、運動に使う関節が増えるほど、動きの調整や習得が困難となってしまうのです。健常者のトップスイマーは、トレーニングや大会での「試し合い」によって、このような複雑な動作を段階的に洗練し、タイム短縮を実現させています。しかし、知的障がい者はその洗練過程をうまくつくることができないのです。

幼少期から競泳を始め、中学生くらいまで健常者と一緒にトレーニングを積んでいたような選手であれば、すでに動きも熟達されていて、その後も筋力強化などで速くなっていきます。しかし、成人してから競技を始めた知的障がい者は、運動動作の習得という面に関しては、少々不利であるのは否めません（その分、筋力・パワーの向上で記録を短縮させる道は残されています）。

競泳は熟練を要するスポーツです。技術・技能の学習という面においては、先天的に脳機能の障がいをもつ知的障がい者スイマーが大きなハンディキャップをもっていることは否定できないでしょう。

知的障がい者のための泳技術向上のトレーニング

知的障がい者にとって、運動技術の学習は簡単ではありませんが、習慣化された動きは「できないと気持ち悪い」と不快に感じるようです。そのため、**水泳の技術練習のルーチン化**は、技術や技能の向上・維持に有効です。「この動きはいつもやっている」と刷り込むことで、動きの記憶の継続が期待できるのです。もちろん水泳の動きを完全に定着するのは難しいですが、継続・習慣づけることで、試合でのパフォーマンス向上につなげることは、著者の経験上でも十分可能です。

なお、知的障がいをもつ選手とコーチの間に一定の**ラポール**（お互いの感情の交流が可能である状態）が形成できている場合は、技術的な指導も「端的な表現」をすることで、その選手に理解させることも可能でしょう。軽度の知的障がいスイマーであれば、分かりやすく説明することで、健常者同様の指導ができる場合もあります。

その他の特徴

知的障がい者スイマーの多くは、試合前のテーパリング（トレーニング距離を低下させ、疲労を回復させる）を嫌がるケースがあります。練習である程度泳いでいないと不安になるという選手が多いのです。

また、気圧の変化や前日の睡眠の深さによって感情の動きが大きく変化することも特徴の1つです。特に気圧が低いときはモチベーションがかなり低下していることがあります。自律神経を活性させる要因が気圧によって変化することが起因だと考えられますが、興奮抑制のための薬を処方されているような場合、気圧が下がった際、交感神経活性が極端に抑制されるのだと推察できます。気圧が急激に下がったときなどは、練習に来られない可能性があることも、障がいの特性として理解しておく方が望ましいでしょう。あらかじめそういったことも予測したトレーニング計画の立案が求められます。

ここに挙げた特徴は、あくまでも筆者が指導している選手や、帯同した国際大会などで客観的に観察したものであるため、実際にはさらに多様な障がいの種類、程度があり、個々に対応していく必要があります。また、自閉症スペクトラム障害のように、年月が経つに連れて障がいが生じてくるケースもあるため、泳力の強化同様、認知機能や学習能力の維持・増進のための方略をあわせてもっておく必要もあります。

編著者紹介

鈴木　大地（すずき　だいち）

1967年千葉県生まれ。順天堂大学大学院体育学研究科体育学専攻修了。順天堂大学教授を経て、現在、スポーツ庁初代長官。医学博士。

1988年ソウル五輪100m背泳ぎ金メダリスト。

（公財）日本水泳連盟会長（2013年～2015年）、アジア水泳連盟副会長（2016年～）、国際水泳連盟理事（2017年～）などを務める。著書に『スイミング・エクササイズ―スイミングを科学するエクササイズ・ブック』（大泉書店）など多数。

藤本　秀樹（ふじもと　ひでき）

1962年京都府生まれ。筑波大学大学院修士課程修了。現在、慶應義塾幼稚舎教諭。学術博士。

（公財）日本オリンピック委員会強化スタッフ・水泳競技フィットネスコーチ（1992～2000年）同水泳競技医・科学スタッフ（2002～2011年）、日本スポーツ協会公認上級水泳コーチ、慶應義塾大学體育會水泳部水球部門コーチなどを務める。著書に『小学生のための着衣水泳の指導』（荒木昭好監修　黎明書房）など多数。

執筆者紹介

クロール

奥野 景介（おくの　けいすけ）

1965年岡山県生まれ。早稲田大学を経て順天堂大学大学院修士課程修了。現在、早稲田大学スポーツ科学学術院教授、早稲田大学水泳部総監督。現役時代は1984年ロサンゼルス五輪400m自由形、800mリレーに出場。コーチとしては、2008年北京五輪、2016年リオデジャネイロ五輪等の日本代表コーチを務める。坂井聖人（リオデジャネイロ五輪金メダリスト）、渡辺一平（200m平泳ぎ世界記録保持者）ら多数のトップスイマーを指導。著書に『水泳コーチ教本』（大修館書店　共著）など。

平泳ぎ

加藤 健志（かとう　つよし）

1965年愛媛県生まれ。国際武道大学を経て東海大学大学院修士課程修了。現在、東海大学スポーツ医科学研究所、同大学水泳部部長兼ヘッドコーチ。コーチとして、今村元気（2004年アテネ五輪11位、2005年世界水泳銅メダリスト）、田村菜々香（2009年世界水泳6位）、金藤理絵（2008年北京五輪7位、2016年リオデジャネイロ五輪金メダリスト）らを指導。水泳でみんなに笑顔と健康を広めたい、日本のお家芸「平泳ぎ」の伝統をさらに進化させ世界をリードしたいと思っている。

背泳ぎ・バタフライ

髙橋 淳一郎（たかはし じゅんいちろう）

1970年兵庫県生まれ。早稲田大学教育学部を経て順天堂大学大学院体育学研究科修了。中京女子大学を経て、現在、至学館大学准教授、同大学水泳部監督。（公財）日本水泳連盟水球委員会委員、世界選手権水球日本代表チームサポートスタッフ（2003年）、（公財）日本オリンピック委員会強化スタッフ（2004～2008年）、愛知県水泳連盟医科学委員（2010年～）などを務める。著書に『これは簡単、水泳・水中運動』（共著 学事出版）など多数。

水中ウォーキング・マスターズ水泳

黒滝 美音子（くろたき みねこ）

1956年埼玉県生まれ。筑波大学を経て静岡大学農学研究科修士課程修了。薬品研究の法人に勤務するかたわら、休日には公共プールで成人向けに水泳指導を行う。マスターズ大会参加歴30年以上。日本体育協会公認スポーツ指導員（水泳コーチ、水泳上級指導員）、日本水泳・水中運動学会員、水泳指導法研究会所属。

水球

榎本 至（えのもと いたる）

1967年東京都生まれ。東京学芸大学教育学部を経て、東京学芸大学大学院修士課程修了。現在、鎌倉女子大学教授。日本水泳・水中運動学会諮問委員、（公財）日本水泳連盟水球委員、日本オリンピック委員会強化スタッフ、同科学委員、Serbian Journal of Sports Sciences・International Scientific Advisory Board Member、2003年世界選手権女子水球日本代表チームアシスタントコーチなどを務める。著書に『スイミングファステスト』（ベースボールマガジン社）、『改訂　水泳コーチ教本』など多数。

パラ水泳

野口　智博（のぐち　ともひろ）

島根県生まれ。日本大学文理学部体育学科卒、日本体育大学大学院修了。セントラルスポーツ（株）勤務を経て、現在、日本大学文理学部教授。1990年アジア大会400m自由形優勝などの選手経験をもつ。指導者として、木村敬一（2016年リオデジャネイロパラリンピックメダリスト）、村上舜也（日本知的障がい者水泳連盟強化指定選手、アジアパラリンピック2018日本代表）などのパラアスリートのパーソナルコーチを務める。日本コーチング学会理事、日本水泳・水中運動学会運営委員。著書は『四泳法の教科書』（ナツメ出版）、『健康・スポーツ科学における運動処方としての水泳・水中運動』（大修館書店・編著）など多数。

オープンウォータースイミング

萩原　隆次郎（はぎわら　りゅうじろう）

東京都生まれ。慶應義塾大学法学部卒。三井不動産（株）勤務を経て、現在、慶應義塾幼稚舎教諭。長年にわたる学校遠泳の指導実績と、ジュニア世代の海の安全管理が認められ、日本水泳連盟オープンウォータースイミング委員会委員、競技委員会委員を務める。

そのほか、金子日出澄（かねこ ひでずみ）氏、守谷雅之（もりや まさゆき）氏、原怜来（はられいら）氏にご寄稿いただきました。ありがとうございました。

安全水泳

鷲見 全弘（すみ　まさひろ）

1965年生まれ。慶應義塾大学経済学部を経て早稲田大学大学院スポーツ科学研究科修了。現在は、（株）SCKマネジメント代表取締役、慶應義塾大学体育研究所非常勤講師、同総合政策学部非常勤講師、日本水泳連盟常務理事を務める。慶應義塾体育会水泳部葉山部門監督、2012年ロンドン五輪競泳コーチなどを歴任。著書は『オープンウォータースイミング教本改訂版』（大修館書店）など。

藤本 秀樹（ふじもと　ひでき）

前出

萩原 隆次郎（はぎわら　りゅうじろう）

前出

鳥海　崇（とりうみ　たかし）

兵庫県生まれ。慶應義塾大学理工学部卒、東京大学大学院新領域創成科学研究科修了。現在は、慶應義塾大学体育研究所専任講師。ケンブリッジ大学ダウニングカレッジ客員研究員、慶應義塾体育会水泳部水球部門コーチ、慶應義塾体育会副理事などを務めた。日本スポーツ協会公認上級コーチ。

だれでもどこでも泳げるようになる！　水泳大全

2018年（平成30年）10月1日　初版第1刷発行

編著者　鈴木大地・藤本秀樹

発行者　錦織圭之介

発行所　株式会社 東洋館出版社
〒113-0021　東京都文京区本駒込5丁目16番7号
営業部　電話 03-3823-9206　FAX 03-3823-9208
編集部　電話 03-3823-9207　FAX 03-3823-9209
振替　00180-7-96823
URL：http://www.toyokan.co.jp

装丁　中濱健治

イラスト　おおたきまりな

本文デザイン　吉野綾（藤原印刷株式会社）

印刷・製本　藤原印刷株式会社

ISBN：978-4-491-03577-2